標準
国際私法

山内惟介・佐藤文彦 編

信山社
SHINZANSHA

はしがき

　先学の貴重な業績に敬意を払いつつも、未解決の課題に取り組み、新たな論点の発見に努める。最前線での活動に専念するという研究者の本務に忠実たろうとすれば、ミクロ的次元が優先され、体系書の執筆というマクロ的観点には距離を置かざるを得ない。このように考えるわれわれが、信山社社長・袖山貴氏の熱心なお誘いを受けて、本書の刊行に踏み切った最大の理由は、何よりも次代を担う後継者育成への配慮にあった。この分野の発展を期そうとすれば、学問研究を担う人材の継続的育成を通じて、研究の裾野を広げ、学理を深めることが不可欠だからである。後継候補者確保の第一歩は総じて法学部専門教育科目「国際私法」の講義をいかに魅力あるものとするかにかかっている。簡便な概観を提示する導入書と学問的刺激に満ちた講義の相乗効果によって、着実にその道が開かれよう。

　通常の理解によれば、「国際私法」学修の端緒は、その中心的法源「法の適用に関する通則法（平成18年6月21日法律第78号）」の正確な理解と応用力の鍛錬にある。少なからざる優れた類書を前にして、われわれが本書で試みた手法（構成、記述等）は、あくまでもこの目的を達成するためのひとつのやり方に過ぎず、不足する点はすべて各講義担当者による現場での適切な補正に委ねられている。人間・物資・資金・情報・技術等の日常的越境が示すように、どの国でも、生活関係の国際化はとめどなく進んでいる。それでいて、最近の新型コロナウイルス（Coronavirus Disease 2019（COVID-19））対策が示すように、国家法の壁（出入国規制等）は依然としてわれわれの前に大きく立ちはだかっている。民事刑事を問わず渉外事件が頻発する現代社会に生きるわれわれにとって、「国際私法」の学修は、地球社会における「生活の知恵」の獲得を意味しよう。

　本書の準備段階では、最善の内容を求めて、種々の観点が検討された。しかしながら、内外国の質量ともに豊富な先行業績を踏まえつつ、日々進展する学問研究の蓄積を着実に跡付けようとすれば、単著に代えて、共同執筆を目指さなければならない時代がすでに到来している。幸いにして、中央大学法学部・同大学院での学修という母胎を共有し、信頼し合える同学の友人諸氏の協力を得て、ここに本書を刊行できることとなった。

はしがき

　むろん学問研究の歴史に終わりはない。多様な経験を積み重ねることにより、また新たな協力者を得て、本書がさらに発展することが期待される。末文ではあるが、本書の刊行にあたって種々御協力戴いた執筆者各位ならびに企画・編集の実務にあたられた信山社の編集部長・稲葉文子氏および同社編集部の今井守氏の御配慮に深甚なる謝意を表しておきたい。

2020年3月26日

編　者

目　　次

◆ 執筆者紹介 ◆
編者以下 50 音順，＊は編者

＊山内惟介（やまうち・これすけ）── **第 9 章，第 24 章**
1971 年中央大学法学部法律学科卒業，1973 年中央大学大学院法学研究科民事法専攻修士課程修了。現在，中央大学名誉教授，博士(法学)
〈主要著作〉
『地球社会法学への誘い』(信山社，2018 年)，『国際私法の深化と発展』(信山社，2016 年)，『21 世紀国際私法の課題』(信山社，2012 年)，『国際公序法の研究 ── 牴触法的考察』(中央大学出版部，2001 年)，『比較法研究 第一巻，第二巻，第三巻』(中央大学出版部，2011 年，2016 年，2017 年)，『Japanisches Recht im Vergleich』(中央大学出版部，2012 年)，「国家法体系における外国法の位置付け ── 憲法と国際私法との接点を求めて」比較法雑誌 52 巻 4 号（2019 年)，「ヨーロッパ会社法における本拠移転と居住移転の自由 ── ヨーロッパ裁判所ポルブート社事件（Polbud）判決の検討（一）（二・完）」法学新報 126 巻 1・2 合併号（2019 年)，同 3・4 合併号（2019 年)，「国家法体系における外国法の概念について ── 憲法と国際私法との役割分担をめぐって」比較法雑誌 53 巻 3 号（2019 年)

＊佐藤文彦（さとう・ふみひこ）── **第 1 章〜第 6 章，第 17 章〜第 19 章**
1991 年中央大学法学部卒業，1994 年中央大学大学院法学研究科民事法専攻博士課程後期課程退学。現在，中央大学法学部教授，博士(法学)
〈主要著作〉
ディーター・ヘーンリッヒ／山内惟介監修『国際家族法』(翻訳，日本加除出版，1992 年)，『ドイツ国際氏名法の研究』(成文堂，2003 年)

阿部耕一（あべ・こういち）── **第 12 章，第 13 章**
1989 年中央大学法学部法律学科卒業。同年全国銀行協会連合会・一般社団法人東京銀行協会（現：一般社団法人全国銀行協会）入社。現在，一般社団法人全国銀行協会コンプライアンス部長
〈主要著作〉
『国際私法と銀行取引 ──「法の適用に関する通則法」と銀行実務』(経済法令研究会，2009 年)，「銀行取引と準拠法の関わり ── 相続と与信の視点から」国際私法年報 16 号（2014 年)，「紛争解決と外国法の適用 ── 金融 ADR の観点から」法学新報 123 巻 5・6 号（2016 年)

梶田 幸雄（かじた・ゆきお）──**第20章～第23章**

　1979年中央大学法学部卒業，2003年中央大学大学院法学研究科国際企業関係法専攻博士後期課程修了。現在，中央大学法学部教授，博士(法学)

　〈主要著作〉

『中国ビジネスのリーガルリスク』（日本評論社，2007年），『中国国際商事仲裁の実務』（中央経済社，2004年），「中国の外国仲裁に対する司法審査の新動向」法学新報126巻11・12合併号（2020年），「中国裁判所の国際司法共助──米中貿易摩擦下での"一帯一路"構想推進」世界経済評論706号（2020年），「中国法人間の紛争を中国国外で仲裁により解決する可能性（上，下）」JCAジャーナル746号，748号（2019年）

金　　美和（きむ・みわ）──**第7章，第8章**

　1999年中央大学法学部通信教育課程卒業，2009年中央大学大学院法学研究科国際企業関係法専攻博士後期課程単位取得退学。現在，青森中央学院大学経営法学部准教授

　〈主要著作〉

「フランス国際私法における商事代理人契約の準拠法について──契約終了後の損害賠償請求の可否を中心として（一）（二・完）」法学新報115巻11・12号（2009年），116巻3・4号（2009年），「ヨーロッパ商事代理人契約法における法廷地強行法規の適用について──ヨーロッパ司法裁判所2013年10月17日判決「Unamar事件」の検討」法学新報123巻5・6号（2016年），「ヨーロッパ商事代理人契約における強行法規の適用について──ヨーロッパ司法裁判所2013年10月17日判決「Unamar事件」に対するダヴー教授の論評を手掛かりに」法学新報124巻9・10号（2018年）

實川 和子（じつかわ・かずこ）──**第15章，第16章**

　1993年中央大学法学部卒業，1998年中央大学大学院法学研究科民事法専攻博士後期課程単位取得満期退学。現在，山梨学院大学法学部教授

　〈主要著作〉

ヴェルナー・F・エプケ／山内惟介監修『国際外国為替法（上巻）（下巻）』（翻訳，中央大学出版部，1995年），「外国公債破綻をめぐる法的諸問題に関する一考察──アルゼンチン国債に関する最近の裁判例を素材として」法学新報124巻9・10号（2018年），「インターネット上の名誉毀損の国際裁判管轄と民訴法3条の9「特別の事情」について（最高裁平成28年3月10日判決)」山梨学院大学法学論集83号（2019年）

寺井 里沙（てらい・りさ）──**第10章，第11章，第14章**

　2009年中央大学法学部国際企業関係法学科卒業，2011年中央大学大学院法学研究科国際企業関係法専攻博士前期課程修了。現在，広島市立大学国際学部国際学研究科講師，博士(法学)

　〈主要著作〉

『国際債権契約と回避条項』（信山社，2017年）

〈標準〉国際私法

第 1 章　国際私法の意義

◆ 第Ⅰ節 ◆ 総　説

　国際私法とは何か。

　およそ，一定の名称が付されている法分野は，その他の法分野から，規律の目的，対象，方法の点で，相違があるために区別がなされる。このことは，国際私法にもあてはまる。そこで，国際私法とは何かを，規律の目的，対象，方法を手掛かりに考えてみる。

　また，国際私法もまた，社会的な利害調整規範の総体の一つであるから，その法源のいかんが問題となる。あわせて，この点を概観しておくことにする。

◆ 第Ⅱ節 ◆ 対　象

◆ 第1項　私法関係

　国際私法の対象は，私法関係である。したがって，国家対私人の法律関係たる公法は，規律対象とされていない。もとより，国家であっても，私的な取引の主体として立ち現れる場合は別である（なお，外国等に対するわが国の民事裁判権に関する法律 8 条を参照）。

　このような区別がなされるのは，規律方法に相違があるからである。後述のように，国際私法では，広く牴触法的規律が採用され，問題を解決するため，国内法が適用されることもあれば，外国法が適用されることもある。これに対し，公法では，外国公法不適用の原則により，外国法の適用が想定されていない（なお，この点につき，東京高判平 19・7・18 判時 1994 号 36 頁他を参照）。

◆ 第2項　渉外私法関係

　国際私法の対象は，したがって，民法や商法などと同様に，私人間の法律関係である。ただし，国際私法は，それらとは，国際的（渉外的）な私法関係

（渉外事件）を対象とする点で，区別される。

　ここに，国際的（渉外的）か否かは，法律関係を構成する要素のうち，少なくともいずれか一つが，外国との結びつきを示しているか否かをもって判断される。そうした要素が，すべて国内との結びつきを示している場合，それは，国内事件であり，民法や商法の規律対象となる。ここに，法律関係を構成する要素とは，主体，客体，行為などを言い，当事者の国籍，目的物の所在地，行為地が外国的なものからなる場合，国際性（渉外性）があるということになる。

　このような区別がなされるのは，国内事件では，当然に国内法たる民法等が適用されるのに対し，渉外事件では，国際的な法源（統一法）が優先的に適用されるとともに，主に牴触法的規律により，国内法によって解決される場合もあるが，外国法によって解決される場合もあるからである。

　もっとも，国際的（渉外的）な法律関係の厳密な定義は困難ないし不可能であり，渉外性の判断基準もまた曖昧で無用なものであるとし，国際私法は，理論的には，国内的なものを含む，あらゆる私法関係を対象とするものであって，それで不都合を生じない，とする見解も存在する。また，国際性（渉外性）を示す要素が形骸化しており，外国との牽連性を実質的に示しているとは考えられない場合にも（たとえば，もっぱら日本で生活する，在日韓国・朝鮮人4世等），常に国際性（渉外性）があると考えられるべきかどうかについては，評価が分かれることであろう。

◆第3項　手　続

　このように，国際私法は，私法上の法律（権利義務）関係を対象とする。したがって，狭義において，国際私法は，実体法を対象とするものであり，手続法を対象とするものではない。

　とはいえ，法律関係を形成するために，裁判所等の公的機関の判断が必要とされることがあるだけでなく，民事訴訟手続に関する諸問題は，私法上の実体的な法律関係と，強く結びついている。このため，広義においては，いわゆる国際民事手続法もまた，国際私法の対象とされている。本書でも，この理解に即して，国際民事手続法上の基本問題に言及する。

◆ 第Ⅲ節 ◆ 方 法

◆ 第1項　2つの規律方法

　国際私法における規律方法は，2つある。すなわち，牴触法的規律と，実質法的規律である。後者の，実質法的規律とは，民法等で一般的に採用されている，法律要件に事実をあてはめて法律効果を導き，具体的結論を得るという規律方法である。

　これに対し，前者の，牴触法的規律とは，具体的結論を得るための法規範（を含む法秩序）を選択するという規律方法である。

◆ 第2項　牴触法的規律

　(1) 後述の法源の項（第Ⅴ節）から明らかなように，国際私法における規律方法として，現に実質法的規律は採用されているが，それは部分的なものにとどまっており，主に採用されているのは，牴触法的規律である。これは，各国の法律が内容を異にしつつ対等の資格で併存することを前提に，一個の渉外事件を類型的な生活関係である単位法律関係に分解し，単位法律関係ごとに，もっとも密接な関係を表象するとされる連結点を通じて，具体的解決基準となる準拠法を決定する，間接的な規律方法である。

　ごく簡略化して言えば，どこの国の法律によるべきかを決定するという，間接的な規律方法である。

　(2) このような規律方法が採用される理由の1つは，それが国際私法の統一に資するという点である。すなわち，権利義務を直接規律する実質法は，各国の文化や伝統の相違を色濃く反映し，各国で大きく異なるものであるところ，これを統一することは，極めて困難ないし現実的に不可能である。これに対し，牴触法的規律は，どこの国の法律によるべきかという，優れて法技術的な性格をもつものであるから，国際的に統一が可能である，と。とはいえ，牴触法的規律を採用しても，世界的な規模での統一法の数が限定されている現状に照らせば，かかる理由は，理念的なものにすぎない，と言えるかもしれない。

　もう1つの理由は，統一されていないままに，国内法として国際私法が規定されているとしても，実質法的規律より，牴触法的規律が，より国際私法の目的にかなうことが挙げられる。すなわち，多様な価値が錯綜する渉外事件を，実質法的規律により処理するとすれば，その多様性に対応することが困難であ

5

る。これに対し，牴触法的規律によるならば，より適切な解決基準を見出すことが可能となるという点で，法が国家的なものでありながら，国際的な生活関係を規律するに，よりふさわしいと考えられるのである，と。

◆ 第3項　実質法的規律

　一般的に，渉外事件の規律方法として，牴触法的規律が採用されることが多いとはいえ，実質法的規律が排除されているわけではない。それが適切かつ可能となったものとして，たとえば，商取引の技術的要素が強い事項が挙げられよう。そうした領域においては，部分的にではあるが，実質法的規律の採用による法の統一が実現されている（第Ⅳ節第1項，第Ⅴ節第2項）。

　また，特に適用されるべきであると評価される場合には，国内法たる渉外実質法が，渉外事件に直接適用されることもあり得る。

◆ 第Ⅳ節 ◆　目　的

◆ 第1項　法の国家性と生活関係の国際性の止揚

　⑴　このような渉外的私法関係とは，とりもなおさず，国境を越えて営まれる私人間の生活関係を，法的に規律するという状況を示す。一方で，我々の生活関係は，国境を越えて営まれているという現状がある（生活関係の国際性）。他方で，法は，各国がそれぞれの立法主権に基づき，自由に制定することができるものであり，また，法が，歴史，文化，伝統の産物である以上，国により法の内容は異なって当然である（法の国家性）。

　この較差の存在をいかに止揚するかが，国際私法の目的ないし課題である。

　⑵　それならば，この較差は，いかに止揚されるべきか。

　容易に考えることができるのは，生活関係の国際性に対応するよう，国家的な実質法を，国際化することである。より具体的に言えば，国家間の合意（条約）に基づいて，国際的な私法関係を規律するルールを統一し（統一法），これによって規律を行うことである。

　そのような統一法を形成する努力は，現在に至るまで継続されており，後述するように，一定の成果もある。とはいえ，現実には，統一法は，規律方法として実質法的規律を採用するか，牴触法的規律を採用するかを問わず，ごく限られた範囲で存在するにすぎない。このため，多くの事項が，国内的な法源に

依拠して処理されている。

そこで，形式的には，国内的な法源を成しているものの，国境を越えた普遍的人類社会の存在を構想し，国際私法は，本質的にはそのための法であると位置づけるとともに，法源的に国際的な性質があることを認め，それに応じた解釈を試みることも考えられるであろう。

もとより，そのような構想は，往々にして，現実にそぐわないと評価されることであろう。とはいえ，そのような評価を受け入れ，統一されていない国家法により，問題を処理しなければならないとしても，国際的な生活関係をいかに規律するべきかという課題が，消滅するわけではない。多様な価値が錯綜する渉外事件を処理するにあたり，もっぱらかつ直ちに自国の実質法（民法等）によって判断することは，紛争を処理する司法にとっては簡便なことであろうが，それは，多様な紛争当事者間の利害を，よりよく調整しようとする努力を放棄することになろう。

◆ 第2項　法的安定性と具体的妥当性

(1) 国際私法上，考慮されるべき事項には，いかなるものがあるか。国際私法もまた法の一分野である以上，窮極的には，法的安定性と，具体的妥当性の実現とが，その目的となる。

法的安定性は，典型的には，誰に対しても，どんな事件に対しても，さらには誰が判断しても，同様に法が解釈適用されて同一の結論が得られることを意味する。国際私法においては，国内的な意味での法的安定性に加えて，国際的な判決の調和（同一の渉外事件につき，内外の裁判所で同一の結論が得らえる）という要素が考慮されるべきであろう。

(2) 具体的妥当性は，法的に得られた結論が，国内社会的のみならず国際社会的に適切なものであると受け入れられる（正義にかなう）ことを意味する。

この点，国際私法においては，いかなる結論が適切なものであるか，判断することが極めて困難な場合が少なくない。けだし，文化が異なれば，正義の判断基準も異なるし，正義にかなう結論も異なるからである。一方でそのような事情があり，他方で後述のように牴触法的規律が主に採用されているという事情もあって，国際私法においては，そうした意味における具体的妥当性はあまり考慮されず，適切な解決基準（準拠法）を選択できているかどうかが問われることが多い。

とはいえ，それだけで足りると考えるべきか否かは，別の問題である。常に世界観を更新し，何をもって妥当ないし正義にかなうと評価するかは，検討の対象を含め，考え続けなければならない課題である。

(3) およそ法分野においては，原理原則に基づいて諸々の制度が用意されており，それらの制度は諸々の規範から構成され，それらの規範を適用した多くの裁判例が存在する。これらの相互関係を把握することが，法律学を理解することである。このことは，国際私法にもあてはまる。

また，法的安定性と具体的妥当性とが両立する場合，それ以上の問題は生じない。そのいずれかが欠ける（あるいは疑義が呈される）場合に，いわゆる論点が発生する。このことも，国際私法にあてはまる。そうしたときに，何が問題か，論点ごとにいかなる見解が，いかなる理由をもって主張されているかを確認することは，当然必要なことである。とはいえ，自然科学的な意味で客観的な論証が行われる場合等を除けば，一つの立場が絶対的に正しいということなど，ほとんどあり得ない。それ以上に重要なのは，なぜ問題が生じるか，それぞれの見解がいかなる要素を重視して導かれているのか，そして，いわゆる比較の第三項（共通判断基準）に基づき，いずれの見解を優先させるべきかを，要件及び効果の各解釈段階に即して，丁寧に吟味することである。

さらに，とりわけ牴触規定の解釈にあたっては，それらが概括的な規定であることが多いため，解釈の余地が大きくなることに留意すべきであろう。それは，法的安定性の観点から，常に課題がついてまわることを意味するとともに，あるべき解決を模索する余地が残されていることをも示唆するものである。

◆ 第3項　国際私法的利益

このような枠組の他に，国際私法の次元で存在を認められる利益を国際私法的利益と捉え，その比較衡量により準拠法を決定すべきであるとする見解がある。

そうした国際私法的利益として挙げられるものの典型は，当事者利益，取引利益，秩序利益である。当事者利益は，自己と最も密接な関係にある法（自らが熟知し，行動の基準と考えている法）に従って裁判されるべきであるという，当事者の利益であるとされる。取引利益とは，国際取引が容易かつ確実に行われるべきであるという観点から考慮される，取引の利益であるとされる。そして，秩序利益とは，およそ法規が相互に矛盾することなく秩序を保持している

という意味で，国際的判決調和の利益と国内的判決調和の利益が該当し，さらに，内国法適用の利益，判決の現実性ないし実効性の利益が含まれるとされる。

◆ 第Ⅴ節 ◆ 法　源

◆ 第1項　総　説

　国際私法の法源は，多様である。大別すると，条約に基づき，部分的にではあれ統一された，国際的な法源（統一法）と，国内的な法源に分類される。国際私法の目的に照らして言えば，優先的に適用されるべきは統一法であり，それがない場合には，国内的な法源によらざるを得ない，ということになる。いわば，統一法が原則であり，それが存在しない場合の補則として，国内法がある，と整理できる。

　もっとも，統一法が存在する領域は少なく，多くの場合に，国内的な法源に依拠されることが多い。このため，国内法が一般法であり，統一法が特別法として優先的に適用されることがある，という整理もできよう。

◆ 第2項　統　一　法

　(1) 国際的な法源とは，条約に基づき，渉外事件を解決すべき統一された法であり，統一法とも称される。もっとも，二国以上で条約が締結されていれば，国際的な法源（統一法）と理解されるのであり，締約国数が世界的な規模である必要はないと理解されている。

　このような統一法は，法の国家性を（部分的にではあれ）克服したものであり，国際化した生活関係を規律するにふさわしいものである。この意味において，統一法は，国内的な法源に優先して適用されるべきものである。

　とはいえ，そのような統一法は，現実には，ごく限られた領域に限られている。なぜなら，渉外事件を解決すべき規範のいかんについても，各国の利害が異なることが少なくないからである。

　(2) このような統一法は，その類型に着目して，さらに整理することが可能である。規律方法に着目すれば，実質法的規律を採用する統一実質法と，牴触法的規律を採用する統一牴触法とに分類できる。さらに，統一実質法は，規律対象に着目すると，国内事件も渉外事件も同様に規律する世界法型と，渉外事件に限定する万民法型に分類できる。

　国内事件も渉外事件も同様に規律する，世界法型の統一実質法には，1930年の為替手形及約束手形ニ関シ統一法ヲ制定スル条約等に基づいて制定された，手形法（昭和 7 年法律 20 号）及び小切手法（昭和 8 年法律 57 号）が挙げられる。

　これに対し，もっぱら渉外事件を規律する，万民法型の統一実質法には，船荷証券に関するある規則の統一のための国際条約等に基づいて制定・改正された，国際海上物品運送法（昭和 32 年法律 172 号他），国際航空運送についてのある規則の統一に関する条約（平成 15 年条約 6 号，いわゆるモントリオール条約），国際物品売買契約に関する国際連合条約（平成 20 年条約 8 号，いわゆる CISG）が挙げられる（なお，統一牴触法である手形法 88 条ないし 94 条，小切手法 76 条ないし 81 条は除外される）。

　統一牴触法には，国際私法統一のため，1893 年に設立された，ハーグ国際私法会議の成果である，子に対する扶養義務の準拠法に関する条約（昭和 52 年条約 8 号），遺言の方式に関する法律の抵触に関する条約に基づいて制定された遺言の方式の準拠法に関する法律（昭和 39 年法律 100 号），扶養義務の準拠法に関する条約に基づいて制定された扶養義務の準拠法に関する法律（昭和 61 年法律 84 号）が挙げられる。

　これらの他に，手続法に関する統一法が存在する。すなわち，民事訴訟手続に関する条約（昭和 52 年条約 8 号），民事又は商事に関する裁判上及び裁判外の文書の外国における送達及び告知に関する条約（昭和 45 年条約 7 号），外国仲裁判断の承認及び執行に関する条約（昭和 36 年条約 10 号）等である。この種のものとしては，国際的な子の奪取の民事上の側面に関する条約の実施に関する法律（平成 25 年法律 48 号）を挙げることができよう。

　⑶ 統一法の亜種ともいえるのが，モデル法と呼ばれる類型である。

　典型例は，UNCITRAL モデル法である。「法」と称されているが，これは，各国が立法の際に模範ないし手本とすべき例にすぎず，各国は自由にこれと異なる規定を盛り込むことができるが，他方で，各国がこのモデル（模範）をできるだけ広く採用すれば，完全な統一法は期待できないにせよ，採用国の間で，大枠で類似した法制度が実現できることになる。

　わが国においても，この模範法に沿って，仲裁法（平成 15 年法律 138 号）が制定されている。

　⑷ 上述の諸類型をみると，わが国の法源には，条約と国内法が混在していることが分かる。

モントリオール条約，CISG 等の条約は，憲法 98 条 2 項により，法源に追加されたが，国内法化されたわけではなく，条約の形式で適用されることになる。とはいえ，法は，本来的に国会が制定するものである（憲法 41 条）。それゆえ，内閣（行政）が締結する条約を，国会の制定する法律により国内法化することは，形式の相違を埋めるものであり，ごく自然なことである。この意味で，両者に実質的な相違はない。

それでも，統一条約が国内法化され，その国内法が適用されるようになると，元来，いずれもが同一内容の規定をもっていても，統一法として国際的に統一的に解釈されるべきであるとの要請が看過され，あるいは国内法としての側面が強調されて自国独自の解釈がなされてしまいかねず，そのことにより，統一法としての機能が失われるおそれがある。この点に，実質的な差異を見出すことができるかもしれない。

もとより，統一条約が国内法化され，自国法全体の中に統合されていくこと自体は，一概に否定されるべき事態であるとはいえない。とはいえ，そのような事態があり得ることに鑑みれば，統一実質法が牴触法を排除するかという論点について，簡単に割り切って結論を出せるわけではないであろう。

◆ 第 3 項　国 内 法

(1) 日本の場合，国際私法の法源として制定された最初のものは，法例（明治 23 年法律第 97 号，いわゆる旧法例）である。もっとも，この法例は，法典論争の影響等から，二度の施行延期の後，施行されないままに廃止された。

その後，法例（明治 31 年法律 10 号）が制定・施行され，これが長らく国際私法の主たる法源とされてきた。この法例は，民法の改正に伴う 2 度の改正（昭和 17 年法律 7 号，昭和 22 年法律 223 号），ハーグ条約の批准に基づいた，統一牴触法の導入に伴う 2 度の改正（昭和 39 年法律 100 号，昭和 61 年法律 84 号）の他，平成元年に，大きな改正を経験している（平成元年法律 27 号。なお，平成元年改正前法例を，旧法例と呼ぶ裁判例もある）。

平成元年の改正においては，特に，婚姻法及び親子法が改められ，その際には，両性平等と子の福祉という観点が重視されていた。この後，さらに，民法の改正に伴う改正（平成 11 年法律 151 号）が行われた。

(2) 現在，日本の国際私法の主たる法源は，平成 19 年 1 月 1 日に施行された，法の適用に関する通則法（平成 18 年 6 月 21 日法律 78 号，以下通則法という）で

ある。通則法は，形式的に，全面的に口語化されるとともに，内容的には，特に，人事法及び債権法が改められた。

　また，以前は，民事訴訟法（平成 8 年法律 109 号）や民事執行法（昭和 54 年法律 4 号）に，外国判決の承認に関する規定が散在していたにすぎなかったところ，最近では，国際裁判管轄については，財産関係事件については民事訴訟法中に（平成 23 年法律 36 号），身分関係事件については人事訴訟法中に（平成 30 年法律 20 号），明文規定が定められるに至っている。また，外国等に対するわが国の民事裁判権に関する法律（平成 21 年法律 24 号）等も挙げられよう。

　(3) 国際私法もまた，実定法解釈学の側面をもつ以上，これらの法源に依拠しつつ，紛争の解決にあたっては，諸々の規定が，しかるべく解釈適用されなければならない。これらの法源は，特に定められている場合を除けば（たとえば，国際物品売買契約に関する国際連合条約 6 条），強行性を有するものであり，任意規定ではない。法的安定性の観点から，これらが看過されてはならないのである。

　もっとも，広く支持されているわけではないが，国際私法の強行性を疑問視する見解も存在する。その一つが，任意的牴触法の理論である。この見解によれば，外国法の適用は，訴訟当事者の少なくとも一方が，そのことを明示的に申し立てた場合に限られる，とされる。その根拠として指摘されるのは，一般に，外国法の適用は，稚拙なものとならざるを得ないため，質の高い裁判を受けるという当事者利益である。

　いずれにせよ，既存の法源が絶対視されるべきではなかろう。現行法（de lege lata）を踏まえつつ，内外の時代環境や正義の観念の変化等に鑑み，あるべき法（de lege ferenda）を構想し，これを解釈によって現行法に反映させ，あるいは法改正を提案することも必要である。

課題

　1　私法と公法との二分論は，現代において機能しているか。

　2　外国公法不適用の原則の，内容及び根拠は何か。この原則は，妥当なものか。また，外国公法を何らかの形で考慮する余地はないか。EU における，ローマ II 規則 17 条を踏まえて検討せよ。

　3　いわゆる社会法（独占禁止法等）は，公法か，私法か。その適用ないし

考慮を考える余地はないか。

4　渉外事件と国内事件との峻別は可能か。区別の基準はいかなるものか。

5　国際私法上，実質法的規律は，いかなる場合に採用されているか。

6　統一実質法は，国際私法を排除するか。

7　任意的牴触法の理論を論評せよ。

〈参考文献〉

石黒一憲『現代国際私法（上）』（東京大学出版会，1986年）
佐野寛「任意的抵触法の理論について」岡山大学法学会雑誌49巻3・4号（2000年）
　781頁

第 2 章　独立牴触規定(1)
── 意義と単位法律関係

◆ 第 I 節 ◆　牴触規定の意義

◆ 第 1 項　牴触規定の種類

(1) 前章で触れたように，国際私法においては，その規律対象及び規律目的に照らし，規律方法として，牴触法的規律が採用されることが多い。その牴触法的規律を，規範の形にしたものは，牴触規定と呼ばれる（牴触規定の総体は，牴触法と呼ばれ，牴触法は，国際私法とほぼ同義で用いられることもある）。

この牴触規定と対になるのが，実質規定という用語であり，これは，実質法的規律を，規範の形にしたものである。実質規定の総体は，実質法と呼ばれ，各国の民法や商法等を指す。

(2) この牴触規定は，さらに，いくつかの観点から分類できる。まず挙げられるのは，独立牴触規定と，従属牴触規定である。独立（自主的，自足的）牴触規定とは，当該牴触規定だけで準拠（実質）法を，形式的に確定し得るものをいう。これに対し，従属牴触規定とは，それだけでは準拠（実質）法を，形式的には確定できないものをいう。

また，牴触規定が，明文（成文）のものか，不文のものかという点に着目した分類も可能である。

◆ 第 2 項　独立牴触規定

(1) 独立牴触規定とは，上述のように，当該牴触規定だけで，準拠（実質）法を，形式的に確定できるものをいう。規範構造的には，通常の法規範と同様に，法律要件と法律効果から構成されている。

その法律要件は，類型的な生活関係であり，単位法律関係と呼ばれる。

その法律効果は，単位法律関係に該当する事項につき，具体的解決基準となる法秩序であり，準拠法と呼ばれる。ただ，ここにいう準拠法は，なお抽象的であり（たとえば，「被相続人の本国法」（通則法 36 条），「婚姻挙行地法」（通則法

24条2項）等），具体的解決基準となる法秩序を指し示す基準としての連結点（たとえば，「被相続人の本国」，「婚姻挙行地」）と，連結点に該当する事実を通じて，具体的に指示された法秩序である準拠法（たとえば，被相続人の本国は中国であるから中国法，婚姻挙行地はドイツであるからドイツ法）とに，さらに細分化することができる。この意味において，準拠法とは，多義的である。

このように，連結点と準拠法との間にも，法律要件と法律効果との関係がみられるため，準拠実質法上の法律要件と法律効果との関係を含めると，独立牴触規定は，その構造上，法律要件と法律効果との関係が3重を成している。

（2）独立牴触規定は，さらに，双方的牴触規定と，一方的牴触規定とに分類されている。双方的牴触規定とは，たとえば，相続が「被相続人の本国法」（通則法36条）とされているように，連結点に該当する事実のいかんにより，準拠法が国内法になることもあれば，外国法になることもある独立牴触規定である。

これに対し，一方的牴触規定とは，たとえば，当事者の一方が日本に常居所を有する日本人の離婚について，「日本法による」（通則法27条但書）とされているように，準拠法がもっぱら自国法とされている独立牴触規定である。

牴触法的規律の，国内法と外国法とが対等の資格で併存することを前提とするという建前に照らせば，双方的牴触規定が基本的な形式と位置付けられることになる。したがって，立法に際してであれ，解釈論としてであれ，一方的牴触規定を採用するには，特にそうすべき政策的理由による正当化が必要とされよう。

◆ 第3項　従属牴触規定

従属牴触規定とは，独立牴触規定に対置されるものであり，それだけでは準拠（実質）法を，形式的には確定できないものを，総称していうものである。このため，従属牴触機能の趣旨は，規定によって異なり，独立牴触規定による準拠法の決定を補助したり，変更ないし修正したりするものである。

前者の例としては，連結点に該当する事実が複数存在する場合の処理について規定する通則法38条1項（当事者の本国法によるべき場合において，当事者が複数の国籍を有する場合）等がある。後者の例としては，外国法が指定されたものの最終的に準拠法を日本法とする通則法41条本文や，準拠外国法の適用を排除する通則法42条等が挙げられよう。

◆ 第 4 項　明文規定と不文規定

(1) 独立牴触規定には，制定法上，文字により明確に表記される形で存在する明文規定（成文規定）と，文字による表記はなされていない不文規定とがある。日本は，制定法主義国であることから，また，国内的な法的安定性の観点から，独立牴触規定は，明文であることが基本である。

それならば，立法により，独立牴触規定が制定され，あるいは改正される際には，いかなる点が考慮されるか。これには，様々な要因が交錯している。一方で，国際的な規模での法的安定性という観点からは，国際私法の統一（統一法への参加）ないし一致（統一法及び外国国際私法の考慮）という要因が挙げられるであろう。また，国内的な規模での法的安定性という観点からは，解釈論上の疑義を解消する，ないしは予防するために，独立牴触規定が制定されることがある。他方で，具体的妥当性という観点からは，単位法律関係ごとに，連結点を通じて，しかるべき準拠法を選択するべく，独立牴触規定を構成することとなる。この点は，それぞれの立法の時点における背景を含めて，政策的評価に依存するものである。

なお，解釈論上，見解に相違がある場合であっても，あえて明文規定の制定が見送られる場合もある。これは，法的安定性の観点からは，いささか問題が残るであろうが，何をもって妥当とすべきかが直ちに判断し難く，裁判例及び学説に議論を委ね，あるべき方向を模索する段階にある場合にとられる対応と言えよう。

(2) これに対し，不文の独立牴触規定によって規律されるのは，いかなる場合か。

第 1 に考えられるのは，既存の独立牴触規定に欠缺があると考えられる場合である。このような欠缺は，世界のあらゆる法制度を想定して，独立牴触規定を予め定めることが困難であることからも生じるが，技術の発展，正義公平の観念，そして倫理観の変化によって生じる新たな問題に，立法的に常に手当ができるわけではないことからも生じるであろう。第 2 に，既存の独立牴触規定により準拠法を決定することは論理的・形式的には可能であるが，それによって得られる結論が，不適切であると考えられる場合である。この場合には，不文の独立牴触規定を観念し，判断することになる。法は，一般的抽象的法規範であり，多数に適合するよう形成されるものであるが，あらゆる事案に適合するものではない（「例外のない規則はない」）以上，このような場合が生じること

は，当然である。さらに，第3に，裁判例等により，不文の独立牴触規定の存在が広く承認されている場合もあろう。

　もちろん，第1の場合につき，欠缺が認められるためには，既存の独立牴触規定により規律できない，すなわち，既存の独立牴触規定により得られる結論が不当であることが前提となる。このため，第1の場合と第2の場合とは，重なる部分も少なくない。いずれにしても，いかなる場面において独立牴触規定の欠缺が認められるのか，既存の独立牴触規定により得られる結論が不適切であると考えられるのか，さらには，いかなる不文の独立牴触規定を観念すべきかという点は，多分に政策的評価に依拠して判断される課題である。このため，不文の独立牴触規定を問題とすべきか否かは，それが問われる場面ごとに（ひいては事案ごとに），検討せざるを得ないであろう。

　なお，ここで留意すべきは，独立牴触規定が，準拠法を決定する規範であるため，独立牴触規定により得られる結論とは，第一義的には，準拠法のいかんを意味することである。とはいえ，解釈の段階では，選択された準拠法を適用して得られた結論が，準拠法のいかんに左右される以上，準拠法の適用結果もまた，独立牴触規定により得られる結論に含めて考える余地もある（ことに，訴訟の場における当事者の関心は，準拠法のいかんではなく，請求が認容されるか否かにある）。もとより，いずれの場合であっても，法的安定性と具体的妥当性とを兼ね備えた判断が志向されるべきは，当然である。

◆ 第Ⅱ節 ◆ 単位法律関係

◆ 第1項　意　義

　(1) 単位法律関係とは，類型的な生活関係であり，規範構造的には，独立牴触規定の法律要件である。通則法においては，たとえば，「人の行為能力」（4条1項），「法律行為の成立及び効力」（7条），「法律行為の方式」（10条），「相続」（36条）である。

　機能的には，一個の渉外事件は，独立牴触規定ごとに準拠法が決定されるので，単位法律関係は，一個の渉外事件を分解する基準となる。

　(2) 単位法律関係は，内容を異にする各国の実質法を準拠法として指定するための枠組であるから，単位法律関係は，本来的に，特定国の実質法（とりわけ，法廷地実質法）に対応するものではない。

　たとえば,「相続」(通則法 36 条) という概念は, 日本の民法における相続という概念だけでなく, これと異なる, 諸外国の民法等における相続という概念をも包摂し得る, より広い概念として設定されている。また,「遺言の成立及び効力」(通則法 37 条 1 項) という概念は, 一般に, 日本の民法における遺言の成立及び効力よりも狭い概念として理解されている。

◆ 第2項　構　成

　(1) それならば, 単位法律関係は, いかに構成されるか。

　一方で, 単位法律関係は, それが類型的な生活関係であると定義されることからして当然のことながら, 各国の実質法に比べて, 概括的に構成される (たとえば, ナポレオン民法典 (1804 年) 3 条 3 項は,「人の身分及び能力に関する法律は, フランス人が外国に居住するときといえども, このフランス人について適用される」と規定する)。およそ各国の法体系は, 全体として規律を行うことを前提としており, 一個の渉外事件を解決するうえで, 過度な細分化に伴い, 多数の異なる法律を適用することは, 適応問題の発生を招きかねないという点に鑑みても, そのように構成されてしかるべきであろう。

　他方で, 法律効果たる準拠法 (ないし連結点) が異なるべきものであると考えられる場合には, 法律要件たる単位法律関係は, 区別 (細分化) されるべきである。

　たとえば, 親子の場合, その効力は, 一つの独立牴触規定で規律され (通則法 32 条), 単位法律関係も「親子間の法律関係」であるが, 婚姻の場合, その効力は, 婚姻の一般的 (身分的) 効力と財産的効力が区別され (通則法 25 条及び 26 条), 単位法律関係も「婚姻の効力」「夫婦財産制」と分割されている。ここには, 現行法の場合, 夫婦財産制には制限的当事者自治が導入されるべきであるとの政策的判断がある。

　(2) これらの要因を併せ考慮しながら, いささか単純に図式化すれば, 概括的に構成される単位法律関係は, 準拠法を異にすべきであると考えられるようになった事項が現れるごとに, 細分化されていくことになる。

　たとえば, 法例においては, 事務管理, 不当利得, 不法行為という, いわゆる法定債権の成立及び効力は, 一つの単位法律関係で, 原因事実発生地法によらしめられていたが (11 条), 通則法では, 事務管理と不当利得は原則的に同様の独立牴触規定で規律されながら (14 条), 不法行為は, 別の単位法律関係

とされ，原則的に，これとは異なる連結点が採用されている（17 条）。

ただし，単位法律関係の構成には，法廷地実質法の影響があることも，指摘されるべきであろう。

たとえば，民法上，私生子が非嫡出子に，禁治産者等が成年被後見人等に改められたのに伴い，法例の単位法律関係も改められたし（昭和 17 年，平成 11 年），婚姻に伴う妻の無能力に関する規定の廃止に伴い，法例上の該当規定も廃止された（昭和 22 年）。また，平成元年の法例の改正にあたっては，嫡出子と非嫡出子の区別をしないことも検討されたが，民法に先んじる形での区別の廃止に異論が呈されたため，この区別は維持されたのである。

◆ 第 3 項 　単位法律関係の解釈 ── 法律関係の性質決定

(1) このような単位法律関係は，いかに解釈されるべきか。

この点は，法律関係の性質決定として論じられてきたところである。歴史的には，Kahn 及び Bartin が，各国独立牴触規定の単位法律関係は，法廷地国の実質法に従って解釈されるべきであるとの見解（法廷地法説）を主張したことが嚆矢となった。カーンとバルタンは，法廷地法説を主張することにより，国際私法の統一は不可能であることを示した，というのである（「実質法が統一されなければ，国際私法の統一は不可能である。実質法が統一されれば，国際私法は無用である」という指摘と結びつくものである）。

これに対し，Wolff は，単位法律関係は，準拠法に従って解釈されるべきであるとの見解（準拠法説）を主張し，国際私法の統一は可能であると反論した。とはいえ，準拠法は，ある生活関係が，どの単位法律関係に該当するかが決まって初めて決定できるものであり，準拠法を基準として単位法律関係を解釈することは，論理的にはできない（「論理は仮定を許さない」）。このため，決定的な反論とは目されなかった。

その後，Rabel は，単位法律関係は，特定国の実質法により解釈されるべきではなく（法廷地法説及び準拠法説の否定），比較法研究の成果に基づいて解釈されるべきであるとの見解（自主的比較法説）を主張した。比較法研究の成果を基準とすることができれば，単位法律関係の解釈は国際的に統一が可能となり，国際私法の統一もまた可能となるため，これが世界的にも広く支持された（比較法研究が，国際私法研究者にとって日常のパンに比するものと評される所以でもある）。

とはいえ，常に，包括的な比較法研究の成果を解釈の基準とすることは，研究者にとっても困難であり，また，実務家にとっては非実践的でもある。そのような事情もあり，Kegel は，ラーベルの見解を含め，従来の見解は，特定国であるか否かを問わず，実質法に依拠したものであり（実質法的性質決定），もっぱら国際私法の立場から（国際私法的性質決定），それぞれの牴触規定の趣旨目的に照らして解釈すべきであるとの見解を主張した（規則目的説）。

⑵ 単位法律関係は，独立牴触規定の法律要件であり，その解釈のいかんが，その他の分野とは異なり，国際私法においては，なぜに特に問われることになるのか。

しばしば指摘されるのは，単位法律関係の概括性（解釈の幅が大きく，立法論的な要素が多く解釈にもちこまれがちになる），結果の重大性（いずれの単位法律関係によるかで，準拠法が異なり，結論が異なる可能性がある），国際私法の統一可能性である。歴史的には，法律関係の性質決定という問題は，国際私法の統一可能性から論じられたことは明らかであるが，単位法律関係の概括性や，結果の重大性という点は，他の法分野と決定的に異なるというほどのものではない，という評価も可能であろう。このように考えるならば，法律関係の性質決定は，現在，特に論じる必要のある問題ではない，ということになろう。このため，法律関係の性質決定を論じることの意義を，その対象に求める見解も存在する。

⑶ この意味で，現在，単位法律関係の解釈いかん，すなわち法律関係の性質決定を論じることの意義をいかに評価するかは，見方によって異なることであろう。それでも，次のような一般的な解釈の方針は，確認されておくべきであろう。

単位法律関係は，法廷地実質法の影響を受けつつも，内容を異にする各国の実質法を準拠法として指定するための枠組であるから，特定国の実質法（とりわけ，法廷地実質法）に対応するものではなく，国際私法独自の立場から解釈されるべきである。

その解釈は，各独立牴触規定の趣旨及び目的に照らして行われるべきものであるが，具体的事案においては，国際的な規模での法的安定性，得られる結論としての準拠法（及び適用結果）の妥当性も踏まえられるべきである。

課題

1 一方的牴触規定を含めて，いわゆる日本人条項には，いかなるものがあるか。その当否を，立法論的に考えるならば，いかに評価され，解釈論に反映させる余地はあるか。

2 不文の独立牴触規定により，事案を解決した裁判例には，どのようなものがあるか。また，立法論的に，いかなる独立牴触規定が制定されるべきか。

3 不文の従属牴触規定が観念されるべきであるのは，いかなる場合か。また，これが観念できないのは，いかなる場合か。

〈参考文献〉
国友明彦『国際私法上の当事者利益による性質決定』（有斐閣，2002年）

第3章　独立牴触規定⑵ ── 連結点

◆ 第Ⅰ節 ◆　連　結　点

◆ 第1項　意　義

　連結点とは，単位法律関係と，具体的解決基準となる法秩序（準拠法）とを結びつける基準である。規範構造的には，独立牴触規定の法律効果の一部となる。

　機能的には，単位法律関係と，準拠法とを結びつける基準となる。

◆ 第2項　構　成

⑴　このような連結点は，いかに構成されるか。

　単位法律関係の場合と異なり，連結点の構成にあたっては，広く受け入れられている基本原則がある。それが，最も密接な関係の原則である。すなわち，単位法律関係に対し，空間的に最も密接な関係がある地を，準拠法の選択基準とすべきである。この最も密接な関係の原則は，von Savigny が『現代ローマ法体系 第8巻』において提唱した，法律関係本拠説に基づく考え方である。

　もっとも，最も密接な関係の原則だけが，連結点の構成原理であるわけではない。これを補充する，いくつかの原理が存在する。たとえば，平成元年の法例の改正にあたっては，婚姻の効力と親子間の法律関係につき，段階的連結の導入につながる，両性平等（男女同権）と，嫡出・非嫡出親子関係の成立等については選択的連結の導入を，認知と養子縁組についてセーフガード条項の導入をもたらした，子の福祉である。また，平成18年の通則法の制定にあたっては，消費者契約及び労働契約につき，特則の導入をもたらした，弱者保護である。

　さらに言えば，いかなる基準をもって，最も密接な関係を判断するのかという点からして，一義的に明確となるわけではない。たとえば，人に着目して連結をする場合であっても，その者の本国（国籍国）法によるべきか，その者の

住所地法によるべきかは，不治の遺伝病とも，国際私法統一にとって最大の癌とも言い得るほど，国により異なるものである。

この意味において，最も密接な関係の原則は，原則というよりも，連結点を構成するにあたっての出発点ないし指針であり，様々な事象に対し，いかなる連結政策をもって，適切な準拠法の選択を実現できるかという点が，むしろ重要であるとも言える。

(2) 最も密接な関係の原則を前提とすれば，一つの単位法律関係に対し，連結点は一つになる（単一連結）。たとえば，相続について「被相続人の本国」が，連結点とされる場合（通則法36条）がその典型である。

このような単一連結には，主観主義と客観主義とがある。前者の主観主義とは，当事者の意思を連結点とする建前（当事者自治）である（通則法7条，26条2項。後者は，選択できる法秩序が限定されているため，制限的当事者自治と呼ばれる）。後者の客観主義とは，客観的な要素を連結点とする建前である。

さらに，客観主義には，人に着目して連結される場合もあれば（たとえば，通則法4条1項），場所に着目して連結される場合もある（たとえば，通則法13条1項）。人に着目して連結されるべき事項は，属人法と呼ばれ，場所に着目して連結されるべき事項は，属地法と呼ばれることもある。属人法は，成文法の中で用いられることもあるが（難民の地位に関する条約12条），多義的に用いられることもあるので，注意を要しよう（属地法も同様に多義的である）。

(3) 上述のような単一連結に対し，複数の連結点が各種の形で組み合わされることもある（複合連結）。これには，様々な形態がある。

たとえば，一つの単位法律関係に対し，複数の連結点を，順序をつけて用意し，より上位の連結点に該当する事実があれば，それにより準拠法を決定する段階的連結（たとえば，通則法25条，32条）がある。また，一つの単位法律関係に対し，複数の連結点を，順位をつけることなく用意し，しかるべき結論が得られる準拠法を選択する選択的連結（択一連結，たとえば，通則法28条1項，29条1項及び2項）がある。さらに，一つの単位法律関係に対し，複数の当事者それぞれに連結点を設ける配分的連結（たとえば，通則法24条）や，一つの単位法律関係に対し，複数の連結点を（部分的に）重畳的に設ける累積的連結（たとえば，通則法31条1項後段）等がある。

このように様々な形態があるのは，それぞれの連結点がいかなる趣旨で採用されているかを確認していくことが必要である。

(4) 連結点の構成にあたっては，連結の基準時を固定する不変更主義と，連結の基準時を固定しない変更主義とがある。

かつては，法律回避を防止するという観点から，不変更主義が採用されることがあった（たとえば，平成元年改正前法例15条，16条）。現在では，概して，法律関係の成立については，法的安定性の観点から，不変更主義が採用されることが多い（たとえば，通則法28条1項，31条1項前段等）。これに対して，法律関係の効力については，事実関係の変化に柔軟に対応する具体的妥当性の観点から，変更主義が採用されることが多い（たとえば，通則法25条，32条等）。

なお，明文規定ではなく，解釈論的に不変更主義が採用される場合もあり得るであろう（たとえば，通則法24条1項等）。

◆ 第3項 解 釈

(1) 単位法律関係と同様に，連結点も，独立牴触規定（その法律効果）の一部である。それゆえ，その解釈についても，原則として，同様のことがあてはまる。

すなわち，連結点は，独立牴触規定の一部であり，相対的に各国の実質法から独立している。したがって，特定国の実質法に沿って解釈されるべき理由はなく，各独立牴触規定の趣旨目的等を踏まえて解釈されるべきである，と。

(2) このような原則に対する例外として承認されているのは，本国（国籍国）である。

国際法上，自国民の範囲は，原則として各国が自由に決定することができ，他国が干渉することのできない，排他的管轄事項である。それゆえ，ある者がどの国の国籍を有するかという点は，その国籍の有無が問題となる国の，国籍法によって判断されることになる。たとえば，ある者がフランス国籍を有するか否かは，フランス国籍法によって判断されることになる。

したがって，論理的には，ある者がいずれの国の国籍を有するかは，すべての国の国籍法を適用して判断せざるを得ないことになる。とはいえ，実際には，その父母の国籍国の国籍法と，出生地国の国籍法を参照すれば，ある者が出生時にいかなる国籍を取得するかは判断することが可能である。けだし，一般に，ある者が出生した際，自国とまったく無関係な者に国籍を付与する国籍法は存在せず，血統主義（その父母が自国民である者に自国籍を付与する建前）または出生地主義（自国の領土内で出生した者に自国籍を付与する建前）により，国籍

を付与することになるからである。また，その後，身分関係の変化（婚姻や養子縁組等）により，あるいは自己の選択（帰化）等により，国籍の得喪は生じるが，この点もすべて，その得喪が問題となる国の国籍法により判断されるべきことに変わりはない。

　なお，難民については，当事者の本国法によるべき場合であっても，その住所地法により，住所がないときは居所地法によることとされている（難民の地位に関する条約12条1項）。

　(3) 問題となり得るのは，常居所である。

　連結点としての常居所は，属人法の決定基準をめぐる，本国法主義と住所地法主義との対立を克服するために，ハーグ国際私法会議において採用された概念である。

　明確な定義はなされていないとはいえ，次の点は，一般に広く承認されている。すなわち，常居所は，世界共通の事実概念であり，人の生活の中心点のあるところ，あるいは人の存在の重点のあるところに認められる。主に居住の事実に基づいて認定され，居住の意思も加味される，と。もっとも，世界共通の概念とされているが，常居所の認定基準は各国で統一されているわけではない。

　その一方で，わが国においては，平成元年の法例改正に伴い，戸籍窓口で常居所の認定が必要となるという事情もあって，常居所の認定基準につき，いわゆる3700号通達（法務省民事局長通達）が発出された。これによると，日本人については，1年以内の住民票があれば，日本に常居所があるとし，外国に常居所が認められるのは，当該外国に5年以上（場合によっては1年以上）居住しているときであるとし，外国人は，これに準じるものとされている。現在の実務は，この，比較的明確な基準に依拠しているものといえよう。

　とはいえ，元来，常居所は世界共通の概念として観念されてきたのであるから，司法においては，諸外国における国際私法上の常居所の認定基準を踏まえ，3900号通達に拘束されることなく，より柔軟に判断すべきであろう。

◆ 第4項　連結点をめぐる諸問題

　(1) 上述のように，本国（国籍国）のいかんは，その国籍の有無が問題となる国の国籍法によって判断されるため，当事者が，複数の国籍を有することがある。このとき，その本国法は，いかに決定されるべきか。

　この点について定めるのが，通則法38条1項である。その本文によれば，

問題となる者が有する複数の国籍国の中から，第一次的には常居所を，第二次的には最も密接な関係を基準として，本国を選択することになる。もっとも，但書によれば，複数の国籍国の中に，日本国籍が含まれているときは，日本が本国とされる。本文の意味は，最も密接な関係の原則に照らして，当然の帰結であろう（ただし，外国人たる父母の，異なる外国籍を併有する子が，日本に居住している場合のように，最も密接な関係がいずれの国籍国にあるのか，判断が困難なときもあろう）。問題は，但書である。この規定の趣旨は，日本人間の平等と，外国国際私法にも同種の規定がみられることに求められるが，このような日本法の優先的適用は，実務の便宜にはかなうかもしれないが，国際私法の観点からは，疑問であろう。

　これとは逆に，当事者の本国法によるべき場合において，その者が無国籍である場合には，いかに処理がされるべきか。この点について定めるのが，通則法38条2項である。その前段によれば，当事者の常居所への，代用連結が行われることとなる。もっとも，独立牴触規定において，段階的連結が採用されている25条（これを準用する26条1項，27条本文）及び32条との関係では，かかる処理が避けられている（後段）。

　(2) 法例においては，重住所に関する規定があったが（29条2項），現行法においては，重国籍の場合とは異なり，重常居所の場合を規律する規定は，存在しない。かつて，住所については，いわゆる領土法説を前提に，重住所が認定される場合があり得たが，常居所の場合，観念的には，人は，どこかに一つの常居所を有するものであって，重常居所ということは，あり得ないと考えられるからである。ただし，この点については，なお一考の余地が残るであろう。

　人は，どこかに一つの常居所を有するとしても，その常居所が常に判明するとは限らない。この場合には，いかなる処理がなされるべきか。この点については，通則法39条が規定する。段階的連結が採用されている25条（これを準用する26条1項，27条本文）との関係を除き（後段），居所地法への代用連結が行われる（前段）。これは，通則法38条2項と，ほぼ同内容である。

　(3) 連結点を通じて準拠法が決定されても，一国内に複数の法秩序が併存しており，独立牴触規定だけでは準拠法を特定できない場合がある。このような場合には，アメリカ合衆国等をその典型として，地域により法を異にする，地域的不統一法国の法が指定される場合，人種等により法を異にする，人的不統一法国の法が指定される場合，マレーシア等をその典型として，信じる宗教に

より法を異にする，宗教的不統一法国の法が指定される場合がある。

このうち，地域的不統一法国法が，当事者の本国法として指定された場合については，通則法 38 条 3 項により，その国の規則に従い指定される法が当事者の本国法とされ（いわゆる間接指定説），そのような法がないときは，当事者に最も密接な関係がある地域の法が当事者の本国法とされる（いわゆる直接指定説）。扶養義務の準拠法に関する法律 7 条，遺言の方式の準拠法に関する法律 6 条も，同内容の規定である。

また，人的不統一法国法が，当事者の国籍国法として指定された場合については，通則法 40 条 1 項により，やはり地域的不統一法国法の指定の場合と同様に，その国の規則に従い指定される法が当事者の本国法とされ，そのような法がないときは，当事者に最も密接な関係がある地域の法が当事者の本国法とされる。人的不統一法国法が，当事者の常居所地法として，あるいは最も密接な関係がある地の法である場合は，1 項の規定が準用される（2 項）。扶養義務の準拠法に関する法律 7 条も同内容の規定である。

宗教的不統一法国法が指定された場合については，一般に，人的不統一法国法が指定された場合に含めて処理することになろう。もっとも，このような処理には，異論も呈され得る。

(4) この他に，本国（法）に該当し得るか否かが問題になるものとして，未承認国（の法）がある。換言すれば，本国法に該当するのは，行政により，国家承認（事実上の承認を含む）された国（の法）に限定されるのか。

この点について，明文の従属牴触規定は存在しない。行政による国家承認という行為を尊重し，未承認国は本国に該当せず，未承認国法が適用されることもない，という理解もあり得るところである。とはいえ，多くの裁判例では，かかる限定を認めず，一定の地域で実効的に施行されていれば，本国法に該当し得ると理解されている。これは，三権分立に照らし，行政の判断に司法は拘束されないという観点から説明されるであろう。

後者のような理解を前提とすれば，いわゆる分裂国（分断国家）法の指定の問題が生じることになる。分裂国とは，広義においては，統一主権国家が何らかの要因で統合性を喪失している状態を指すが，現在問題となる典型は，中華人民共和国及び中華民国（台湾）と，南北朝鮮（大韓民国と朝鮮民主主義人民共和国）である。

こうした国の法が指定される場合，行政により正統政府として承認されてい

る，中華人民共和国及び大韓民国の法のみが準拠法となるのであろうか。この点，前述のように，未承認国（政府）の法の指定が可能であるとすれば，中華民国及び朝鮮民主主義人民共和国の法の指定も可能とされなければならない。それならば，この場合，いかなる処理がなされるべきか。これまでの裁判例や学説では，二重国籍者に準じて，38条1項本文を類推適用するもの，地域的不統一法国に準じて，38条3項を類推適用するもの，国籍による連結が機能しないとして，代用連結を行い，当事者の住所地法を適用するものがある。もっとも，最近の裁判例では，こうした基準により判断することなく，弁論の全趣旨から，中華人民共和国と中華民国，南北朝鮮の，いずれかの法が適用されると判断する傾向が見受けられる。いずれの立場が採用されるべきか（あるいは，これらとは別の選択肢が採用されるべきか）は，評価の分かれるところであろう。

◆ 第Ⅱ節 ◆ 準拠法変更

　基準時を固定しない変更主義においては，連結点に該当する事実の変更に伴い，準拠法も変化する。これは，準拠法変更と呼ばれる。典型的には，物権につき，目的物の所在地法によるところ（通則法13条1項），当該目的物がその所在地を変更する場合である。

　このような準拠法変更が生じた場合，いかなる規律が行われるべきか。特に明文の規定がある場合は別として，次のような原則が採用されるであろう。すなわち，準拠法変更が生じた場合，連結点に該当する当該事実が変更された時点から，新準拠法が適用される。これに対し，法的安定性の観点からは，連結点に該当する事実が変更される前の法律状況については，依然として旧準拠法が適用される，と。旧準拠法に従い，発生した権利義務ないし法律関係は，新準拠法においても，引き続き存続するのである（なお，難民の地位に関する条約12条2項をも参照）。

　もとより，ここで，旧準拠法の内容と新準拠法の内容とが異なる場合，適応問題（置換）が発生することになる。

　このような規律から区別されるべきは，事実の評価いかんである。準拠法変更前に生じた事実のうち，旧準拠法において，既に規範にあてはめられ，権利義務あるいは法律関係が既に発生しているものについては，重ねて新準拠法に

より，評価されることはない。しかしながら，準拠法変更前に生じた事実のうち，旧準拠法において規範にあてはめられておらず，法律関係等を発生させていないものについては，準拠法変更後に，新準拠法において，規範にあてはめられて，法律関係を変更することができる。

たとえば，取得時効について言えば，準拠法変更前に，目的物を占有していたという事実は，旧準拠法により時効が成立していなかった場合には，新準拠法により定められている取得時効の成立に必要とされる，占有の事実として考慮することができるのである。

課題

1 重常居所及び無常居所が認められることは，あり得ないか。

2 連結点としての「住所」とは，いかなるものか。また，法例において，また，現行法上，いかなる意義があるか。

〈参考文献〉

山田恒久「連結点の基礎となる事実と弁論主義」法学研究 84 巻 12 号（2011 年）811-838 頁

烑場準一「法例の改正規定と常居所基準説の論拠について」国際法外交雑誌 90 巻 2 号（1991 年）113-140 頁

第**4**章　反致と法律回避

◆ 第 I 節 ◆ 反　致

◆ 第1項　意　義

(1) 反致とは何か。

　反致の起源として，ドイツのリューベック裁判所の判決や，イギリスの高等法院の判決が指摘されることもあるが，反致が注目されたのは，フランス破棄院の，フォルゴー事件判決である。まず，この判決を手掛かりとしよう。

　本件の事案は，次のようなものである。バヴァリア人の婚外子として，バヴァリアで出生したフォルゴーは，後にフランスに定住し，フランスに動産を残して，無遺言のまま死亡した。この遺産につき，フランス国は，当該遺産を国庫に帰属せしめたところ，フォルゴーの母方の傍系親族が，相続権を主張して，当該遺産の返還を求めたものである。

　フランス破棄院は，およそ次のような判示をした。当時のフランス国際私法によれば，動産相続は，被相続人の根源住所地法によるとされており，フォルゴーの根源住所はバヴァリアにあると認定されたので，準拠法はバヴァリア法となり，バヴァリア実質法によれば，この傍系親族には相続権が認められるところであった。しかるに，バヴァリア法上，動産相続は死者の事実上の住所または常居所の法律と結合した財産所在地法によるとし，最終的には準拠法はフランス法であると判断して，フランス実質法により，この傍系親族には相続権を認めなかったのである。

　このように，自国の独立牴触規定により，外国法が指定されている場合において，当該外国法の中に，国際私法規定（特に独立牴触規定）を読み込み，準拠法の指定を自国法へと反対に送り返す（renvoi）法（解釈）技術が，反致である。

(2) 本来，独立牴触規定により指定される外国法は，具体的解決基準となる法秩序であり，実質法である。ところが，上述のところから明らかなように，

反致という法技術は，この外国法に，国際私法上の独立牴触規定を含むと解することにより，これを考慮して，準拠法を自国法とする。このため，かかる理解に根拠があるかどうかが，論じられることとなる。

　もとより，かかる法技術としての反致が実質的に意味をもつのは，自国実質法と準拠外国実質法との間に相違があり，しかも，事案に適用した結果が異なるだけでなく，自国の独立牴触規定と準拠外国国際私法中の独立牴触規定との間に相違があり，しかも，事案に適用した結果，互いに相手国の実質法が準拠法として指定される場合に限られることには，留意が必要であろう。

　(3) わが国の場合，反致は，平成元年改正前法例において成文規定として採用され（法例29条旧規定），平成元年後も，制限を付されながら維持され（法例32条），この規定が，現行法においても受け継がれている（通則法41条）。

　この他に，外国法が準拠法として指定されたときに，当該外国の国際私法（独立牴触規定）を考慮し，最終的に準拠法を決定する規定として，手形法88条，小切手法77条がある。これらも広義においては反致と呼ばれるが，通則法41条本文とは，当該外国の国際私法が，日本法を指定しているときだけでなく，第三国法を指定しているときにも，これを考慮するという点で異なる。このため，広義ではいずれも反致と呼ばれるが，狭義においては，通則法41条のように，自国法を指定する場合にのみこれを考慮するとき，反致と呼ばれ，手形法88条らのような，第三国法の指定をも考慮するとき，転致と呼ばれる。さらに，指定の連鎖を通じ，間接的に日本法が指定されている場合において，最後の日本法への指定まで考慮するとき，再致と呼ばれる。

◆第2項　根　拠

　(1) それならば，反致に根拠は認められるか。それとしてまず挙げられるのは，理論的根拠と呼ばれるものである。

　その一つは，総括指定説である。この見解によれば，独立牴触規定による外国法の指定は，本来，実質法だけでなく牴触法をも含むものであるとされ，準拠外国国際私法中の，独立牴触規定を考慮するのは当然である，ということになる。もう一つは，棄権説である。この見解によれば，独立牴触規定により指定された外国の国際私法が，当該外国法を指定していない，すなわち，自国の主権を放棄しているにもかかわらず，当該外国法を適用することは，その国の主権を侵害するために許されず，いわば欠缺補充として，自国（場合によって

は第三国）法を適用せざるを得ない，ということになる。

とはいえ，いずれの見解も，理論的には成り立たないと指摘されている。総括指定説では，およそ独立牴触規定による準拠法の指定が，牴触法をも含むならば，準拠法所属国の独立牴触規定による自国法の指定についても，自国の牴触法をも含むはずであり，ここに無限の連鎖が生じ，それを断ち切ることは論理的に不可能である。棄権説も，準拠法の指定と主権とを結びつける前提自体も疑問であるが，自国の独立牴触規定が外国法を指定するということは，とりもなおさず自国の主権を放棄しているのであり，自国法を適用する余地は論理的にないということになるはずである。

かくして，反致に，理論的根拠はない，と言えよう。

(2) とはいえ，独立牴触規定による外国法の指定は，本来，実質法であって，国際私法中の独立牴触規定を含まないとしても，しかるべき理由に基づいて，指定の無限の連鎖を避けるため，一度だけ，指定の対象を，実質法から独立牴触規定に読み替えることは，可能であろう。そうしたしかるべき理由として挙げられているのが，政策的根拠と呼ばれるものである。

それとして挙げられるのは，判決調和説，承認拡大説，自国法適用機会拡大説である。それらの概要は，次のようなものである。反致を認める，すなわち指定の対象を実質法から独立牴触規定に読み替えることにより，判決調和説は，準拠法（及び裁判）の一致を実現することができるとし，承認拡大説は，当該裁判が外国において承認される可能性が高まるとし，自国法適用機会拡大説は，外国法に代えて自国法を適用する機会が増えるとする。

これらの政策的根拠に対しても，それがしかるべきものではない，と批判されている。判決調和説に対しては，裁判の調和が実現できるとしても，それは二国間の調和にとどまるにすぎず，また，相手国も反致を認めれば，準拠法が入れ替わることとなり，そうした調和を実現することはできない，と。承認拡大説に対しては，一般に，準拠法のいかんとくだされた裁判が外国で承認されるかどうかは関係がない（たとえば，民事訴訟法118条参照），と。自国法適用機会拡大説に対しては，そうした考え方それ自体，国内法と外国法とが対等の資格で併存するという，牴触法的規律の建前に反する，と。

もとより，こうした政策的根拠が，根拠たり得るかどうかという点については，評価が分かれることであろう。

(3) わが国においては，反致には，理論的根拠はないことはもちろん，政策

的根拠もないとして，反致は認められるべきではないとする立場が存在する（いわゆる反致否認論）。他方で，属人法の決定基準に関する本国法主義と住所地法主義の対立を緩和するという限定的な意味において，判決調和説を支持する立場も存在する。さらには，不完全な一般条項として反致規定を再構成する立場も存在する。

こうした立場の相違により，わが国の立法状況及びその変化に対する評価も，変わることになる。さらには，41条の解釈及び適用にも，そうした立場の相違が影響することになろう。

◆ 第3項　通則法における反致の適用

(1) 通則法41条本文の要件の一つは，「当事者の本国法によるべき場合」である。したがって，たとえば，人の行為能力（4条1項），婚姻成立の要件（24条1項），養子縁組（31条1項前段），相続（36条）との関係で，反致の成立が問題となることがある。

通則法41条本文のもう一つの要件は，「その国の法に従えば日本法によるべきとき」である。この要件に関しては，いくつかの点で，解釈の余地があり得るところである。

「その国の法」とは，指定された準拠法所属国の，どこの国の法によるべきかを判断する法であるから，国際私法規定，それも，独立牴触規定を指すことには異論がない。それならば，従属牴触規定（とりわけ反致規定）をも含むものと解するべきか。この点については，二重反致として問題となるところであり，項を改めて後に触れることにする。

「その国の法」の内容として，準拠法所属国の独立牴触規定が，いかなる連結点を採用しているかについては，通則法の文言上，制限はない。換言すれば，たとえば，関係者の「常居所」地法として，目的物の「所在地」法として，あるいは当事者による準拠法選択により，日本法が指定されているかは問われていない。

「日本法によるべきとき」とは，典型的には，準拠法所属国国際私法の独立牴触規定が，直接，日本法を準拠法として指定している場合である。それならば，間接的に，日本法を指定している場合（典型的には，準拠法所属国国際私法の独立牴触規定が，第三国法を指定し，当該国国際私法の独立牴触規定が，日本法を指定している場合であるが，それ以上の連鎖を経た上で，日本法が指定される場

合も含めて考える余地もある）は，この要件は満たされるか。換言すれば，再致は認められるかが，問題となり得るところである。

　また，「日本法によるべきとき」にあたるかどうか，問題となり得るのは，準拠法所属国国際私法の独立牴触規定が，選択的連結を採用している場合である。このとき，日本法も準拠法の一つとなり得るならば，この要件は満たされると解するべきか，さらに，この場合において，選択的連結が採用されているにもかかわらず，日本法のみが準拠法となるならば，この要件は満たされるかが問題となり得る。

　反致は，本来的に政策的な法技術であり，その根拠の有無及び内容について評価が分かれる以上，これらの解釈に，相違が生じ得ることになる。

　(2) 以上の要件が満たされるとき，「日本法による」という効果が生じる。

　(3) ただし，41条但書は，段階的連結を採用する25条（これを準用する26条1項，27条本文）及び32条との関係では，反致の成立が排除されるとする。

　その趣旨は，一般に，段階的連結においては，連結点が精査されており，当該準拠法とは異なる日本法を適用することは不適切であり，また，両性平等に反する外国国際私法上の独立牴触規定を考慮する可能性があり，これが好ましくないという点に求められている。こうした立法趣旨の当否は問題となり得るところであるが，この規定は，独立牴触規定のいかんによっては，反致が排除される可能性があることを示している。

　それならば，41条但書の文言上触れられていない独立牴触規定との関係で，反致が解釈論的に排除されることは認められるべきか。この点について，かつては，相続統一主義をとる相続規定との関係で問題となることもあったが，現在，しばしば論じられるのは，選択的連結との関係（24条3項本文，28条及び29条）と，セーフガード条項（29条1項後段及び31条1項後段）との関係である。そして，この点は，条文上は，41条但書を，例示列挙と解するか，制限列挙と解するかという形で問われることとなり，実質的には，個々の独立牴触規定における連結の趣旨の貫徹を，反致の採用に優先させるかどうかという評価に左右される。

◆ 第4項　二重反致

　(1) 二重反致とは何か。

　典型的な反致は，自国の独立牴触規定により，外国法が指定されている場合

において，その外国法に，当該準拠法所属国たる外国国際私法の中の独立牴触
規定を読み込み，準拠法の指定を自国法へと送致する法（解釈）技術である。
規範構造的に，二重反致は，当該準拠法所属国たる外国国際私法として，独立
牴触規定だけではなく，（もしそれが存在するならば）従属牴触規定たる反致規
定も読み込もうとする法（解釈）技術である。

　このような読み込みが提案されるのはなぜか。先に触れたように，反致の根
拠については，政策的根拠があるとする立場の一つに，判決調和説がある。こ
の立場に対する批判の一つとして，自国のみが反致を認めればともかく，準拠
法所属国も反致を認めていれば，それぞれ，準拠法が入れ替わるだけで，準拠
法の一致も，裁判の一致も実現できない，という指摘がある。フォルゴー事件
で言えば，フランスもバヴァリアも，両国とも反致を認めないとすれば，フラ
ンス国際私法はバヴァリア法を指定し，フォルゴーの傍系親族に相続権が認め
られ，バヴァリア国際私法はフランス法を指定し，これが認められないところ，
フランスが反致を認めれば，フランス国際私法によりバヴァリア法が指定され
るが，バヴァリア国際私法によるフランス法の指定を考慮してフランス法を適
用することで，バヴァリアにおいて問題になる場合と，確かに準拠法及び結論
が一致することになる。しかるに，バヴァリアもまた反致を認めれば，バヴァ
リア国際私法によりフランス法が指定され，ここでフランス国際私法がバヴァ
リア法を指定していることを考慮してバヴァリア法が準拠法となる。こうなる
とすれば，準拠法が入れ替わるという相違はあるものの，双方が反致を認めて
いない場合と同様に，準拠法が異なり，結論が異なるということになる。これ
では，確かに裁判の調和は実現できないであろう。

　このような批判に対し，判決調和説の立場からは，論理的には，次のような
反論が可能となろう。準拠法所属国の独立牴触規定を考慮し，準拠法所属国か
ら自国法への反対の指定を考慮するとともに，さらに，準拠法所属国の従属牴
触規定たる反致規定を考慮し，自国法から準拠法所属国法へと，もう一度反対
の指定がなされることを認めることで，準拠法所属国が反致を採用していると
しても，判決の調和を実現することができる，と。このように，準拠法所属国
国際私法から自国法への反致と，更に自国法から準拠法所属国（実質）法への
反致を認めるところから，かかる法（解釈）技術は，二重反致と呼ばれる。

　(2)　それならば，二重反致は認められるべきか。

　一方で，二重反致を認めることは，反致の自殺であるとして，これを否定す

る見解がある。他方で，外国法の中には，独立牴触規定だけでなく，従属牴触規定も含まれるとして，これを肯定する見解がある。さらに，通則法の解釈論として，準拠法所属国において，独立牴触規定が日本法を適用しつつ，さらに反致を認めている場合には，全体として日本法によるべきときに当たらないとして，そもそも反致が成立しないとする見解もある。

　反致の根拠として，判決調和説を採用する立場からすれば，その趣旨の貫徹という観点から，二重反致を肯定することになる。とはいえ，判決調和説を前提としても，フォルゴー事件に典型的にみられるように，各国の独立牴触規定の相違に起因する準拠法及び結論の相違を解消するのが判決調和説の立場であるとすれば，二重反致は否定されるであろう。また，自国法適用機会拡大説からすれば，自国法の適用機会を維持するために，やはり否定されることになろう。

　いずれの見解にも，相応の理由があり，直ちにいずれかを優先すべきであるとは言えない。そこで，簡明な解決という観点から，二重反致を否定することも考えられるが，こうした観点を強調すれば，準拠法所属国の独立牴触規定の考慮する，反致の構成に対しても，極論すれば外国法の適用にも，疑義が呈されることになりかねない。二重反致を認める裁判例もあるが（東京高判昭54・7・3高民集32巻2号126頁他），二重反致が認められる可能性があるにもかかわらず，その成否を検討しない，消極的な裁判例も散見される。評価が分かれるところである。

◆ 第5項　隠された反致

　(1) 隠された反致とは何か。

　隠れた反致とも呼ばれるこの構成は，元来，ドイツ法の中で形成されたものであるので，まずはその状況を確認しておこう。典型事例は，次のようなものである。ドイツにおいて，ドイツに住所を有するアメリカ人が，ドイツに住所を有するドイツ人たる子を養子縁組しようとするとき，ドイツ国際私法によれば，養親の本国法たるアメリカ法が適用される。しかるに，アメリカ法を適用して養子縁組を成立させることは，それに対応する制度をもたないドイツでは，できないと考えられていた。それにもかかわらず，養子縁組を成立させようとして，次のような構成がとられた。

　確かに，アメリカ合衆国には，ドイツの国際私法に相当する法令は存在しな

い。とはいえ，各州は，自州で国際的な養子縁組が問題となる場合，自州に管轄権が認められるならば，当然に自州法を適用して養子縁組の成否を判断している。そうであるとすれば，このようなルールには，明文規定ではないものの，「自州に管轄権があるときは，自州法を適用する」という一方的牴触規定が隠れていると解釈することができる。この一方的牴触規定を，さらに解釈論的に双方化すれば，「養子縁組については，管轄権のある州の法を適用する」となる。そうであるとすれば，ドイツ法がアメリカ法を指定している場合において，養親も養子もドイツに住所を有し，ドイツ裁判所に養子縁組につき国際裁判管轄が認められる事例では，アメリカ法から，隠された一方的牴触規定を解釈論的に双方化して存在すると措定される牴触規定により，ドイツ法が指定されていると理解できるため，反致が成立する，と。

　このように，準拠法所属国において，自国法を指定する独立牴触規定が存在しないにもかかわらず，準拠法所属国の法制度内に独立牴触規定が隠されているものと考え，それを通じて反致の成立を認め，自国法を適用する法技術が，隠された反致である。

　⑵　このような，ドイツにおいて形成された隠された反致の構成は，わが国において継受され，一部の裁判例で採用されている。それならば，隠された反致は，認められるべきか。

　この点は，理論的には，準拠法所属国の法の中に，自国法を指定する独立牴触規定の存在を解釈論的に見出すことができるかどうかにかかっている。したがって，事案ごとに判断しなければならないところであるが，少なくとも，上述のような，管轄権規定の中に一方的牴触規定の存在を認め，これを双方化するという理解は，認められないであろう。とりわけ，双方化は，認める余地がない。また，反致が本来的に政策的根拠によって認められているのであるから，理論的に認められないからといって，直ちに否定されるべきではないと考えるとしても，反致の根拠を国際的な判決の調和に求めるならば，やはり隠された反致は否定されるべきであろう。けだし，隠された反致の成立を認めれば，自国で裁判をする場合には自国法が，外国で裁判をする場合には当該外国法が適用されることになるからである。この意味においては，隠された反致は否定されるべきである。

　とはいえ，反致の根拠を，自国法適用機会の拡大に求めるならば，外国法の適用によりもたらされる困難ないし不都合な適用結果を回避するために，隠さ

れた反致を認めることは可能であろう。あるいは，反致の根拠を，国際的な判決の調和に求めるとしても，自国に専属管轄が認められる場合に限定すれば，判決の調和が積極的に害されることはないので，隠された反致を認める可能性はあるし，日本で日本法を適用してくだされた裁判が，外国で承認されることが予測できる場合も同様である。評価は，ここでも分かれるところである。

◆ 第Ⅱ節 ◆　法 律 回 避

◆ 第1項　意　義

法律回避とは何か。

法は，歴史・文化・伝統の産物であり，各国の実質法は，一致する部分はあるとしても，内容を異にする。したがって，同一の事実関係を前提としても，準拠法が異なれば，結論が異なり得ることになる。このため，渉外事件においては，当事者が，自己に有利な結論を得られるような準拠法が適用されるようにするため，連結点に該当する事実を意図的に操作することがある。これが，法律回避であり，法律詐欺とも，準拠法漁りとも呼ばれる。

よく知られているのは，グレトナ・グリーン婚である。これは，婚姻につき，婚姻挙行地法によることを前提に，イングランド法の適用を避けるため，スコットランドに移動し，グレトナ・グリーン村で婚姻を締結することで，スコットランド法が適用され，イングランド法上必要とされる親の同意や手続を免れる，というものである。これと同様のものに，トンデルン婚がある。このような歴史的な事例に加えて，船舶をめぐる法律問題に，旗国法（船舶登録地法）が適用されることを前提に，船主が，自己に有利な結論を導く法をもつ国に船舶を登録する便宜置籍船が挙げられるであろう。

これと類似の問題として，自己に有利な結論を導く法を準拠法とする国際私法をもつ国に訴えを提起する（場合によっては，それを可能にするために，そうした国の国際民事手続法における管轄原因を，人為的に操作する），法廷地漁り（フォーラム・ショッピング）がある。

◆ 第2項　検　討

(1) このような操作は，いかに評価されるべきか。

とりわけ，利害の対立する当事者間で，この点が問題となったことで著名な

のが，フランス破棄院の，ボッフルモン事件判決である。フランスのボッフルモン公爵と婚姻したベルギー人のカラマンが，離婚を望んだものの，当時のフランス法では離婚が認められていなかったところ，カラマンは，ザクセン・アルテンブルク公国に赴き，そこで帰化して離婚判決を得て，別のベルギー人男性と再婚したため，ボッフルモン公爵がこの離婚と再婚の無効を訴えた。フランス破棄院は，この離婚及び再婚を，法律詐欺であるとして，無効と判断したのである。

連結点に該当する事実の操作は，いわば法律の詐欺であり，詐欺はすべてを腐敗せしめるという法格言に則り，当該回避行為は無効であって，操作される以前の，本来適用されるべき法が適用されるべきことになろう。

これに対し，かかる評価に反対する，消極的見解もある。すなわち，法律回避があるというためには，①本来適用されるべき法が存在し，②この法の適用を回避する意思（回避意思）をもって，③連結点に該当する事実の操作を行い（回避行為），④当事者が望む法の適用がなされる，という４つの要素が必要となる。このうち，回避意思をもってなされた回避行為と，回避意思なくなされた行為との間に客観的に差はなく，これらを区別し，前者を無効とする理由はない。また，回避意思の有無という，当事者の内心を問題とする点で，法的安定性に問題がある。それゆえ，回避行為があっても，これを無効とはしない，と。このような評価に対しては，当事者の思うつぼであるという批判も向けられるところである。また，連結点の構成にあたり，主観主義ではなく，客観主義を採用しているにもかかわらず，連結点に該当する事実につき，当事者による操作を放置することは，客観主義採用の趣旨に反する，という見方もできるし，脱法行為の一種として放置すべきではない，という批判もあろう。

（2）わが国の場合，かつて，旧法例に，方式の潜脱を認めない規定が存在していた。また，平成元年改正前の法例では，たとえば，離婚の準拠法は離婚原因発生当時の夫の本国法によるとし，不変更主義を採用していた。法律回避が好ましくないと考えるとしても，不文の牴触規定により解決が行われる場合は格別，法的安定性の観点から，立法による手当が望ましいし，そのような規定がない以上，現行法上は，法律回避を問題とし，回避行為を無効とはしない，という理解も可能かもしれない。これまで，わが国では，対処が必要とされるような事例がほとんど見当たらない，という事情も念頭におくべきであろう。

とはいえ，そうした事例が見当たらないことは，法律回避を論じる必要性を

否定するものではない。また，法律回避を放置すべきではないとしても，必ずしも法律回避論によって解決されなければならないわけでもない。他に取り得る手段も，常に模索されるべきであろうし，法律回避という課題の枠組それ自体も，再考の余地があろう。

【課題】

1　反致は，立法論として，維持されるべきか。また，通則法 41 条但書は，妥当か。

2　フルムーン号事件判決（東京地判昭 49・6・17 判時 748 号 77 頁，判タ 310 号 137 頁）は，どのように評価されるべきか。

3　例外条項（通則法 15 条及び 20 条）を一般化した，是正条項は，解釈論的に導入されるべきか。また，これは，立法論的に導入されるべきか。

〈参考文献〉
多田望「国際私法における法律回避とその周辺」国際私法年報 20 号（2018 年）98 頁
大村芳昭「ある戸籍先例における反致の扱いについて」中央学院大学法学論叢 31 巻 2 号（2018 年）129 頁

第5章 準拠法の適用と公序

◆ 第 I 節 ◆ 国内法の適用

◆ 第1項 原 則

　準拠法として国内法が指定される場合，通常，特段の問題は生じない。国内事件と同様に，日本の実質法が，当該渉外事件に適用されるだけであり，そこに，国際私法に固有の問題は生じない。

　その際の，日本法の解釈適用は，渉外事件であっても，国内事件におけるのと同様である。むしろ，原則として，渉外事件であるからといって，異なる解釈適用をすべき理由がない，というべきであろう。

◆ 第2項 例外の可能性

　(1) それならば，渉外事件において，日本法を解釈適用するにあたり，例外的に，国内事件におけるのと異なる法の解釈適用は，許されるか。許されるとすれば，その範囲はいかなるものか。

　法的安定性の観点から，可及的に恣意的な解釈を排するためには，上の原則が維持されるべきである。とはいえ，具体的妥当性の観点から，あらゆる事案において，一切の例外が許されないという訳でもなかろう。

　一つの参考となるのは，国内事件における判断であるが，最判昭49・12・24民集28巻10号2152頁である。本件判断を参考にするならば，事案の内国牽連性が希薄である（ないしは渉外性が形骸化している）場合には，例外的に，国内法の修正的適用が考えられてしかるべきかもしれない。

　(2) このような国内法の修正的適用にも，疑問の余地が残らないわけではない。事案の内国牽連性が希薄であるならば，一般回避条項の解釈論的導入により，日本法の適用を排除し，外国法を適用する可能性が模索されるべきではないか，また，このような場合に，国内法を修正的に適用するとしても，何が修正にあたるか，いかなる範囲で修正的適用が認められるべきか，その限界が判

然とせず，実質法上の法的安定性の観点から疑問がある等の論点が生じ得る。

　もっとも，前者の，一般回避条項の導入は，解釈論的にはほとんど普及しておらず，今のところ，立法論的な課題でしかないと言うべきかもしれない。後者は，個別具体的な事案における日本法の解釈論にすぎないとも言える。このため，決定的な問題点とは評価できないであろう。

◆ 第II節 ◆ 外国法の適用

◆ 第1項　外国法の適用可能性

　通則法上の独立牴触規定により決定される準拠法は，国内法であることもあれば，外国法であることもある。

　およそ外国法は，国会により制定されたものではないため，「法」（憲法41条）ではない。しかしながら，国家法が，法ではない慣習等に，法としての規範性を付与することは可能である。この意味において，独立牴触規定が，外国法に法規範性を付与し，これに則って裁判所が紛争を解決することは，当然である。少なくとも，この意味において，外国法は法である。

◆ 第2項　外国法の調査及び解釈

　(1) 準拠法が国内法となる場合とは異なり，準拠外国法は，裁判所にとって既知のものであるとは限らない。それゆえ，外国法の調査が必要となることがある。それならば，その主体は，裁判所か，当事者か。

　法と証拠，あるいは，判断基準としての規範と，あてはめられるべき事実という二分法を前提とするならば，独立牴触規定により，準拠外国実質法に，規範性が付与されている場合，当該準拠外国実質法は，その規範性のゆえに，法に分類されるべきであろう。このため，「裁判官は法を知る」という法諺にしたがえば，外国法の調査主体は，裁判所である。

　もとより，当事者も調査に協力すべきであろう。ただし，裁判所が，外国法の調査を（代理人を含め）当事者に強いることがあってはならないし，当事者による外国法の調査に拘束されるものでもない。

　(2) 準拠外国法は，独立牴触規定により当該外国法に規範性が付与されたのであるから，日本においても，その外国において解釈適用されるのと同様に，解釈適用されるべきである。したがって，当該外国法の内容（規範のいかんと

その解釈）は，当該外国において通常なされているのと同様になされるべきである。それゆえ，外国法の調査能力は，裁判所にとって必須のものとなる。

もっとも，外国法の調査にあたっては，いかなる資料をどのように収集すべきかという点もさることながら，言語の壁がある。このため，少なからぬ場合において，日本語の資料に基づいて，外国法が調査されることになろう。このとき，当然のことながら，日本語であることに引きずられて，外国の制定法なり裁判例なりが，日本のそれと同様に（歪めて）解釈されることがあってはならない。

それならば，準拠外国法が，日本国憲法に違反する場合であっても，当該外国法はそのまま適用されるべきか。従来は，国内法と外国法とが対等の資格で併存するという前提を重視し，違憲の準拠外国法であっても，それはそのまま適用されるべきであり，ただ，適用結果によっては，公序違背を理由にその適用が排除されると考えられてきた。とはいえ，この点については，なお立ち入った検討の余地があろう。

(3) かくして確定された外国法の解釈適用が誤っていた場合，いかに処理されるべきか。この点は，かつては「外国法の適用違背と上告理由」として論じられてきたところである。

現行法上，絶対的上告理由は，限定されている（民事訴訟法312条）。このため，準拠外国法の解釈適用の誤りは，上告では，「その他の法令の解釈に関する重要な事項」（民訴法318条1項）と評価される場合，申立により，決定で，事件を受理できることになる。

◆ 第3項　外国法の不明

(1) かくして外国法を適用するべく，裁判所が調査しても，当該外国法の内容が判然としない場合がある。これが「外国法の不明」であり，このとき，いかなる処理がなされるべきかが問われることになる。

もっとも，この外国法の不明には，様々な状況があろう。たとえば，当該外国法の内容をまったく知ることができない場合もあれば，断片的にしか知ることができない場合もあろうし，全体像は知られているが，個々の具体的な規定までは知られていない場合等，である。

なお，たとえば不法行為につき，結果発生地法が適用されるとして（通則法17条本文），当該結果発生地が公海であるため，法が存在しない場合は，外国

法の不明とは異なるものとされている。

(2) 一方で，しかるべく準拠外国法が指定された以上，当該外国法により，問題は判断されるべきであり，準拠法の内容を確定するため，しかるべき調査が必要である。その積み重ねが，司法の質的向上にもつながることであろう。

他方で，あまりに不確定な基準に従って判断をすることは，法的安定性の観点からも，司法に対する信頼の維持という観点からも，不適切とされなければならない。また，「遅れた権利救済は，権利救済の拒絶に等しい」と法諺にあるように，外国法の調査にいたずらに時間をかけ，裁判が遅延することがあってはならない。

(3) それならば，準拠法たる外国法の内容が不明の場合，いかに処理をすべきか。

かつては，真偽不明（いわゆるノン・リケット）の場合にあたるとして，請求を棄却すべきであるという見解も存在していたし，そのような裁判例も存在する。けれども，外国法を，当事者が主張立証をなすべき事実と同視し，証明責任に沿った処理をすることは，外国法の調査主体が裁判所にある点に鑑みれば，いかにも不合理である。

それならば，外国法の内容が不明である場合には，当該外国法に代えて，国内法を適用することは考えられないか。とはいえ，国内法と外国法が対等の資格で併存することを前提とするならば，ある特定の外国法の内容が不明で適用できないからといって，直ちに国内法を適用する理由とはならない。

そこで，条理を援用する可能性はないであろうか。かつて，条理は，日本法においては，法律に規定なき事項について裁判を行う際の準則であった（明治8年太政官布告第103号裁判事務心得3条。現在では，条理の法源性とその根拠は，必ずしも明らかではない）。これと同様に，準拠法たる外国法の内容の一部が不明で，かつ，この種の条理が当該準拠外国法において，法源とされているならば，当該条理に基づき，判断をなすべきであろう。しかし，準拠外国法において，そもそも条理が法源となっているとは限らないし，そうなっているとしても，日本法における条理と峻別しつつ，その内容を確定することも，その抽象性の故に困難が伴うであろう。

抽象的な基準を求めることが困難ならば，より具体的な基準を求める方法には，いかなるものがあるか。一つの考え方としては，不明な外国法と近似する国の法を，代わりに適用することが考えられる（外国では，旧植民地国法の内容

が不明である場合に，旧宗主国法を代わりに適用する裁判例があるが，これもこの
ような考え方の一類型と言えようか）。とはいえ，不明な準拠外国法と，既知の
外国法とが，近似しているかどうかは，そもそも判断できるのか（2つの比較
対象が知られていなければ，異同の判断はできないはずである）という疑問がある
し，既知の外国法と不明の準拠外国法とが近似していることを示す，単なる推
定を超えるような客観的資料が存在するならば，当該準拠外国法の内容は推定
可能となり，もはや不明ではないことになりはしないであろうか。もう一つの
考え方としては，準拠外国法の内容が不明である場合には，当該外国法の適用
を断念し，連結をやり直すこと（補充的連結）が考えられよう。とはいえ，こ
のような処理に対しては，可及的に本来的に指定された準拠法により判断がな
されるべきであるとの批判も向けられている。

　(4) 結局，実質法上の法的安定性の観点からは，法廷地法たる日本法を適用
するか，補充的連結を行うべきことになろう。外国法が不明であるがゆえに裁
判が遅延することは認められるべきではなく，最後の手段として，法廷地法の
適用がやむを得ない措置と評価される場合もあろうが，準拠法の選択原理（最
も密接な関係の原則）からすれば，次善の密接性に着目する補充的連結が優先
されるべきであろう。

　もっとも，外国法の不明といっても，上述のように，不明の程度にも差があ
ることに注目すれば，個別的な事案ごとに，より妥当と評価できる方法を模索
するよりないのかもしれない。

◆ 第Ⅲ節 ◆ 公　序

◆ 第1項　意　義

　(1) 公序とは何か。

　公序（ordre public）は，元来フランス民法に見られた表現であるが，現在で
は，主に二つの内容を含むものと理解されている。すなわち，消極的公序と，
積極的公序である。消極的公序とは，準拠法として指定された外国法の適用を
排除するものである。これに対し，積極的公序とは，準拠法として指定された
外国法の適用に加えて，自国法を重ねて適用するものである。

　わが国の通則法上，「公序」は，通則法22条及び42条の柱書にみられる表
現である。後者の場合，条文に「公の秩序又は善良の風俗」という文言がある

ため，その省略として「公序」という表現が柱書に採用されていることは，理解しやすい。これに対し，前者の場合，条文上，それに相当する文言はないものの，日本法の適用を部分的に累積的に適用する根拠が公序に求められているため，かかる柱書が採用されている。

(2) 同じように公序規定として理解される通則法22条と42条であるが，前者は特別留保条項と呼ばれ，後者は一般留保条項と呼ばれ，区別されている。ここに「特別」とは，個別という意味であり，特に不法行為との関係で，優先的に通則法22条が適用されるのに対し，そのような限定のない通則法42条は，「一般」と称されている。

なお，留保条項とは，自国法の適用を留保する規定であり，これとは別に，外国法の適用排除を定める規定という意味で，排除条項という表現が用いられることがある。両者は，機能的に異なるものであり，異なった名称で区別されるが，同一のメダルの表と裏の関係にあると言われることもあり，あまり区別されないことも多い。

ここでは，総論上の課題として，また，通則法42条の表現形式に即して，一般排除条項としての公序について述べることとする。

(3) このような，公序違背を理由とする外国法の適用排除を認める，一般排除条項としての公序則は，なぜ必要とされるのか。

国内法と外国法とが内容を異にしつつ対等の資格で併存することを前提としつつ，独立牴触規定による準拠法の選択は，準拠法の内容を確認することなく行われる。このため，準拠法とされる外国法によっては，その内容が国内法と異なるだけでなく，その適用結果が，自国において強制力をもって実現することがどうしても受け入れがたいという事態が生じることもある。このような事態（たとえば，一夫多妻婚）に至っても，常に準拠外国法をそのまま適用しなければならないとすれば，双方的牴触規定による規律方法それ自体が，採用しがたい規律方法となろう。公序則が，双方的牴触規定の安全弁とも呼ばれる所以である。

ここでは，特に二つの点に留意すべきである。

一つは，問題とすべきは，後述するように，準拠外国法ではなく，その適用結果である，という点である。もう一つは，内外法の平等という前提に照らせば，本来，準拠外国法は，その内容だけでなくその適用結果をも尊重すべきものであるから，公序違背による外国法の適用排除は，あくまで例外であり，

謙抑的にのみ行われるべきである，という点である。

◆ 第 2 項　通則法における公序則の適用

　(1) 通則法 42 条は，「外国法によるべき場合において，その適用が公の秩序
又は善良の風俗に反するときは，これを適用しない」と規定する。

　一つ目の要件は，「外国法の適用」である。留意すべきは，公序違背の審査
対象が，外国法ではなく，外国法の適用（結果）である，という点である。国
内法と外国法とが対等の資格で併存すると考える以上，外国法の内容を問題と
するのではなく，その結論を，国家が強制力をもって実現することに馴染まな
い場合にのみ，外国法の適用が排除されるのであるから，これもまた当然であ
ろう。

　(2) これに対し，もう一つの要件である「公の秩序又は善良の風俗に反する」
については，問題が多い。

　まず考えるべきは，かかる「公序」が，普遍的（世界共通）なものか，国家
的なものかという点である。この点，普遍的公序は，判決の国際的調和ないし
国際私法の統一という観点に支えられるものである。とはいえ，外国法を適用
して得られた結論を，国家が強制力をもって実現することに馴染まない場合を
問題とするのが公序である以上，国家的なものであると考えざるを得ないであ
ろう。ただし，民法 90 条にいう実質上の公序良俗と，直ちに同一視されるべ
きではない。

　そこで次に問われるのは，「公序」が開かれた法律要件であるため，その該
当性をいかに考えるべきかという点である。

　その際，常に考慮されるべきは，事案と内国との牽連性（内国牽連性）が強
いことである。自国とは異なる法が外国において存在し，かつその法が当該外
国において国家的強制力をもって実現されていることそれ自体は，主権原則に
鑑みて，当然承認されるべきである。それにもかかわらず，内国においてその
結論を国家が強制力をもって実現することに馴染まない事案と評価するために
は，事案と内国との結びつきが特に強いことが必要である。ときに内国牽連性
は，外国法の適用排除のための，不文の要件と呼ばれることすらある。何が牽
連性にあたるか，牽連性が強いと言えるか否かについては，裁判例が集積され
ているところである。

　それに加えて，かつては，本問題か先決問題か（先決問題は，それ自体が判断

されることが必要になるとしても，強制的に実現されるものではないため，公序違
背は認定しにくくなる），現在との関連性（過去の法律関係は，先決問題と同様に，
公序違背は認定しにくくなる）といった点が挙げられていた。これらは，いずれ
も，公序違背があると認定しにくくなるという，消極的な観点である。これに
対し，最近では，積極的な観点として，適用結果の異常性という基準が示され
ることが多い。とはいえ，異常性は，「公の秩序又は善良の風俗に反する」の
言い換えにとどまるにすぎないかもしれない。

　こうした観点を踏まえつつも，公序違背は，あくまで個別的に判断されるこ
とになるし，かつ謙抑的に認定されなければならない。

　⑶　かかる要件が満たされれば，独立牴触規定により選択された準拠外国法
は，「これを適用しない」という効果が発生することになる。

　準拠外国法の適用が排除される範囲について，場合分けが必要であろう。

　まず，準拠外国法にしかるべき制度がなく，その適用結果が公序に反すると
される場合である。たとえば，離婚（あるいは養子縁組）が求められている事
案において，そもそも離婚（あるいは養子縁組）が一般的に認められておらず，
これを認めないことが公序に反する等の場合である。この場合には，当該外国
法は全体として排除されるほかない。

　これに対し，準拠外国法上の，特定の規定を適用することにより，その結果
が公序に反する場合はどうか。たとえば，婚姻（あるいは養子縁組）が問題と
なる事案において，特定の要件（ないし障碍）に牴触するがゆえに婚姻（ある
いは養子縁組）が成立せず，これが公序に反する等の場合である。この場合に
は，公序の謙抑性に照らし，準拠外国法に対する介入は最小限度に止めるべき
であるとの観点から，その特定の規定のみの適用を排除し，準拠外国法は全体
としてその適用を維持することが考えられる。このような，公序による準拠外
国法の修正的適用は，その結論に異論がないとしても，その理論構成には，な
お一考の余地があるかもしれない。

◆ 第3項　外国法適用排除後の処理

　⑴　上述のように，外国法の適用結果が，公序に反する場合，当該外国法の
適用は排除される。このことは，条文上も明確である。それならば，排除され
た後は，いかに処理されるべきか。より詳細に言えば，この課題は，次のよう
に表現できよう。すなわち，判断基準としての規範に事実をあてはめて結論を

導く判断の過程において，公序違背により準拠外国法の適用が排除されたため，当該準拠外国法の代わりに，判断基準としての規範を，何に（あるいはどのように）求めるべきか。この点は，条文上，明言されているわけではないために，問題となり得るところである。

　もっとも，公序違背により外国法の適用が排除されるとしても，判断基準としての規範が常に欠けるわけではない。たとえば，準拠外国法上の，特定の規定の適用のみが排除される場合には，準拠外国法のその他の部分は引き続き適用されるため，この問題は生じない。また，選択的連結の場合，適用され得る準拠外国法のすべての適用が排除されてはじめて，この問題が生じることとなる。

　(2) この点，準拠外国法の適用が排除されたのであるから，判断基準としての法規範の欠缺があると考えることを前提として，法廷地法によるべきであるとの見解，条理によるべきであるとの見解，改めて準拠法を決め直す（補充的連結を行う）べきであるとの見解がある（この状況は，外国法の不明の場合の処理と類似している）。

　ある一つの外国法の適用が排除されたからといって，それが直ちに法廷地法の適用を認めるべき根拠とはならない。また，条理は，かつては太政官布告の裁判事務心得3条により法源性を認められていたが，現在ではその法源性及び根拠に異論があり得るし，それ自体が曖昧であるばかりでなく，この条理を日本の実質法と同視する限り，法廷地法によっているのと異ならない。法廷地実質法とは内容を異にする実質規定を条理として想定することは可能であるかもしれないが，その法源性も，具体的な規範化の方法も，恣意的なものとならざるを得ないであろう。

　そうであるとすれば，連結点の構成原理たる最も密接な関係の原則に照らし，第二次的に密接な関係をもつ法を求め直す（補充的連結を行う）べきであろう。

　このとき，「第二次的に密接な関係をもつ法」という基準の曖昧さを問題視し，少しでも定型的な判断を行おうとするならば，特に段階的連結を採用する規定により指定された外国法の適用が公序違背により排除されたとき，次順位の連結点を通じて指定される法を準拠法とすることが考えられよう。さらに進んで，そもそも公序違背が認定される事案では，強度の内国牽連性が認められるはずであり，第二次的に密接な関係をもつ法は，一般的に国内法（法廷地法）であると考える余地もある。ここでは，そのような定型的判断が成立する

かどうかもさることながら，定型的な判断を行うべき場面であるかという点の評価により，どの法律構成を優先すべきかという点については見解が分かれるところであろう。

(3) これに対し，ここでの前提を否定し，準拠外国法の適用が排除されたとしても，判断基準としての法規範の欠缺があるとは考えない見解がある。すなわち，準拠外国法の適用結果が公序違背として排除されたということは，絶対的に強行すべき内国法に反するからであって，当該外国法の適用を排除することそれ自体が，内国法を適用している，とする見解である（いわゆる欠缺否認論）。そして，ここにいう内国法とは，渉外実質法であり，公序に属し，個別的に適用されるべきものであるとされる。しかし，実質規定と牴触規定とを対概念として位置づけ，42条を従属牴触規定であると定義する立場からすれば，「渉外実質法」と名付けるにせよ，42条に牴触規定と実質規定とが同時に含まれているという主張には，とりもなおさず，外国実質法適用結果の排除と法廷地実質法適用結果の強制とをなぜ同一視できるのかという説明が十分になされていないという点で，なお疑問が残る。

その表現形式上，排除条項たる通則法42条を，留保条項であるかのように理解することは，理論的に否定できるわけではなかろう。けれども，外国法の適用排除が，二者択一的な解決を提供する場合（たとえば，離婚を認めないという結論が公序に反するというとき，本件において離婚は認められるべきであるという結論が得られている）はともかく，そのような解決を提供しない場合（たとえば，離婚に伴う慰謝料を認めないという結論が公序に反するというとき，本件において慰謝料は認められるべきであるが，それがどの程度かという結論は得られていない）に，しかるべき渉外実質法をいかにして形成することができるかという問いに対して，欠缺否認論はしかるべく答えていない。この点で，欠缺否認論を一般的に採用できるのか，疑問が残るところである。

課題

1 外国法の法的性質について検討せよ。

2 日本国憲法に違反すると考えらえる外国法は，適用することができるか。

3 外国法の不明として処理された裁判例には，どのようなものがあるか。

また，それらにつき，適切な準拠法が適用されているかを検討せよ。

4　公序違背が認められた裁判例には，どのようなものがあるか。また，公序違背が認められなかった裁判例には，どのようなものがあるか。

5　いわゆる欠缺否認論について論評せよ。

〈参考文献〉
多喜寛「国際私法における外国法適用の意味について」戸籍時報 488 号（1998 年）21 頁
山内惟介「国際私法と憲法との関係に関する一考察」法学新報 120 巻 1・2 号（2013 年）715 頁
山内惟介「国家法体系における外国法の位置付け」比較法雑誌 52 巻 4 号（2019 年）1 頁
山内惟介『国際公序法の研究』（中央大学出版部，2001 年）

第 **6** 章　**先決問題と適応問題**

◆ 第Ⅰ節 ◆　先 決 問 題

◆第1項　意　義

（1）一般に，ある法律問題を判断ないし評価するために，その前提となる法律問題を判断ないし評価する必要が生じることがある。たとえば，相続分のいかんを判断するために，相続権を主張する者が，被相続人の配偶者であったか否か（婚姻の有効な成立があったか）を判断しなければならなくなることがあるように，である。このとき，国内事件では，特段の問題は生じない。いずれも，当然に，国内実質法により解決されるべきであるとしか考えられないからである。

それならば，渉外事件では，どうであろうか。国際私法上，牴触法的規律が採用されるとともに，一個の渉外事件を解決するにあたり，類型的な生活関係ごとに，国内法あるいは外国法が適用されるという，いわゆるモザイク的規律が採用されている。このため，原因と結果，あるいは前提と帰結として，論理的に関連する一連の法律関係に，異なる法律が準拠法として適用されることがある。このとき，裁判の場で，請求の趣旨と請求原因により特定される，訴訟物（訴訟対象）となる問題が，本問題と呼ばれる。そして，その本問題を判断するために，論理的にその前提として判断が求められる問題が，先決問題と呼ばれる。とりわけ，本問題について，その準拠法が外国法となる場合，先決問題は，いかなる基準に基づいて判断されるべきか。このような，先決問題の判断基準いかんが，国際私法上，先決問題と呼ばれる課題である（このように理解するならば，先決問題それ自体も，連鎖的に発生することになろう）。

この課題は，ドイツの学説によって提起され，日本において継受されて，検討されるようになったものである。

（2）先決問題の準拠法の判断基準のいかんが，「先決問題」と呼ばれる課題であるが，そもそも「先決問題」とは何かという点において，見解が分かれてい

ることに注意すべきであろう。

　しばしば指摘されているのは，本問題を判断するために，その前提として判断が求められる問題には，3つの類型がある，という点である。その1つは，離婚の可否が本問題とされる場合において，そもそも婚姻が成立しているか否かが問われるという類型である。別の1つは，相続による財産の移転が本問題とされる場合において，相続人となる資格としての身分関係の存否が問われるという類型である。もう1つは，不法行為の成否が本問題とされる場合において，不法行為能力の有無が問われるという類型である。

　本問題を判断するうえで，論理的にその前提として判断が求められる問題を「先決問題」と呼ぶとするならば，これらはいずれも先決問題と呼ぶことができる。とはいえ，先決問題の準拠法の判断基準いかんを問題とする見解によれば，自国の独立牴触規定の適用そのものが問題となる1つ目の類型を先行問題（Erstfrage）と，準拠法の適用から問題が発生する2つ目の類型を先決問題（Vorfrage）と，準拠法適用上の一連の問題である3つ目の類型を部分問題（Teilfrage）と，区別がなされている。もっとも，このような区別それ自体，恣意的なものとして，批判され得るものであろう。また，後述するように，先決問題の処理方法のいかんによっては，先決問題という課題自体を，そもそも論じる意味のない問題と評価することにもなるであろう。

　(3) もう1つは，先決問題が意味をもつ場面は，極めて限られている，という点にも留意しておくべきである。

　すなわち，本問題の準拠法が外国法であり（それが国内法であるならば，法廷地国際私法と準拠法所属国国際私法とは一致する），法廷地国際私法の指定する準拠法と準拠法所属国国際私法の指定する準拠法が異なり，そして，それぞれの準拠法の内容が異なる（かつ，事実をあてはめた結果が異なる）場合にのみ，先決問題の準拠法いかんは本問題の帰趨を左右することになるのである。

◆ 第2項　処理方法

　(1) かかる先決問題については，いくつかの処理方法が示されている。

　国際私法上，類型的な生活関係ごとに，準拠法を決定するという規律方法をそのままあてはめるならば，本問題のいかんを判断するために，先決問題が提起される場合，それは，改めて法廷地の国際私法により判断されるべきことになる（いわゆる独立連結）。先決問題が，本問題との関係で相対的に現れるもの

であり，本問題として提起される場合と，先決問題として提起される場合とで，判断基準が異なり，具体的な結論が異なるとすれば，牴触法適用のレヴェルで国内的な法的安定性が害されることになる。これを回避することには，相応の理由があろう。ただし，3つ目の類型（部分問題）については，準拠法適用上の一連の問題であり，本問題の準拠法の事項的適用範囲に該当するものであり，改めて準拠法を決定する余地はない。

　このように考えるならば，先決問題については，もっぱら独立連結が採用されてしかるべきであるし，さらに言えば，先決問題という問題提起それ自体に，疑問が呈されることとなる。最高裁は，このような立場を採用している（最判平12・1・27民集54巻1号1頁）。

　もっとも，このような見解を前提としても，もっぱら独立連結を貫くべきか，原則としては独立連結を採用しつつも，例外的に，あるいは，国際私法上の利益衡量により，個別に，あるいは類型的に，異なる処理を行う余地を認めるべきかという点については，なお一考の余地があろう。なぜなら，1つ目の類型（先行問題）と異なり，2つ目の類型（先決問題）では，準拠外国実質法上の法概念のいかんが問題となっているのであるから，国内の牴触法的な法的安定性の観点を常に優先させることには，疑問の余地があるからである。

　準拠外国実質法上の法概念のいかんが問われているということに着目すれば，これと，法廷地国際私法により決定される法概念との間に落差がある場合には，判断基準のあいまいな，いわゆる代用の問題を生じさせることになりかねない，ということも考慮する必要があるかもしれない。たとえば，養子に相続権を認めるか否かは，各国の実質法において異なるところ，相続準拠法と，養子縁組の準拠法とが異なり，それぞれの準拠法の適用結果が異なる場合，いかなる処理がなされるべきか。この，代用と呼ばれる問題は，それぞれの実質法における概念の連絡の問題であり，両者が類似的であるかどうか（類似性ないし等価性の有無）が問われることになるが，その判断基準に明確さを欠けば，実質法レヴェルでの法的安定性に欠けることになりかねない。

　(2) このような評価を強調すれば，先決問題を，先行問題，先決問題，部分問題を区別し，それぞれにつき，処理方法が異なるという見解にたどり着くことになる。すなわち，先行問題は，独立連結説（法廷地国際私法説）によるべきであり，法廷地国際私法により改めて準拠法を決定し，当該準拠法によって判断すべきである。先決問題は，従属連結説（準拠法所属国国際私法説）による

べきであり，準拠法所属国の国際私法により準拠法を決定し，当該準拠法によって判断すべきである。部分問題は，包括連結説（準拠法所属国実質法説）によるべきであり，本問題の準拠実質法によって判断すべきである，と。

　もっとも，このような見解に対しては，先行問題，先決問題，部分問題という区別それ自体からして恣意的なものであるという評価も加えられることになる。

　この意味において，最高裁が，先決問題につき，独立連結説を採用（ないしは，先決問題という構成を否定）するとしても，常にそのように考えるべきか，この判決そのものの当否を含めて，なお課題は残ろう。

◆ 第Ⅱ節 ◆ 適 応 問 題

◆ 第1項　意　義

(1) 適応問題とは何か。

　国際私法上，牴触法的規律によって問題を解決しようとするとき，一個の渉外事件に，異なる法秩序が適用されることがある。このとき，いずれの法秩序も同様の結論を得ることを考えていながら，その処理方法が異なるために，いずれの法秩序も想定していなかった結論がもたらされてしまうことがある。準拠実質法の適用結果相互間での矛盾をどのように調整すべきか，規律の欠落をどのように補充すべきか，これが適応問題である。

　古典的な例として挙げられるのは，夫婦の一方が遺言なく死亡した場合の，財産の処理いかんである。このような場合，実質法によっては，離婚の場合には夫婦財産制の清算を行うが，死亡による婚姻の終了にあたっては，生存配偶者の相続権の問題として，財産を移転させようとする。その一方で，実質法によっては，離婚か死亡かを問わず，婚姻関係の終了にあたって，夫婦財産制の清算を行い，生存配偶者に財産を移転させようとする。このとき，相続準拠法が後者のような実質法を指定し，夫婦財産制の準拠法が前者のような実質法を指定すると，生存配偶者は，まったく財産を取得することができない，ということになりかねない。また，これとは逆に，相続準拠法が前者のような実質法を指定し，夫婦財産制が後者のような実質法を指定すると，生存配偶者は，両実質法が想定する以上の財産を取得することになりかねない。

　前者のように，生存配偶者に財産の取得を認めるべき規定が欠けてしまうよ

うな類型は，規範欠缺型と呼ばれている。これに対し，後者のように，生存配偶者に二重に財産の取得を認めてしまうような類型は，規範累積型と呼ばれている。これはあくまで一例であるが，このような場合，いかに解決が図られるべきかが，課題となる。

(2) また，このような準拠法の相違は，実体と手続との間でも生じ得る。すなわち，実体問題について，外国法が準拠法とされる一方で，手続に該当する問題については，「手続は法廷地法による」の原則（本書20章第Ⅱ節参照）に従い，日本法によることになるため，両者の離齬をいかに調整するかが問題となるのである。

たとえば，離婚の際の未成年者の親権者指定につき，通則法32条により外国法が適用され，当該外国法によれば，裁判所が親権者を指定するとしよう。このとき，この裁判所とは，日本の裁判所ではなく，当該外国の裁判所であると解釈されるならば，日本の（家庭）裁判所は，当該外国法により，親権者を指定することができないのであろうか。また，当該外国法が，親権者ではなく，親権行使者の指定を行うべきであると定めているとすれば，日本の家庭裁判所は，いかなる判断をなすべきか。

このような問題もまた，広義においては，適応問題と呼べるであろう。

(3) さらに，適応問題を広く把握するならば，いわゆる継続的法律関係つき，準拠法変更が生じた際の，置換（あるいは，転置）の問題も，適応問題の一種とされよう。

たとえば，物権は，目的物の所在地法によるべきところ（通則法13条1項），当該目的物の移動により，所在地が変更されれば，準拠法も変更されることになる。旧準拠法により成立した物権が，新準拠法上定められていない場合，どのように判断がなされるべきであろうか。

◆ 第2項 処理方法

(1) このような適応問題の発生は，牴触法的規律を採用することにより，一個の渉外事件を，類型的な生活関係に分解し，それぞれにつき，異なる法秩序を適用することになれば，常に発生する可能性のある問題である。

牴触法的規律を採用するがゆえに生ずる，やむを得ない問題であるとして，これを放置する，すなわち，いかなる処理も行わないということも，考えられないわけではなかろう。しかしながら，牴触法的規律は，適切な解決を得るた

めの手段であって，牴触法的規律による処理それ自体を自己目的化するような，適応問題の放置は避けられなければならない。

　むしろ，適応問題が，牴触法的規律により生じる問題であることに鑑みれば，その発生原因は，複数の独立牴触規定の，機械的で形式的な適用にある。そうであるとすれば，問題となる複数の独立牴触規定の，修正的な適用による解決（いわゆる牴触法的適応）が，まず試みられるべきである。

　もっとも，牴触法的適応により処理するとしても，具体的にいかに処理すべきかは，個々の事案における適応問題の現れ方のいかんにより，多様にならざるを得ないであろう。たとえば，先の事例で言えば，生存配偶者への財産分配の問題を，夫婦財産制と相続とに分解して準拠法を決定したことから適応問題が発生したのであるから，夫婦財産制あるいは相続の，いずれか一つの単位法律関係に該当するものとして準拠法を決定することになろう（単位法律関係の解釈の修正）。そのうえで，いずれによるにせよ，当該独立牴触規定によって送致される準拠実質規定は，夫婦財産制上のそれと相続上のそれの，いずれをも含むものと解するのである（準拠法上の，指定される実質規定の要件概念の解釈範囲の修正）。このような処理をすれば，準拠法決定の過程に，いささか法的不安定性がもたらされることになる。とはいえ，具体的により妥当な結論を得るために，やむを得ないであろう。

　これに対し，牴触法的適応ではなく，準拠実質法の，修正的な適用による解決（いわゆる実質法的適応）は，可及的に避けられるべきである。もとより，あらゆる適応問題が，すべて牴触法的適応で解決できるとは限らないから，実質法的適応が排除されるべきであるとまでは言えない。とはいえ，実質法的適応を行おうとする場合，牴触法的適応に比べて，その修正の枠組それ自体が不明であり，具体的な結論に直結するという点で，解釈者の恣意が介入する余地が大きく，実質法のレヴェルで，より法的安定性に欠けるからである。

　(2) 実体と手続との間に生じる適応問題については，ある程度，定型的な処理が可能な部分もある。

　およそ準拠外国法が，法律関係の形成に裁判所を関与させている場合，日本の裁判所が，外国の裁判所に代わって判断をすることができないとすれば，準拠法として外国法を指定することの意義が，大きく失われてしまうことになる。それゆえ，無制限ではないにせよ，日本の裁判所による代行の可能性は，広く認められるべきであろう。既に示されている基準に照らして言えば，準拠外国

法と日本法との類似性（実体法の類似性）と，準拠外国法上の公的機関と日本の（家庭）裁判所との同質性（手続機関の同質性）が認められるならば，代行は認められるべきである。もっとも，類似性にせよ同質性にせよ，それぞれの有無の判断基準はなお不明確であり，判断基準としてしかるべきものかは，なお問われるべきである。

　また，「手続は法廷地法による」の原則の適用が，原則として認められてはいるものの，それほど積極的な根拠に支えられているものではないことに鑑みれば，実体と手続との齟齬から生じる適応問題は，基本的には，手続を実体にあわせるべきであり，手続法の修正的適用が，まず考えられるべきであろう（「手続法は実体法の侍女である」と言われるように，形式よりも実質が重視されるべきである）し，実体に即した内実をもつものと理解されるべきであろう（先の例で言えば，親権者ではなく，親権行使者を指定すべきであり，仮に，親権者を指定したとしても，その内容は，親権行使者の指定であると理解されるべきである。もっとも，このような理解にも限界があろう）。

　とはいえ，多くの裁判例では，あまり自覚されないままに，実体を手続に引きつけているかのような処理（たとえば，本来は実体の問題と考えられるような点が，手続問題と性質決定される等）がなされているようである。手続の実効性を担保するために，そのような処理がなされているのかもしれないが，その当否については，なお検討される必要があろう。

　(3)　置換については，一般に，次のように考えられよう。

　既得権保護の思想からすれば，旧準拠法により成立した法律関係や権利は，準拠法変更があっても，それとして尊重されるべきである。とはいえ，準拠法変更後，それらは，新準拠法の枠内でのみ，認められる。新準拠法上のいかなる法律関係や権利として位置づけられるかは，もっぱら新準拠法に従って判断されることになるが，新準拠法上の，もっとも近似する法律関係や権利として評価されるべきことになる。

　とはいえ，既得権保護を，法的にいかに構成するかとうい点には，課題が残るところであるし（牴触法的に，新準拠法によらしめるか，新準拠法所属国からみた外国国家行為の承認とみるか等），新準拠法における評価をいかに位置づけるか等，なお検討の余地のあるところもある。

課題

1　最判平 12・1・27 民集 54 巻 1 号 1 頁を論評せよ。

2　わが国の裁判例において，実際に，適応問題が発生していると見られる事案には，いかなるものがあるか。そこでは，いかなる処理が行われているか。あわせて，その当否について検討せよ。

〈参考文献〉
金汶淑「国際家族法上の先決問題について(1)(2・完)」民商法雑誌 124 巻 3 号（2001年）359-382 頁，124 巻 4・5 号（2001 年）646-684 頁
三浦正人『国際私法における適応問題の研究』（有斐閣，1964 年）

第7章 主体(1) ── 自然人

◆ 第I節 ◆ 総 説

　法の適用に関する通則法（以下「通則法」と略記）は，自然人に関して，行為能力（同4条），後見開始の審判等（同5条）および失踪の宣告（同6条）についての独立牴触規定を設けているが，権利能力に関する規定は特に設けていない。本章では，権利能力を含め，これら各規定についてみていくこととする。

◆ 第II節 ◆ 権 利 能 力

◆ 第1項 総 説

　権利能力には，一般的権利能力と個別的権利能力がある。一般的権利能力とは，一般的に法的な権利義務の主体となり得る資格であり，法的人格の有無が問題となる。個別的権利能力とは，一般的権利能力を有する者が，損害賠償請求権，所有権及び相続権などの個々の権利義務を享有する能力をいう。

　かつて，法例では第3条1項に文言を「能力」と表記することにより，かかる規定に権利能力も含むか否かが問題となった。同条は行為能力に関する独立牴触規定であるとの考えが通説として支持されていたものの，権利能力も含まれるとの少数説もあった。なお，2004年に改正された民法（第2節を「行為能力」と表記）の影響を受けて通則法4条も「行為能力」と改められたが，同条が権利能力に類推適用される可能性が必ずしも排斥されたわけではない。権利能力の準拠法については通則法に明文規定がないが，従来より一般的権利能力と個別的権利能力に分けて考えられてきた。

◆ 第2項 一般的権利能力

　自然人の一般的権利能力に関する問題については，当事者の本国法によるべきとする見解もあるが，実際には個別的権利能力と切り離して一般的権利能力

の問題を独立に考える必要はないといえよう（多数説）。その理由は以下の通りである。第1に，今日の文明諸国においては，すべての人が権利能力を有するものと考えられているからである。第2に，仮に奴隷制度などを認める国があったとしてもそのような法の適用は明らかに公序に反することから問題にする必要はないであろう。第3に，人格の始期および終期については，各国で法が異なることから，準拠法を決定する必要があろう。例えば，人格の始期に関しては，海外出張中に交通事故で父親を亡くした胎児に相続権や損害賠償請求権が認められるだろうか。また，人格の終期に関しては，飛行機事故で死亡した夫婦間で相続権が認められるか等の問題が考えられよう。しかし，これらの問題については，相続や損害賠償などの個別的な権利義務の問題であって，一般的権利能力そのものの問題とはいえないであろう（小出邦夫『逐条解説 法の適用に関する通則法』（商事法務，2009年）43頁，櫻田嘉章・道垣内正人編『注釈国際私法 第1巻』（有斐閣，2011年）98-100頁）。したがって，問題となる第三のポイントについては，次項にみる個別的権利能力の問題として考慮されることとなる。

◆ 第3項　個別的権利能力

(1) 意　義

　個別的権利能力とは，人が損害賠償の請求権や相続権などの個々の権利を享有する能力をいう。例えば，わが国の民法によれば，胎児は，損害賠償の請求権や相続権については既に生まれたものとみなされることから（民721条・886条参照），これらの権利を享有し得る。また，飛行機事故で夫婦が死亡した場合については，同時に死亡したものと推定されるため（民32条の2参照），この夫婦間では相続権を享有し得ないことになる。なお，国際私法上の条理に基づいた実質法的解決によっても，この場合には同時に死亡したものと推定され，夫婦間で相続権が生じないものと考えられている（溜池良夫『国際私法講義（第3版）』（有斐閣，2005年）257頁）。

(2) 準拠法の決定

　このような個別的権利能力の問題については，問題となっているそれぞれの権利義務の準拠法によって判断されるべきである。すなわち，不法行為にもとづく損害賠償請求権については不法行為の準拠法により（通則法17条），相続権については相続の準拠法によるべきとなる（通則法36条）。つまり，胎児が

損害賠償請求や相続にあたって，すでに生まれたものとみなされるか否かの問題については，相続や不法行為の準拠法により判断されることとなる。

◆ 第Ⅲ節 ◆ 行 為 能 力

◆ 第 1 項　総　説

　行為能力とは，人が単独で法律行為を行うことができる能力のことである。実質法上，行為能力は，財産的行為能力と身分的行為能力に分けられる。財産的行為能力については，財産的法律行為そのものと切り離して取り扱われ，すべての財産行為に共通した行為能力が定められている。例えば，わが国の民法では，未成年者や後見開始の審判等を受けた者は，その行為能力が制限される。他方，身分的行為能力については，個々の身分的法律行為そのものから切り離しては取り扱われることはなく，それぞれの身分行為ごとに行為能力が定められている。例えば，婚姻能力（民 731 条），認知能力（民 780 条）及び遺言能力（民 961 条）等については，それぞれの身分行為について制限がなされている。このような区別した考え方は国際私法においても同様である。したがって，身分的行為能力についてはそれぞれの身分行為そのものと切り離して取り扱うべきではなく，それぞれの身分行為の実質的成立要件の問題として考えるべきであり，各身分的行為の準拠法によるべきとされる。

　それゆえ，行為能力の問題として通則法 4 条で取り扱うのは，財産的行為能力の問題のみであるとするのが通説である（山田鐐一『国際私法（第 3 版）』（有斐閣，2004 年）202 頁）。なお，財産的行為能力については，①年齢にもとづく行為能力，すなわち成年・未成年の問題，②心神の欠陥にもとづく行為能力の制限，すなわち後見・補佐・補助開始の審判の問題，そして③婚姻にもとづく行為能力の制限，すなわち妻の行為能力の制限（なお，わが国では，1947 年の民法改正により妻の行為能力を制限する制度（旧民 14～18 条）は廃止されている）の問題がある。このうち，③については婚姻生活の安全の維持に関する問題であることから婚姻の効力（通則法 25 条）によるべきとされる。②については通則法 5 条にその独立牴触規定が存在し，次節で後述する。よって，ここでは，通則法 4 条の規律対象となる①年齢にもとづく行為能力の問題のみを取り上げる。

◆ 第2項　年齢にもとづく行為能力の制限

(1) 本国法主義の原則

　人の行為能力は年齢により制限され，成年をもって行為能力が認められることは，おおよそ世界の法制において共通することであろう。しかし，この成年年齢が各国によって異なっている。例えば，多くの諸外国では成年年齢を18歳としているが（アイスランド，アイルランド，アメリカ合衆国37州，イギリス，イスラエル，イタリア，イラン，インド，エチオピア，オーストラリア，オランダ，カナダ6州，キューバ，ギリシャ，サウジアラビア，スイス，スウェーデン，スペイン，中華人民共和国，チリ，デンマーク，ドイツ，ノルウェー，パキスタン，ハンガリー，バングラディシュ，フィンランド，ブラジル，フランス，ブルガリア，ベトナム，ベルギー，ポーランド，ポルトガル，マレーシア，メキシコ，モンゴル，ルーマニア，ルクセンブルク，レバノン，ロシア等），21歳（アルゼンチン，インドネシア，エジプト，クウェート，ケニア，シンガポール等），20歳（タイ，大韓民国，ニュージーランド，モロッコ等）あるいは16歳（ネパール等）とする国もある（法務省「諸外国における成年年齢等の調査結果」）。なお，わが国の現行民法上，成年年齢は20歳であるが（民4条），改正により18歳となる（2022年4月1日より施行）。したがって，国際私法上，そのような年齢による行為能力の制限についての準拠法が問題となる。

　通則法4条1項は，年齢にもとづく行為能力の制限について当事者の本国法主義を採用している。これは大陸法諸国において古くから一般的に認められてきた属地法主義の立場である。

　なお，同4条1項のいう，「その本国法」とは行為当時の本国法である。したがって，例えば，本国法によって成年に達している18歳のイタリア人が日本に国籍を変更した場合，行為当時の本国法上能力者であれば，20歳に達していないという理由で未成年者に戻ることはない。成年か未成年者かは，常に法律行為の行為当時の本国法による。

　かかる本国法の適用範囲については，成年年齢の他，未成年者の能力補充（法定代理人の許可・同意・追認），未成年者の法律行為（民5条1項），未成年者の営業許可（民6条）及び未成年者による後見開始の審判（民7条）等の問題が挙げられる。また，未成年者が婚姻によって行為能力を取得するか否かの成年擬制の問題については，婚姻の効力の準拠法（通則法25条）によるよりも行為能力の問題として考える方が妥当であり，通則法4条1項による。

(2) 取 引 保 護

(i) 内国取引保護主義

　行為能力の問題が本国法主義の原則によるならば，内国における取引に際して，その取引相手が外国人である場合，常にその相手方の行為能力の有無をその相手方の本国法によって判断しなければならず，内国における迅速な経済取引に支障が生じてしまう。そこで，法例 3 条 2 項は，本国法主義の原則に対する例外として内国取引保護主義を採用した。つまり，国内で行われた法律行為については，たとえ取引相手である外国人がその相手方の本国法上無能力者であっても，内国法上能力者とされるときには能力者とみなされることになる。例えば，日本に居住する 20 歳のインドネシア人が，日本の自動車販売店で 300 万円の自動車を購入したが代金を払わず，インドネシア法上成年年齢が 21 歳であることから未成年であることを理由に売買契約の取消しを主張したとしても，日本で売買契約を行っている場合，日本法によれば能力者とみなされ（成年年齢 20 歳（民 4 条）），その売買契約が有効に成立することから，その取消しの主張は認められないことになる。

(ii) リザルディ事件判決

　このような内国取引保護主義の考えが最初に示されたのが，1861 年のフランス破毀院リザルディ事件判決であった。事件の概要は以下の通りである。パリに居住する 23 歳のメキシコ人リザルディは，パリの宝石店において 8 万フランの宝石を購入し手形に署名したが，当時のメキシコ法上成年年齢が 25 歳であったことから，未成年であるとして手形の無効を主張した。フランス民法 3 条 3 項によれば，身分及び能力については本国法主義が採用されており，リザルディーはメキシコ法上未成年者であることから，この主張は認められなければならないはずであった。しかし，破毀院は，内国取引保護の見地から成年年齢を 21 歳とするフランス法を適用して，23 歳のリザルディを能力者とみなし，その署名した手形が有効であると判断したのである。

　この判決以来，諸国の国際私法においてこのような考えが採用されるようになり，わが国の法例 3 条 2 項もこれに従ったものであった。

(iii) 通則法 4 条 2 項

　法例の改正を受け，通則法 4 条 2 項は次のように規定されるに至った。すなわち，①法律行為をした者がその本国法によれば行為能力の制限を受けた者となるとき（であっても），②（法律行為をした者が）行為地法によれば行為能力

者となるべきとき，③当該法律行為の当時そのすべての当事者が法を同じくする地に在った場合に限り，というこれら3つの法律要件をすべて同時に充たすときに，その法律効果として，前項（第4条1項）の規定にかかわらず，当該法律行為をしたものは（これを）行為能力者とみなす。

　前述のように，法例3条2項は，外国人が日本国内において法律行為をする場合を対象とした内国取引を保護するための規定であったが，解釈論として，日本人が外国において法律行為をする場合についても拡張的に適用しようとする見解が少なからずあった。そこで，取引保護の必要性は国内の取引に限られるものではないとの考えにもとづき，通則法4条2項は，取引保護の対象を内国で行われる取引に限定せず，世界のあらゆる場所で行われる取引へと拡張している。

　ただし，同条項により取引保護が及ぶのは，法律行為を行った時にすべての当事者が同一の法域に所在していた場合に限られる。これは，異なる法域に所在する者の間で行われる取引の場合は，取引の相手方が外国人である可能性や外国に行為能力の制限につき異なる法制が存在する可能性について当然予期すべきであり，取引保護の必要性は低いと考えられたからである（櫻田嘉章・道垣内正人編『注釈国際私法 第1巻』（有斐閣，2011年）109頁）。つまり，インターネットによる物品やサービスの通信販売等については，相手方が外国に所在する可能性もあるが，その場合，同条項の適用がないことから，このような取引については慎重にならなければならないといえよう。

　通則法4条2項の規定は，相手方の善意・悪意，あるいは相手方の過失の有無を問わない。つまり，行為者が制限行為能力者であることを取引相手が知っていた場合でも同条項は適用される。しかし，諸外国においては，相手方が悪意である場合，あるいは行為者がその本国法上制限行為能力者であることを知らないことについて相手方に過失がある場合にまで，取引保護を認める必要はないという考え方もある（例えば，ローマ条約11条，ドイツ民事執行法12条，イタリア国際私法23条2項・3項，スイス国際私法36条1項等）。わが国でも，通則法の中間試案段階では，この考え方を要件とする案が示されていたが，結局見送られることになった。

(ⅳ) 取引保護規定の適用除外

　通則法4条3項は，①親族法又は相続法の規定による法律行為および②行為地と法を異にする地に在る不動産に関する法律行為を同4条2項の適用による

取引保護の対象外としている。すなわち，これらの法律行為については同4条1項が適用され，当事者の本国法により判断されることになる。

◆ 第Ⅳ節 ◆ 後見開始の審判等

◆ 第1項 総 説

　通則法5条は，後見開始，保佐開始又は補助開始の審判（「後見開始の審判等」と総称。）を行う裁判所の国際裁判管轄およびその際に適用されるべき準拠法について定めている。

　後見・補佐・補助開始の審判とは何か。これは，精神上の障害（認知症，知的障害，精神障害など）により意思能力が十分でない者の行為能力を，国家または公的機関が制限し，本人を保護するとともに，取引の円滑を図る制度のことである。わが国の民法は，従来，「禁治産の宣告」（旧民7条）または「準禁治産の宣告」（旧民13条）によって行為能力の制限開始を定めていたが，1999年の改正により，「後見開始の審判」（民7条），「保佐開始の審判」（民11条）及び「補助開始の審判」（民15条）の3種の審判による成年後見制度に改められた。この民法の改正に伴い，法例においても禁治産や準禁治産という用語が削除され，「禁治産」を「後見開始ノ審判」，「禁治産者」を「成年被後見人」そして「準禁治産」を「保佐開始ノ審判及補助開始ノ審判」にそれぞれ置き換える改正が行われた。なお，法例は，後見開始の審判と保佐開始および補助開始の審判を区別し，後者については5条で4条の規定を準用していたが，これら3種の審判は単にその対象者の行為能力の程度が異なるに過ぎず，裁判所における審判によりその対象者の行為能力を制限するという点においては同一であることから，通則法5条ではこれら審判を1つの単位法律関係にまとめて規定している。

◆ 第2項 国際裁判管轄

　(1) 後見開始の審判は，国家または公的機関によって行われることから，これらに関する渉外的な事案については，その国際裁判管轄権が問題となる。かつて，後見開始の審判（旧法例においては禁治産の宣告）の管轄について規定していた法例4条2項では，居住地国または本国のいずれに原則として管轄があるのか明らかにされていなかったため，その解釈をめぐって，従来から通説と

されてきた原則的に本国管轄を認めるとする説と近時の有力説とされてきた原則的に居住地国管轄を認める説とで対立していた。

　これに対して，通則法5条は，成年被後見人，被保佐人又は被補助人となるべき者が「日本に住所若しくは居所」あるいは「日本の国籍」を有するときにわが国の裁判所が後見開始の審判等をすることができるとして，本人の住所地国・居所地国管轄及び本国管轄をともに認めている。したがって，例えば，日本に在住する外国人が日本で交通事故に遭い，後遺症として脳障害が生じたことにより判断能力を欠く状態にある場合や外国に在住する日本人が外国で交通事故に遭い，意識不明の状態である場合には，申立人は日本の裁判所で後見開始の審判をすることができる。2000年のハーグ「成年者の国際的保護に関する条約」においても，本人の常居所地国を原則的に管轄としながら（同条約5条），一定の条件をもとに本国の管轄をも認めている（同条約7条1項）（横山潤「1996年および2000年のハーグ条約における子および成年者の保護」国際私法年報3号（2001年）33-34頁他）。

　なお，日本に定住する外国人が，事故当時に外国に在住していた場合については，明文上，日本の裁判所に管轄が認められていない。立法過程において，日本が財産所在地であることだけを理由に日本の管轄権を認めることは過剰管轄になるとして，ハーグ条約上認められている財産所在地国管轄（同条約9条）がわが国では採用されなかったからである。しかし，このような日本の管轄を認める必要性の高い場合には，緊急管轄として日本の裁判所の国際裁判管轄権が認められるべきとの見解もある（櫻田嘉章『国際私法（第6版）』（有斐閣，2012年）172頁，櫻田他編120頁）。

　(2) 前述のように，後見開始等の審判事件の国際裁判管轄については，既に通則法5条に所要の規定が存在することから，平成30年改正の家事事件手続法では新たな規定が設けられていない。しかし，同条は，後見開始の審判のみを定めるものであって，開始審判がなされた後の事件については規定していない。なお，家事事件手続法の改正にあたり，中間試案までは，後見開始の審判等だけでなく，その後の取消審判事件や保護措置に関する審判事件等（成年後見人の選任・解任，居住用不動産の処分についての許可，特別代理人の選任，報酬付与など）についてもすべて明文規定を設ける方向で議論が進められていたが，わが国の裁判所が外国の裁判所で後見開始の審判等を受けている場合にまで保護措置に関する管轄権を有するのは広すぎるとの批判を受け，結局見送られた。

したがって，後見開始の審判等の取消しの審判事件や保護措置に関する審判事件についての国際裁判管轄については，明文規定がなく，全て解釈に委ねられることとなる。

◆ 第3項　準 拠 法

　後見開始の審判等の準拠法には，後見開始の審判の原因および効力の準拠法がある。法例では，後見開始の審判の原因については成年被後見人の本国法，そして効力については審判地法によるとされていた（同4条1項）。一方，原因については，後見開始の審判が本人の能力を制限するものであることから，本国法主義が採られていた。なお，日本に住所または居所を有する外国人が日本で審判を受けるときはその原因の準拠法について本国法と日本法（審判地法）が累積的に適用され（同4条2項），わが国における取引の安全および公序の維持が図られていた。例えば，本国法上成年被後見の原因があるが，日本法上は被保佐の原因にしかあたらない場合には保佐開始の審判がなされる（本国法上禁治産の原因があるが，日本法上準禁治産の原因にあたるとして準禁治産宣告がなされた長野家飯田支昭46・12・23家月24巻10号113頁がある）。しかし，日本に居住する外国人が補助開始の審判を行おうとしたときに，その外国人の本国法によれば補助に相当する制度がない場合，審判を行うことができず，当該外国人の保護が確保できないという問題があった。他方，効力については，本国法によると同一国で後見開始の審判を受けた者が国籍の異なるに応じてその効力を異にすることになり，取引の安全が害されるおそれがあることから，法廷地法主義が採られた。

　これに対して，通則法5条は後見開始の審判の原因および効力の準拠法をいずれも日本法によるとしている。その理由としては，保護が必要とされる場合に実効的な保護措置を行うことができること，日本の裁判所における後見開始の審判の効力が本人の国籍によって異なることがなく，日本における取引の安全を確保することができること，そして，実体法と手続法との統一性を確保することができることである。なお，この実体法と手続法の統一性については，準拠法と管轄権の並行（の原則）として前述のハーグ条約でも採用されている方法である。この通則法によれば，日本に居住する外国人が補助開始の審判を行おうとしたときに，その外国人の本国法によれば補助に相当する制度がない場合であっても，日本法に基づいて補助開始の審判を行うことができ，当該外

国人の保護が確保されることとなる。

◆ 第Ⅴ節 ◆ 失 踪 宣 告

◆ 第1項 総 説

　例えば，紛争地域に赴いて内戦に巻き込まれる，あるいは大地震等の震災に遭うなどして人の生死の不明な状態が一定期間継続する場合がある。そのような場合に，裁判所の国家機関の宣告により，その者の死亡を推定または擬制し，その者をめぐる従来の不確定な身分上および財産上の法律関係を確定させる制度がある。わが国における国際私法上の失踪宣告は，ドイツ法上の死亡宣告（死亡宣告を受けた者は死亡したものとみなされるのではなく，死亡の推定を受けるものである。）やフランス法上の不在宣告（かつては，不在の推定をした上で，一定期間の経過にともない，次第に残存者の権利を増加させるにとどまるものであったが，今日ではドイツ法と同様に死亡の推定を受けるものとされている。）などの制度を包含するものであり，民法上の失踪宣告（民30条以下）よりも広い概念として捉えられる。

　失踪宣告も後見開始の審判等と同様に，裁判所その他の国家機関の宣告によってなされるものであるから，失踪宣告の準拠法の他，国際裁判管轄および外国でなされた失踪宣告の承認等の問題が生じる。以下では，第1に国際裁判管轄権，第2に準拠法，そして第3に外国でなされた失踪宣告の承認の順で述べていく。

◆ 第2項 国際裁判管轄

　(1) 失踪宣告は，裁判所その他の国家機関により宣告されることから，国際私法上，いずれの国の裁判所が管轄権を有するのかが問題となる。かつての法例6条は，外国人の生死が不明な場合に，日本の裁判所は，日本にある財産及び日本の法律によるべき法律関係についてのみ，日本法により失踪宣告をすることができる旨規定していた。同条の解釈をめぐっては見解が対立していた。まず，伝統的通説によれば，失踪宣告は人の人格の存否に関する制度であり，本国と密接な関係を有することから，失踪宣告の管轄権は原則的に不在者の本国にあるとしていた。また，失踪宣告を，不在者をめぐる不安定な身分上及び財産上の法律関係に重点が置かれる制度であり，不在者本人の利益よりもその

利害関係人の利益の保護に重点が向けられるべきと考えることから，不在者の本国ではなく不在者の最後の住所または常居所地国を原則的に管轄とする有力説も存在した。そして，これら伝統的通説及び有力説は，法例6条が原則的管轄に対して例外的管轄を定めた規定であると解するものであった。なお，この見解に対しては，同条の定める管轄こそが本則であると解する見解もあった（折茂豊『国際私法〈各論〉（新版）』（有斐閣，1972年）12頁）。

　通則法6条は，失踪宣告の国際裁判管轄について，原則的管轄（1項）及び例外的管轄（2項）を採用し，法例が定める管轄原因よりも広い管轄原因を規定している。

(2) 原則的管轄（6条1項）

　同条1項では，不在者が生存していたと認められる最後の時点において，不在者が日本の国籍を有していたときまたは不在者が日本に住所を有していた場合，その利害関係人の多くが日本に所在していると思われることから，日本の裁判所が原則的に失踪宣告の国際裁判管轄を有する旨規定している。これは，法例の解釈として提唱されていた伝統的通説と有力説を採用したものであり，不在者の本国管轄および不在者の最後の住所地管轄のいずれも原則的管轄として認められた。

(3) 例外的管轄（6条2項）

　さらに，同条2項によれば，不在者が日本に住所を有しない外国人である場合，本条1項に定める原則的管轄は認められないが，そのような場合であっても，不在者の財産が日本にあるときまたは不在者に関する法律関係が日本に関係があるときは，日本の裁判所が例外的に失踪宣告の管轄として認められることになる。

　このように，わが国における裁判管轄権の適用範囲が広がり，失踪宣告を必要とする場面においてより柔軟に対処できるようになった。

(4) 失踪宣告の取消し

　たとえば，沈没した船舶に乗っていたことから死亡したものとみなされていた失踪者が生存していることが判明したり，失踪宣告により死亡したものとみなされた時と異なる時期に死亡したことが証明される場合，わが国の家庭裁判所は，本人又は利害関係人の請求により，失踪宣告の取消しを行う（民32条1項）。

　前述のように，失踪宣告の国際裁判管轄については，既に通則法6条に所要

の規定が存在するが，失踪宣告の取消しに関しては，同条に規定が置かれていない。したがって，今回の改正家事事件手続法では，失踪宣告の取消しの審判の国際裁判管轄について新たな規定が設けられた。同改正法3条の3は，失踪宣告の取消しの審判について，①日本において失踪宣告の審判があったとき，②失踪者の住所が日本国内にあるとき又は失踪者が日本国籍を有するとき，③失踪者が生存していたと認められる最後の時点において，失踪者の住所地が日本国内にあったとき又は失踪者が日本国籍を有していたとき，に我が国に国際裁判管轄があるものと規定する。このように，日本において失踪宣告の審判があったときが管轄原因とされたのは，わが国の裁判所により失踪宣告がなされ，一定の時点において死亡したものとみなされた失踪者について，生存していること又は失踪宣告により死亡したものとみなされた時と異なる時期に死亡したことが判明した場合，その失踪を宣告した裁判所がこれを是正することが相当であると考えられたからである（①）。また，外国裁判所が行った失踪宣告についても，わが国においてその効力が認められるものがあり得るものと考えられるため，失踪の宣告を受けた者（失踪者）が実際には生存していた場合には，その失踪宣告を取消す必要が生じる。そこで，同改正法では，失踪者が住所を日本国内に有するとき又は日本国籍を有するときなどにも，日本の裁判所が管轄権を有するとされている（②，③）。

◆ 第3項　準　拠　法

(1) 準拠法の決定

　かつて法例6条によれば，失踪宣告の準拠法については，前述の管轄権の見解の対立による影響を受け，原則的管轄の場合と例外的管轄の場合とに区別して考えられていた。まず，失踪宣告の原則的管轄を本国とする伝統的通説によれば，不在者の本国において失踪宣告の行われる場合は，準拠法も原則として不在者の本国法により，原則的管轄を不在者の最後の常居所地国とする有力説によれば，不在者の最後の常居所地法によるべきであるとされていた。そして同条を例外的管轄として，内国裁判所が不在者に対して失踪宣告をする場合には，準拠法を内国法と定めていた。これに対して，本条を例外ではなく本則とする見解は，財産については財産所在地法，法律関係については当該法律関係の準拠法によることとしていた。

　通則法6条は，原則的管轄（1項）及び例外的管轄（2項）のいずれにもと

づく失踪宣告であっても，準拠法を日本法とする旨を定めている。非訴事件である失踪宣告は裁判所が後見的な活動を行うものであって裁判所による手続きが必要とされることから，法廷地法の適用以外は困難であると考えられ，日本の裁判所が失踪宣告を行う場合，準拠法は法廷地である日本法が適切であるとの考えに基づいたものである。

(2) 準拠法の適用範囲

　失踪宣告の要件（生死不明の期間，その起算点および失踪宣告の請求者等）及び効力（失踪宣告を受けた者の死亡の推定または擬制等）は，前述の失踪宣告の準拠法によることになる。なお，法例によれば，失踪宣告の効果については，原則的管轄により日本の裁判所が失踪宣告を行う場合には，失踪宣告の直接的効果（死亡の推定または擬制）のみが認められ，その間接的効果（例えば，不在者の婚姻の解消や相続の開始等）については問題となっているそれぞれの単位法律関係の準拠法（婚姻関係の準拠法や相続の準拠法）によることとなるが，例外的管轄による場合には，直接的効果のみならず間接的効果も認められると解するのが従来の通説とされていた。

　これに対して，間接的効果については問題となっている単位法律関係の準拠法によるべきであり，例外的管轄による場合についても直接的管轄に限定されるべきであるとの見解が近年有力とされている。通則法においては，この見解が前提とされ，失踪宣告の準拠法が適用されるべき失踪宣告の効果については，いずれの管轄による場合であるかを問わず，死亡の推定または擬制という直接的効果にとどまり，間接的効果にまで及ぶものではないとの理解に基づいている。

◆ 第 4 項　外国でなされた失踪宣告の承認

　外国でなされた失踪宣告がわが国においてその効力が認められるか否かは，外国の裁判の承認に関する問題である。この点についてはかつて規定がなく，従来より，外国判決の承認について定める民事訴訟法 118 条を類推適用するものと解釈されてきた。すなわち，外国でなされた失踪宣告の承認は，管轄権のある国でなされたこと（同 1 号）かつ日本における公の秩序又は善良の風俗に反しないこと（同 3 号）という要件を必要とする。その他の要件として，内国の国際私法の定める準拠法に従って宣告されたものであることが要求されていたが，外国判決の承認の場合に準拠法の要件を不要とする現状からすれば，外

国の非訟裁判の承認の場合についても同様に，このような要件は不要と解してよいであろう。

　なお，改正家事事件手続法では，外国裁判所の家事事件における確定した裁判については，その性質に反しない限り，民事訴訟法118条の規定を準用するものとして，上記解釈が明文化された（家事事件手続法79条の2）。

　したがって，法例6条および通則法6条2項の定める失踪宣告の例外管轄を双方的に解釈すれば，日本人または外国人であるとを問わず，外国の裁判所でなされた失踪宣告はわが国において承認されることになる。この場合の失踪宣告の効果は，当該外国に所在する不在者の財産および当該外国法によるべき不在者に関する法律関係のみに限定される。すなわち，日本にある財産や日本における婚姻関係に関しては，日本の裁判所で失踪宣告の裁判を行わなければならないことになる。

　なお，通則法6条1項は，不在者の最後の常居所地に原則管轄を認めていることから，日本人が最後の常居所地たる外国で失踪宣告を受ければ，その承認の前提となる管轄要件が満たされることになり，この場合は，公序の要件のみを満たすことでわが国において失踪宣告が認められることになる。ただし，従来の渉外戸籍の実務においては，外国でなされた日本人に対する失踪宣告の届出は受理されないことから，何らかの対応が必要とされている。

課題

1　通則法4条2項の規定は，相手方の善意・悪意，あるいは相手方の過失の有無を問わないことから，行為者が制限行為能力者であることを取引相手が知っていた場合でも適用される。相手方が悪意である場合，あるいは行為者がその本国法上制限行為能力者であることを知らないことについて相手方に過失がある場合にまで取引保護を認める必要はあるか。

2　後見開始の審判において，日本に定住する外国人が，事故当時に外国に在住していた場合については，明文上，わが国の裁判所に管轄が認められていない。通則法5条の立法過程において，日本が財産所在地であることだけを理由に日本の管轄権を認めることは過剰管轄になるとみなされたが，今後，ハーグ条約上認められている財産所在地国管

轄の採用について考慮する必要はないか。

3　後見開始の審判等の取消しの審判事件や保護措置に関する審判事件についての国際裁判管轄についても，今後，明文規定を設けるべきか。

4　後見開始の審判及び失踪宣告の審判に関する国際裁判管轄については，全て家事事件手続法上で整備すべきではないか。

〈参考文献〉
折茂豊『国際私法（各論）（新版）』（有斐閣，1972 年）

山田鐐一『国際私法（第 3 版）』（有斐閣，2004 年）173 頁以下

溜池良夫『国際私法講義（第 3 版）』（有斐閣，2005 年）255 頁以下

櫻田嘉章『国際私法（第 6 版）』（有斐閣，2012 年）152 頁以下

松岡博『国際関係私法入門（第 4 版）』（有斐閣，2019 年）72 頁以下

中西康ほか『国際私法』（有斐閣，2014 年）200 頁以下

出口耕自『論点講座 国際私法』（法学書院，2015 年）148 頁以下

櫻田嘉章・道垣内正人編『注釈国際私法 第 1 巻』（有斐閣，2011 年）97 頁以下

小出邦夫編著『逐条解説 法の適用に関する通則法』（商事法務，2009 年）33 頁以下

我妻榮編『我妻・有泉コンメンタール民法 ── 総則・物権・債権（第 3 版）』（日本評論社，2013 年）55 頁以下

青木清「能力」民商法雑誌 135 巻 6 号（2007 年）915 頁以下

多喜寛「能力問題に関する法例の諸規定の現状と課題」ジュリスト 1143 号（1998 年）30-31 頁

横山潤「1996 年および 2000 年のハーグ条約における子および成年者の保護」国際私法年報第 3 号（2001 年）33-39 頁

小梁吉章「成年者保護」国際私法判例百選（第 2 版）（別冊ジュリスト 210 号，2012 年）44 頁

出口耕司「失踪宣告」国際私法判例百選（新法対応補正版）（別冊ジュリスト 185 号，2007 年）36 頁

池田綾子編『詳解国際家事事件の裁判管轄』（日本加除出版，2019 年）127 頁以下

内野宗揮編『一問一答 平成 30 年人事訴訟法・家事事件手続法等改正』（商事法務，2019 年）

「特集 1 人事訴訟等の国際裁判管轄法制の改正」論究ジュリスト 27 号（2018 年）2 頁以下

法務省「諸外国における成年年齢等の調査結果」〈http://www.moj.go.jp/content/000012471.pdf〉（閲覧日：2020 年 3 月 20 日）

第 8 章　主体(2) — 法人

◆ 第Ⅰ節 ◆ 総　説

　法人とは，法律上一般的権利能力，すなわち人格を認められた社団，財団その他の団体のことをいう。法人をめぐる国際的法律関係については，国際私法上の問題と外人法上の問題がある。国際私法上の問題とは，法人の設立，内部組織そして消滅等の法人に関わる基本的事項がいずれの国の法律により規律されるかという準拠法決定（牴触法）の問題である。他方，外人法上の問題とは，外国法人が内国において法人として活動が認められるためにはどのような要件が必要か（外国法人の認許），また，認許された外国人法は内国においていかなる国家の監督に服し，いかなる権利を享有できるのかという内国における外国法人（実質法）の問題である。なお，外人法上の問題については民法や会社法等にいくつかの規定があるが，国際私法上の問題については通則法にも明文規定がなく，法人の準拠法決定及び適用は解釈に委ねられている。

　本章では，法人に関する国際私法上の問題および外人法上の問題についてみていくこととする。

◆ 第Ⅱ節 ◆ 国際私法上の問題

◆ 第1項　総説 — 法人の従属法の意義

　社団，財団その他の団体等が権利義務の主体として人格を取得するために要求される条件は，各国で異なる。したがって，いずれの国の法により法人格の存否を決定するかの問題が生じる。すなわち，法人の一般的権利能力の準拠法の問題であり，かかる準拠法を法人の従属法という。法人の従属法は，法人の属人法や本国法ともいわれるが，自然人と区別するうえで，法人については従属法という用語が用いられている。

　通則法には，法人の従属法についての明文規定がなく，法人の従属法の決定

および適用については解釈に委ねられている。

◆ 第 2 項　法人の従属法の決定

　(1) 法人の従属法の決定基準として，学説上，最も有力であるのは，設立準拠法主義と本拠地法主義である。設立準拠法主義とは，法人が設立に際して準拠した法律をその従属法とする考え方である。したがって，ある社団，財団その他の団体などの法人格の存否は，その社団，財団その他の団体などが設立に際して準拠した法律により決定すべきであるとする主義である。設立準拠法主義は，伝統的に英米法系のコモン・ロー諸国が採用してきたほか，イタリア，スイス，デンマーク，オランダ，そしてペルーやブラジルでも採用されている。また，旧ソ連，ポーランド，ハンガリー，旧ユーゴスラヴィアなどの旧社会主義諸国も設立準拠法主義を採用してきた。

　他方，本拠地法主義とは，法人の活動の中心地である本拠地の法をその従属法とする考え方である。したがって，ある社団，財団その他の団体などの法人格の存否は，その社団，財団その他の団体などの本拠のある地の法律により決定すべきであるとする主義である。本拠地法主義は，住所地法主義ともいわれ，従来，ヨーロッパの大陸法系諸国，とりわけドイツ，フランス，ベルギー，ルクセンブルク，ポルトガル，スペイン，オーストリア，そしてアルゼンチンやメキシコなどが採用してきた。

　なお，EU における法人の従属法に関する裁判例では，設立準拠法主義，本拠地法主義，さらに重層化説（設立準拠法主義を基盤としながらも，なお特定の場合に限って，本拠地法の適用を顧慮しようとする説）も含め，いずれの主義に立つかは必ずしも明らかにしていない（ヨーロッパ共同体裁判所 1988 年 9 月 27 日「デイリー・メイル社事件」決定，ヨーロッパ裁判所 1999 年 3 月 9 日「セントロス社事件」判決等）。

　(2) 設立準拠法主義または本拠地法主義のいずれが妥当であるかについてはこれまで学説上議論されてきたが，現在，設立準拠法主義が通説とされている。その理由として，①法人が特定の国の法技術的産物である以上，理論的にみて，そうした技術的存在を認めようとする法こそが当該集合体の存在および活動と空間的に最も密接な関係を有するものということができること，②設立準拠法は，あいまいな本拠地法（法人の本拠とは具体的にどのような地を指すのか不明確である）に比べて明確かつ一義的で容易に確認でき，固定的でその活動の中心

が他国に移っても変動することなく安定的であることが挙げられる。法人については，その内部組織や行為能力など様々な法的問題が生じるが，これらの問題に適用される法人の従属法は固定的であることが望ましい。なお，近時では，③結論において設立者に準拠法の選択を許す点に着目し，当事者自治の原則から設立準拠法主義を理由付ける見解もみられる（小出邦夫『逐条解説 法の適用に関する通則法』（商事法務，2010年）384頁）。

　もっとも，設立準拠法主義に対しては，本拠地法主義によれば法人と最も密接な関係にあるのはその本拠地であること，法人の設立者が自由に設立地を選択できることから法律回避が可能となるなどの問題点が指摘される。例えば，Ｘ国に現実の本拠をおいて主要な業務活動を行っているにもかかわらず，整備された会社法の適用や租税回避などを目的として，Ｙ国法（米デラウェア州法等）に準拠して設立された法人について，設立準拠法説によればＹ国法に従い法人として認めなければならず，取引保護の見地から適当でないといえよう。しかし，このような法人の人格は一応国際私法上認められるにとどまり，他国法上当然にその法が認められるものとは限らない。この点は，法人の現実の本拠地国において実質法（外人法）上の規制を整備し，外国法人に対する取引保護を目的とする監督規定を設けることで対応できるものと考えられる。たとえば，わが国の会社法821条1項は，「日本に本店を置き，又は日本において事業を行うことを主たる目的とする外国会社は，日本において取引を継続してすることができない」と規定して，日本で主要な業務活動を行う目的を持ちながら，日本法の適用を回避する目的で外国法に準拠して設立された会社を規制している（後掲第Ⅲ節第3項(2)参照）。このような擬似外国会社に対する実質法上の規制によって，設立準拠法主義の補完が試みられている。

　なお，わが国における法人の従属法に関する裁判例では，法人の設立準拠法と本拠地法の双方に触れられており，いずれの主義に立つかは必ずしも明らかにしていない（最判昭50・7・15民集29巻6号1061頁，東京地判平4・1・28判時1437号122頁等）。

◆ 第3項　法人の従属法の適用範囲

(1) 法人の設立，内部組織及び内部関係，消滅

　まず，法人の設立に関する問題は法人格の取得の問題であることから，法人の従属法が適用される。例えば，定款または寄付行為の作成，公の機関の許可，

設立の登記，設立無効の原因などの問題である。次に，内部組織及び内部関係に関する問題は法人格と密接な関係を有することから，法人の従属法が適用される。たとえば，法人の機関の構成，法人と社員の関係，社員の権利義務などの問題である。そして，法人の消滅に関する問題は法人格の喪失の問題であることから，原則として法人の従属法が適用される。例えば，法人の解散時期・解散事由及清算手続きなどは原則として法人の従属法による。

(2) 法人の権利能力

(i) 一般的権利能力

法人の一般的権利能力（人格）の存否およびその範囲は，法人に固有の問題として，法人の人格の準拠法である従属法による。法人は，従属法が認める以上の権利を享有することはない。さらに，わが国で認許される外国法人の権利享有の範囲は，同種の日本法人と同一の私権に限定される（民35条2項）（後掲第Ⅲ節第4項参照）。

他方，法人の従属法によれば，定款で定められた法人の目的により法人の権利能力が制限され，ある行為が目的外の行為として無効とされる場合については，行為地における取引保護のために（自然人の行為能力に関する）通則法4条2項（法例3条2項）を類推適用し，行為地法によれば権利能力が認められるときには行為地法により法人の権利能力を肯定して当該行為を有効とする見解が多数説とされてきた。しかし，外国法人の権利能力の制限が内国公序に反する場合には公序則によれば足り，一般に取引保護については，法人の行為能力の問題として処理できることから，法人の従属法によるのが相当であろう（櫻田嘉章・道垣内正人編『注釈国際私法 第1巻』（有斐閣，2011年）162-163頁他）。

(ii) 個別的権利能力

法人の個別的権利能力とは，従属法によって法人格を与えられた社団または財団（一般的権利能力を有する法人）が個々の権利（土地所有権，相続権など）を享有する能力をいう。このような法人の個別的権利能力については，自然人の個別的権利能力の場合と同様に，問題となっている権利自体の準拠法によるのが原則である。ただし，法人の権利の享有は従属法の認める人格の範囲に限られており，その権利自体の準拠法がその享有を認めても，法人の従属法がそれを認めなければその権利の享有は認められない。すなわち，例えば，法人の相続権については，相続の準拠法だけではなく，法人の従属法（設立準拠法）も累積的に適用し，認められなければならない。

(3) 法人の行為能力

　法人は自ら行動できないため，いかなる自然人が法人を代表していかなる種類の行為をなしうるかという法人の代表権の有無及びいかなる範囲でその行為の効果が法人に帰属するかという問題がある。これは，法人の行為能力の問題であり，原則として法人の従属法によるべきである。しかし，それが行為の相手方との関係において問題になる場合には，取引の相手方の保護の見地から，通則法4条2項を類推適用し，従属法によれば法人の行為能力が認められないときでも，行為地法によれば認められる場合，行為地法により従属法の適用が制限され法人の行為能力が認められることになる。たとえば，A国法人の代表者Xが，わが国で取引を行う場合，当該取引行為が有効に成立するか否かは，法人の従属法であるA国法により判断される。ただし，通則法4条2項の類推適用により，仮にA国法によれば，法人の総会議決によりXの代表権が制限され，それが第三者（取引の相手方）に対抗できる場合であっても，行為地法である日本法によれば，善意の第三者には対抗できないことから（会社法349条5項），Xの代表権が肯定され，当該取引は有効に成立することも考えられる。また，わが国において継続取引を行うまでにいたらない外国会社の代表者の代表権については原則的に従属法によるべきであるが，代表権の範囲などについては継続取引を行う外国会社の規定（会社法817条3項）を直接適用することにより，同様の結論となろう。

　法人の設立前または設立中における発起人の権限および責任についても，法人の代表者の代表権に準ずる問題として，設立されるべき法人の従属法によることを原則としているが（最判昭50・7・15民集29巻6号1061頁参照），行為地における相手方の取引保護の立場から，通則法4条2項を類推適用することで行為地法により従属法の適用が制限されるべきであろう。

(4) 法人の不法行為能力

　誰のいかなる行為が法人の不法行為に該当し，法人自身が損害賠償責任を負うかという問題は，法人の不法行為能力の問題として，行為能力の場合と同様に，法人の従属法によるべきとするのが従来の多数説であった。しかし，法人の不法行為能力の問題は，法人の能力に関する問題とみるよりも，自然人の場合と同様に，被害者保護の観点から不法行為の準拠法（通則法17条〜22条）によるとする見解が近時において多数を占めている（大阪地判平2・12・6判タ760号246頁参照）。

したがって，不法行為を行った法人の機関の責任は，不法行為の準拠法による。ただし，法人の機関が会社法に関する法規制に違反して不法行為（利益金の違法配当，資産の不当評価など）を行った場合，あるいは重大な経営ミスにより会社に損害を与えた場合などは，社員保護の要請にも配慮して，例外条項（通則法 20 条）により，付随的に法人の従属法によるべきとされている（櫻田他編 165 頁）。

(5) 法人格の否認

法人格の否認とは，法人として形式上存在しているが，法律回避を目的とした法人格の濫用があったり，法人格が形骸化している場合などに，当該事案に限り法人格を否認する法理であり，法人が存在しないのと同様の取扱いをすることである。かつては，法人格の否認を法人の権利能力の制限に関わる問題ととらえて一律に法人の従属法によるとする見解があった。しかし，その法人格を全面的に否認するものではないので，つねにその従属法によるとするのは妥当ではない。近時では，①法人の従属法によるもの，②具体的問題の準拠法によるものなどに類型化して準拠法を決定する見解が多数説となっている。すなわち，①過小資本の会社から生じた損害に関する出資者の責任，親会社による子会社の搾取（支配の濫用）などが問題となる場合には，法人（子会社）の従属法による。他方，②会社との取引が子会社を介してなされ，親会社または子会社のいずれが契約当事者であるか分からない場合のように，相手方の外観信頼保護のための法人格否認については，当該取引に固有の問題であるため，その契約または不法行為の準拠法によることとなる（東京高判平 14・1・30 判時 1707 号 27 頁）。

◆ 第Ⅲ節 ◆　外人法上の問題

◆ 第1項　総説 ── 内外法人の意義

外人法とは何か。外人法とは，外国人や外国法人が内国において権利を享有し，あるいは活動することを規制する法律である。わが国における外人法は，牴触法による日本法の指定を待たず，直接実質法として外国法人に対し直接に適用される。そこで，外国法人に対する外人法の適用については，まずいかなる法人が外国法人として扱われるかという内外法人の区別の基準が問題となる。原則として，外国法人（外国会社）とは外国法に準拠して設立された法人のことをいい（会社法 2 条 2 項），設立準拠法により内外法人を区別するもの（設立

準拠法主義）と解されている。しかし，この区別はわが国における実質法上の解釈に基づいたものであって，常に一律に採用されなければならないものではない。近時においては，各種の外人法の規制目的に応じて，相対的に本拠地や管理の実態に着目し内外法人を区別する管理主義が有力的に主張されている。

◆ 第2項　外国法人の認許

(1) 認許の意義

法人の従属法（設立準拠法）である外国法により有効に成立した法人格は，当該外国において当然に認められる。しかし，その外国法上法人格を与えられた外国法人が，当然に内国において法人として活動するためには，さらに内国において法人格を承認される必要がある。この承認を「認許」といい，わが国の民法35条は法人格の認許について規定している。すなわち，認許された外国法人のみがわが国において権利を取得し，法人として活動することが認められているのである。

(2) 認許の方法・範囲

外国法人の認許の方法としては，外国法人を個別的に認許する方法（個別的認許主義）と一定の外国法人を概括的に認許する方法（概括的認許主義）がある。民法35条1項は，後者により，一定の種類の外国法人についていずれの国の法人であるかを問わず概括的に認許するものとしている。同項により認許される外国法人の範囲は，次の通りである。

(i) 国及び国の行政区画

外国は，一般に国際法に基づき法人格が認められていることから，わが国における私法上もその法人格を認許しなければならない。しかし，外国の行政区画については，その国の私法上，法人格が認められているものでなければ認許の対象にならない。

(ii) 外 国 会 社

平成18年改正前民法36条1項は，認許の対象を商事会社と定めていたことから，従来の多数説として，商行為を行うことを目的とする商事会社（改正前商法52条1項）だけが認許の対象とされていたが，近時においては，民事会社も商事会社とみなされるため（改正前商52条2項）民事会社も認許されるとされてきた。

しかし，民商法改正後，会社がその事業としてする行為及びその事業のためにする行為が商行為とされ（会社法5条），認許の対象も外国会社に変更された

ため（民35条1項），現行法上は，営利目的の外国会社全般が認許されると解されている。ただし，会社法2条2項の外国会社には，法人格をもたないものも含まれるが，そのような事業体は民法35条のいう外国会社には当たらず認許の対象にはならない。なお，認許の対象となる外国会社には，内国法に準拠する会社だけではなく，スカンジナビア航空のように複数国間の条約に基づいて設立された会社なども含まれる。

(iii) 特別法又は条約により認許される外国法人

特別法により認許される外国法人の例は稀であるが，外国の相互保険会社が挙げられる。保険業法は，外国保険業者が日本に支店などを設けて内閣総理大臣の免許を受けた場合に限り，わが国において保険業を営むことを認めており，その中には外国相互会社も含まれているため（保険業法185条以下），外国の相互保険会社もわが国において認許されるものと解される。

条約による外国法人の認許としては，わが国と諸外国との間で締結される通商航海条約による認許が挙げられる。たとえば，日本とアメリカ合衆国との間で締結されている日米友好通商条約においては，相手国の会社の法人格を相互に国内において承認し，広範な事業活動を行うことが認められている。これが条約による外国法人の認許にあたる。

(iv) 国際法人

国際法人とは，一国の法律によるものではなく，条約により法人格が認められた法人である。この国際法人には，①国際連合やその専門機関のような，直接条約の規定に準拠して設立された法人，例えば，国際労働機関（ILO）や国際連合教育科学文化機関（UNESCO）など，および，②条約に従いいずれかの国の国内法に準拠して設立された法人，例えば，1886年「メートル条約」に基づきフランス法上設立された度量衡万国中央局や1930年「国際決済銀行に関する条約」に基づいてスイス法上設立された国際決済銀行などがある。これらの国際法人は民法35条1項但書により認許の対象とされている。

(v) 外国公益法人

外国公益法人については，外国の公益と内国の公益が牴触するおそれがあることから，認許の対象に含まれていない。しかし，赤十字国際委員会や国際オリンピック委員会等の，わが国の公的と牴触しないような国際的に活動する外国公益法人については認許されるべきであり，わが国の認許に関する規定（民35条）については従来強い批判がある。

(vi) **認許されない外国法人**

外国法人は，認許されなければ内国において法人として活動することはできない。しかし，外国法人を認許しないことは，従属法上付与された法人格を否定するものではなく，かつ外国における法人としての活動を否認するものでもない。また，認許されない外国法人が，わが国において活動する場合にも，日本法に従って，権利能力なき社団または財団の活動として処理されることになる。

◆ **第3項　外国法人に対する監督**

(1) 認許された外国法人は，わが国において当然に法人として業務活動を行うことができるが，内国における取引保護のため，その活動に対して監督がなされる。民法36条及び37条（外国法人の登記），そして会社法817条以下（外国会社に対する監督規定）がその規定である。これらの規定は，本来従属法の適用されるべき事項について従属法の適用を制限するものである。

民法上，外国法人は，登記をしなければならない（民36条）。また，外国法人が日本に事務所を設けたときは，3週間以内に，その事務所所在地において，登記をしなければならない（民37条1項）。なお，外国法人が初めてわが国で事務所を設けるときは，その事務所所在地において登記するまで，第三者は，当該法人の成立を否認することができる（民37条5項）。

会社法上，外国会社が日本において取引を継続して行う場合は，日本における代表者（そのうち1人以上は日本に住所を有する者）を定めなければならない（会817条1項）。代表者は，わが国における業務に関する一切の裁判上または裁判外の行為をする権限を有し（同条2項），この権限に制限を加えても，善意の第三者に対抗することはできない（同条3項）。また，外国会社が初めてわが国で代表者を定めるときは，登記をしなければならず（会933条），登記するまではわが国において継続して取引をすることができない（会818条1項）。なお，これに違反して取引をした者は，取引の相手方に対し，外国会社と連帯して，当該取引により生じた債務を弁済する責任を負うことになる。

(2) **擬似外国会社**

日本に本店を設けまたは日本で営業を行うことを主な目的とする外国会社を擬似外国会社という。会社法821条は，擬似外国会社に対する規制として，わが国において継続的な取引を行うことを禁止し（1項），これに違反して取引を行った者は，取引の相手方に対し会社と連帯して当該取引によって生じた債

務を弁済する責任を負う（2項）ことを規定している。

　かつて 2005 年改正前商法 482 条では，擬似外国会社にわが国で設立された会社と「同一の規定」に従うことを定めていたが，この「同一の規定」に会社の設立に関する規定が含まれるか否かという点について学説が対立していた。一方は，①擬似外国会社は，脱法的行為をしているものであるから，わが国で設立する会社と同一の規定（設立から清算の完了）までわが国の会社と同一の規定によるべきであることを定めたものとする説であり，他方は，②擬似外国会社は，外国において当該外国法に準拠して設立された以上，わが国では外国会社として認許されるべきであるが，民事政策上強度の国家的監督に服すべきであり，設立に関する規定を除いてわが国の会社と同一の規定に従うべきことを定めたものとする説であった。判例では，①説を採り，擬似外国会社は日本法に準拠して再設立されない限り法人格が認められないと解されていた（東京地判昭 29・6・4 判タ 40 号 73 頁）。しかし，このように解すれば，擬似外国会社は権利能力なき社団として処理され，代表者が個人責任を負うに過ぎず，相手方が不測の損害を被るほか，資産流動化計画の一環として擬似外国会社が利用されるおそれがある。それゆえ，会社法 821 条では，擬似外国会社の法人格は認めつつ，擬似外国会社がわが国において継続的な取引を行うことを禁じ，これに違反して取引を行った者には取引の相手方に対し会社と連帯して当該取引によって生じた債務を弁済する責任を負わせることにより，法律回避的な外国会社の設立を防ぐこととした。

◆ 第4項　外国法人の権利享有

　民法 35 条 2 項は，「……認許された外国法人は，日本において成立する同種の法人と同一の私権を有する。ただし，外国人が享有することのできない権利および法律又は条約中に特別の規定がある権利については，この限りでない」という認許された外国法人のわが国における権利の享有について規定している。

　まず，認許された外国法人は，従属法上認められた一般的権利能力の範囲で私権を享有することができるが，同種の内国法人が享有できない私権である場合にはそれを享有することができない（同項本文）として，従属法上認められた一般的権利能力の範囲に対して制限が加えられている。これは，従属法上享有することができる権利であっても，同種の内国法人と同一の私権しか享有することができないことであり，内国法人が享有し得る権利であっても，従属法上享有

することができない場合にはそれを享有することができないという趣旨である。

　つぎに，認許された外国法人は，従属法上認められた範囲において，同種の内国法人と同一の私権を享有するが，個別的権利能力の享有については外人法による制限をうける。同項但書は，個々の権利の準拠法が日本法であるときに適用される外人法の総則的規定であり，外国法人は外国自然人が享有できない権利および法律並びに条約によって享有を禁止されている権利を享有することはできない旨定めている。しかし，外国法人の権利享有を一般的に禁止または制限した法律はなく，また，条約による禁止または制限はほとんどありえないことから，結局，外国法人は法人の性質上享有できない権利を除き，外国自然人と同様の権利を享有することを認められていると解される。

課題

　法人の従属法に関する独立牴触規定を設けるべきか。設けるべきとすれば，いかなる規定に制定すべきか。

〈参考文献〉
折茂豊『国際私法（各論）（新版）』（有斐閣，1972 年）35 頁以下
山内惟介『国際会社法研究 第 1 巻』（中央大学出版部，2003 年）
山田鐐一『国際私法（第 3 版）』（有斐閣，2004 年）234 頁以下
溜池良夫『国際私法講義（第 3 版）』（有斐閣，2005 年）293 頁以下
櫻田嘉章『国際私法（第 6 版）』（有斐閣，2012 年）175 頁以下
松岡博『国際関係私法入門（第 4 版）』（有斐閣，2014 年）85 頁以下
澤木敬郎＝道垣内正人『国際私法入門（第 7 版）』（有斐閣，2012 年）170 頁以下
中西康ほか『国際私法』（有斐閣，2014 年）203 頁以下
出口耕自『論点講義 国際私法』（法学書院，2015 年）181 頁以下
櫻田嘉章・道垣内正人編『注釈国際私法 第 1 巻』（有斐閣，2011 年）139 頁以下
小出邦夫『逐条解説 法の適用に関する通則法』（商事法務，2010 年）382 頁以下
我妻榮編『我妻・有泉コンメンタール民法 ── 総則・物権・債権（第 3 版）』（日本評論社，2013 年）115 頁以下
神前禎「法人の従属法」国際私法判例百選（第 2 版）（別冊ジュリスト）210 号（2012 年）46 頁
神作裕之「法人格の否認」国際私法判例百選（第 2 版）（別冊ジュリスト）210 号（2012 年）48 頁
藤田友敬「疑似外国会社」国際私法判例百選（第 2 版）（別冊ジュリスト）210 号（2012 年）50 頁

第 **9** 章　物　権

◆ 第Ⅰ節 ◆ 総　説

　物権（ius in rem; right in rem, real right; Sachenrecht; droit réel）とは，ヨーロッパ大陸法系に属する私法上，特定の者に特定の行為を請求する債権と異なり，他人の行為を介さず物を直接支配する排他的権利をいう。諸国の実質法上，概して，物権の種類，内容等を法律で定める物権法定主義（日本民法175条，ドイツ民法典90条，中華人民共和国物権法5条等）が採用されてきた。歴史と比較に目を向けることで，わが国と異なる法制を知ることができよう。所有主体と利用主体を同視して用益物権を観念せず，「物権」概念を否定する法制（旧ソ連法）のほか，国家所有権（都市部の土地，天然資源，森林，草原，野生動植物，国防・社会資本等），集団所有権（農村部の土地等）および私人所有権 ── 国民経済の主体は社会主義的公有制を法的に裏付ける前二者に限られる ── を併存させる多元的所有権制度（国家所有権は優越せず，三種の所有権は対等）もある（私的土地所有の否定）。また，原因行為（売買契約等）から独立した物権行為（物権的合意と登記）により物権変動が生じるとする形式主義（有因（登記）主義，ドイツ法）と原因行為と同時に物権も変動するとみる意思主義（無因主義，（変動方式不要説，フランス法）との対立もよく知られている。これら内外実質法制の相違をいかに調整すべきかが物権牴触法の課題となる。

◆ 第Ⅱ節 ◆ 法　源

　通則法13条は「物権及びその他の登記をすべき権利」という見出しのもと，2つの独立牴触規定を定める。各規定の単位法律関係と連結点は以下のように図示することができる。

13条1項

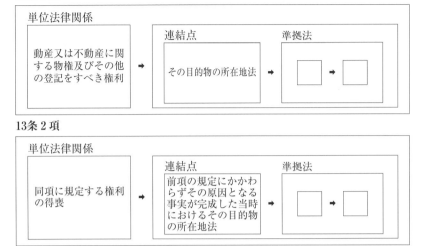

13条2項

これら単位法律関係概念と連結点概念を構成する各文言の意味如何が解釈上の論点となる。

◆ 第Ⅲ節 ◆ 解釈上の論点

◆ 第1項 単位法律関係

(1) 総 説

1項は物権の種類・内容・効力を，2項は物権の成立および消滅を規定する。日本民法上，物権は，本権と占有権（物に対する事実的支配状態を保護する権利）に，本権は，所有権（物を全面的に使用・収益・処分する権利）と制限物権（物の使用・収益・処分という機能が制限された物権）に，制限物権は，用益物権（物の使用価値の部分的支配を認める物権（他人の土地上の工作物・樹木を所有するためその土地を使用する地上権，小作料を払って他人の土地で耕作又は牧畜を行う永小作権，他人の土地を自己の土地の便益に供する地役権，入会地を利用する入会権））と担保物権（物の交換価値の全部または一部を支配する物権）に，担保物権は，法定担保物権（物に関して生じた債権の弁済までその物を留め置く留置権，他の債権者に先立って債務者財産から自己の債権の弁済を受ける先取特権）と約定担保物権（債権の担保として債務者・第三者から受け取った物を占有しかつその物に

つき他の債権者に先立って自己の債権の弁済を受ける質権，債務者・第三者が占有を移転せずに債務の担保に供した不動産につき他の債権者に先立って自己の債権の弁済を受ける抵当権）に，それぞれ分類される。「登記すべき権利」は物に関する権利で，登記を要する権利のほか，登記により物権と同一または類似の効力（物権的効力，対抗力）を生じる権利（日本法上の不動産買戻権と不動産賃借権）をいう。むろん，1項の規律対象は物権的効力に限定される。

⑵「動産又は不動産に関する物権」と無体物に関する物権

「動産又は不動産に関する物権」とは何か。動産および不動産の定義を目的物の所在地法により決定し，自動車を「動産」に分類した先例（最（3小）判平14・10・29（民集56巻8号1964頁，国際私法判例百選（第2版）(2012年) 26事件（神前禎)))もある。有体物に当たらない債権や無体財産権（特に日本民法上担保物権に分類される債権質）を1項の規律対象外とする見解（櫻田嘉章・道垣内正人編『注釈国際私法　第1巻』（有斐閣，2011年) 369頁（竹下啓介))もあるが，外国法にのみ存在する制度を含め，内外実質法上の関連概念のすべてを併せ検討したうえで「動産又は不動産」という牴触法上の概念が解釈されなければならないこと（第2章参照）を考慮すると，別異の法律構成もあり得よう（無体（知的）財産権の登録等が「登記」に含まれるか否かは，準拠実質法（所在地法）の適用結果に対する政策的評価に左右される――無体財産権の成立，効力等については条理により「保護国法（登録国法)」による（奥田安弘『国際財産法』（明石書店，2019年) 199頁）とされるが，13条の規律対象とみれば，登録国（保護国）が所在地と解されよう)。

日本民法では取引の安全を考慮して動産とみなされる無記名債権に関する物権事項はどのように規律されるか。ここでは，債権所在地（券面所在地）法に委ねる構成と，物権事項についても債権自体の準拠法（無記名債券発行契約準拠法等）を統一的に適用する構成とが対立する（櫻田他編369頁（竹下啓介))。権利質については，条理により，第三者が「当該権利を目的物とする質権の成立および効力を知り，かつ質権者との優劣関係が統一的に規律される」という理由で，目的物である権利自体の準拠法による（奥田189頁）。これに従えば，地上権，永小作権等の不動産物権を目的物とする質権は，目的物である不動産物権と同様，不動産所在地法により，債権・株式・知的財産権を目的とする質権は，各目的物に即して，債権準拠法（通則法7条以下），株式準拠法（会社準拠法），知的財産権準拠法（保護国法）による。債権質については，目的物たる

債権の準拠法によると判旨した先例（最（1小）判昭53・4・20（民集32巻3号616頁, 国際私法判例百選（第2版）（2012年）30事件（野村美明））がある。

(3) 物権的請求権

物権から派生する物権的請求権（所有権に基づく所有物返還請求権, 所有権侵害行為差止請求権等）は「動産又は不動産に関する物権」に含まれるか。物権的請求権に関連する損害賠償請求権, 代金償還請求権等はむろん債権であって物権ではない。ここでは, 物権との関連性をどの程度まで考慮するかにより, 目的物所在地法説と法定債権（不法行為, 不当利得）準拠法説との対立がみられよう。物権それ自体と物権的請求権を統一的に処理する立場（統一説）では, 返還請求権の時効消滅の有無, 時効が認められるときの消滅時効期間如何等は目的物の所在地法による（物権それ自体と物権的請求権を統一的に処理するに及ばない（区別説）とみれば, 侵害行為（窃盗等）に着目し, 所有権侵害地（不法行為地）を所在地より優先させる余地がある）。

◆ 第2項 連結点

(1) 物の所在地法（lex rei sitae）

(ⅰ) 総 説

不動産物権に関する所在地法主義は, Bartolus（14世紀イタリアの法学者）における「物法（statuta realia）」の伝統を受け継ぎ, 慣習国際法とも呼ばれるほど, 普遍的な原則となっている。他方, 動産物権については, 中世以来, 「動産は人に従う（mobilia personam sequuntur）」の原則が採用され, 「人的財産の移転は, 所有者の住所地法上それが有効であれば, 財産所在地の如何を問わず, 有効」とするStory（19世紀アメリカの法学者）の見解や「動産は所有者の本国法による」旨の立法例（1865年イタリア旧国際私法7条）もみられた。連結点の決定はむろん「最も密接な関係」の原則による。何が「最も密接な関係」を反映する地域的要素であるかの判断は, 客観的論理にではなく, 解釈者の主観（政策的評価）に左右される。このため, 連結点の決め方については, 動産物権と不動産物権との区別の要否（異則主義と同則主義）, 当事者意思尊重の要否（主観主義と客観主義）, 口頭弁論終結時考慮の有無（不変更主義と変更主義）等, 各論点に対する解答如何により, 複数の立法主義があり得る。

13条は「目的物の所在地法」を連結点としたうえで2つの規定を設けた（効力に関する「同則主義, 客観主義かつ変更主義」（1項）, 成立に関する「同則主

義，客観主義かつ不変更主義」（2 項））。成立に関して不変更主義が採用された
のは，旧所在地法上完成した物権の得喪が変更後の新所在地法によって覆され
ないようにするためである（法的安定性の確保）。

　歴史的経緯はさておき，「目的物の所在地法」が連結点とされたことには十
分な理由がある。この点は，「当該目的物が所在する場所の秩序・公益と直接
関係する問題である」（櫻田他編 365 頁（竹下啓介）），「物権的法律行為は，目的
物の所在地の公益と密接な関係を有し，その地における公益を保護する必要が
ある」（奥田 190 頁），「物権の問題が所在地と最も密接な関係をもち，かつ物
の利用や取引秩序の保護は所在地法により最もよく実現される」（中西康他『国
際私法（第 2 版）』（有斐閣，2018 年）267 頁）等と説明されている（取引の相手方
が不動産に関する公示（登記）制度を根拠に準拠法を予見できるという視点もここ
に含まれる）。もっとも，公益等の表現には「所在地の公示制度を尊重する」
という主観的意欲以上の内容は示されていない（理由と結論との未分離）。むし
ろ「目的物の所在地法」を優先する実践的理由は，原告からみると強制執行目
的物所在地の法制度に準拠して権利関係を確定することで執行可能性が高まる
（被告からみれば目的物の所在地法に準拠していれば強制執行を免れる）という政策
的配慮に求められよう（櫻田他編 365 頁（竹下啓介））。同則主義を優先する理由
も政策的配慮による。複数の者が互いに動産の所有権を主張し合い，しかも各
当事者の住所地法が動産・不動産の判別基準を異にする場合（異則主義）にお
いて，所有者の住所地法を動産準拠法とすれば，準拠法を一義的に確定し難い
という意味で法的安定性（予見可能性）に欠けるからである（櫻田他編 365 頁
（竹下啓介）。不動産の「所在地」は容易に決定されるが，移動中の物，輸送手
段（航空機，船舶等），債権の「所在地」の決定等をめぐっては見解の一致をみ
ていない（後述）。

(ii) 証券の所在地

　有体物につき証券（船荷証券他）が発行されている場合，証券自体の帰属は
物権準拠法によるが，証券に化体された有体物の物権関係については，統一説
（物権準拠法（証券所在地法）説）と区別説（証券に化体された権利を原因関係（準
拠海上運送契約等）準拠法に委ね，証券所持者による権利行使を物の所在地法に委
ねる構成）が対立する。現在では，証券のペーパーレス化が進み，権利の存在
や移転が証券保管振替機構等の管理口座に記録されている。日本の証券会社か
ら複数の外貨建て新株引受権を購入し，巨額の損失を蒙った日本の個人投資家

が債務不履行を理由に契約を解除し、預託金の返還を訴求した事件では、新株引受権を表章する有価証券の保管場所の法（ベルギー法）によるか否かが争われたが、日本法（黙示意思の探求を経て認定された売買契約準拠法）が適用された（仙台高秋田支判平 12・10・4（金判 1106 号 47 頁、百選（第 2 版）(2012 年) 27 事件（森下哲朗）、早川吉尚・ジュリスト 1202 号（2001 年）295 頁））。その法律構成に関しては、証券所在地法上の「証券所有者」を権利者とみる見解、証券の売買契約当事者間で権利移転の有無が争われているときは当該売買契約準拠法によるとする理解（仙台高秋田支判平成 12・10・4（百選 27））、証券所在地が証券の権利関係と密接な関連を持たない間接保有証券については口座管理地法によるとの主張（ハーグ国際私法会議「口座管理機関によって保有される証券についての権利の準拠法に関するハーグ条約」）等が提唱されていた（森下哲朗「国際証券決済法制の展開と課題」上智法学論集 47 巻 3 号（2004 年）172 頁以下）。

(2) 所在地法の限界

(ⅰ) 国家法が存在しない空間

石油・ガスのパイプライン、電力・通信用の海底ケーブル、気温・水量・地震等の観測資材、宇宙利用に供された人工衛星等については公海、南極、宇宙空間等、目的物の所在地を特定できても「所在地法」がない場合がある。この場合、国家法の欠如を理由に物権の存在を否定する説もある（澤木敬郎・道垣内正人『国際私法入門（第 8 版）』（有斐閣、2018 年）248 頁）が、「所在地法」をどのように擬制すべきかという論点を設定し、設備等設置者（公的機関、民間企業）の属人法説が主張されている（奥田 182 頁）。公海上に所在する物のうち、輸送手段に積載されている物については、当該物の現実の所在地という意味で輸送手段の登録国を「目的物の所在地」とみなす余地もあろう。

(ⅱ) 文 化 財

歴史上、エジプトがイギリスにロゼッタストーンの返還を、エジプトがドイツにネフェルティティ胸像の返還を、中国がフランスに円明園十二生肖獣首銅像の返還を、カンボジアがフランスに二国間文化財保護条約（1863 年）に反して詐取された美術品の返還をそれぞれ求めた先例がある。ユネスコ文化財不法輸出入等禁止条約（1972 年）は不法に輸出された文化財の原所在地国への返還義務を現所在地国に課すが、対馬仏像盗難事件（2012 年）では、日本で盗まれた長崎県指定文化財「観世音菩薩坐像」について、「元々倭寇に略奪された仏像」が韓国で国宝に指定されたことを受け、韓国側所有者による有体動産占有

移転の禁止仮処分申請が認められ，日本への返還が否定された（韓国大田地裁2013年2月決定）。所有価値，保護価値および利用価値のいずれを重視するかで評価が分かれる国際的文化財返還紛争はこのように稀ではない（2019年8月21日日経夕刊1面）。世界文化遺産や世界自然遺産に認定された不動産の所在地は容易に認定されるが，動産（国宝，重要文化財に認定された美術工芸品）については，「目的物の所在地」を現実の所在地と解するか国宝等の認定国とするかが争われる余地がある（政治決着により，朝鮮王室儀軌が日本から韓国に（2011年），19世紀末に旧植民地から持ち出された文化財がフランスからベナンに（2018年）それぞれ引き渡された例もある）。

(3) 所在地の変更と物権変動

(i) 総　説

物権の対抗力には渉外的効力がないため，同一物の物権が複数の国で成立する余地がある。物権の排他性を考慮すると，成立を認められる物権はひとつに絞られなければならない。旧所在地で有効に成立した物権の効力は，目的物が異なる法制を有する地（新所在地）に移されても，存続するか。旧所在地で生起した事実（期間の徒過）が新所在地法上どのように評価されるかを新所在地の実質法に委ねる構成もある（横山潤『国際私法』（三省堂，2012年）155頁）。旧所在地での取引の安定性を重視すれば物権の存続や効力を旧所在地法説に委ねる主張（既得権の尊重）に傾くし，新所在地における取引の安全を考慮すればこれを新所在地法で判断する主張に分があろう。両者を調整する一案として，旧所在地法上の物権と新所在地法上のそれとの機能的同質性の有無を問う構成も提案されている（旧所在地法上の制度と機能的に同種の制度が新所在地法にあれば，旧所在地法上の評価が新所在地法にも承継され，それがなければ，新所在地法上の要件具備が必要となる）。機能的同質性の有無の判断基準如何という論点は一見すると比較実質法の次元に属するものと考えられるかもしれない。しかし，これを新旧所在地法（2つの独立牴触規定）間の優先順位を問う論点とみれば，法廷地従属牴触規定の要件をいかに構成するかをめぐって，牴触法上の解釈基準が探求されなければならない。

他方，旧所在地法上は占有が成立していないのに，新所在地法で占有が成立している場合，どのような調整が可能か。たとえば，当事者の合意のみで動産所有権が移転する法制（意思主義，日本法，ドイツ法）を採る国で売買契約締結後に物が引き渡されていない場合において，動産所有権の移転につき引渡を要

する法制（形式主義，フランス法）を採る国に目的物が移されていたとき，原因事実完成時の目的物の所在地法（旧所在地法）によれば，合意があるため，買主は所有権を取得する。逆に，動産所有権の移転につき引渡を要する法制を採る国に所在する動産につき売買契約締結後に引渡が行われないまま，当事者の合意のみで動産所有権が移転する法制を採る国に物が移されたとき，買主は所有権を取得できるか。ここでは，買主への所有権移転時期につき，旧所在地国での合意の有効性を承認したうえで新所在地国への移転時に買主が所有権を取得するという見解と新所在地国における新たな物権変動の合意が追加されなければ買主は所有権を取得し得ないとする見解とが主張されている。

(ii) 法律行為による物権変動

法律行為による物権変動の場合，原因行為につき原因行為の準拠法（売買契約の場合通則法7条以下）を，物権行為については物権準拠法を適用する区別説がある。これに対し，原因行為と物権行為を区別せず，原因行為の準拠法のみによって物権変動を規律する統一説も主張されている（森田博志「国際私法の議論において原因行為と物権行為の区別が本当に必要なのか(1)〜(4)」千葉大学法学論集10巻3号（1996年）99頁，4号（1996年）29頁，11巻2号（1996年）183頁，4号（1997年）1頁）。

(iii) 事実による物権変動

物権変動をもたらす事実には，即時取得，無主物先占，遺失物取得，埋蔵物発見，付合，混和，加工等がある。たとえば，時効による物権変動の場合，時効の中断・停止の成否は原因事実完成時における目的物の所在地法による。旧所在地で動産占有が開始されたが法定期間が徒過しないまま物の所在地が変更されている場合はどうか。旧所在地での占有期間と新所在地でのそれを通算してもよいか否かは，当該事実完成時の所在地（新所在地）法による。

(iv) 国家行為による物権変動

国家が行政行為を介して強制的に私有財産を一般的かつ大規模に取得し（国有化），また，個別の私有財産を取得する（収用）場合，私人間の物権関係はどのように規律されるか。イランの石油国有化措置をうけ，イラン原油を日本に海上輸送した日本法人に対し，イギリス法人が所有権に基づく積荷の仮差押え処分を求めた事案では，当該申立が却下された（東京高判昭28・9・11（高民集6巻11号702頁，渉外判例百選（1967年）27事件（高野雄一），渉外判例百選（増補版）（1976年）30事件（横山潤），渉外百選（第2版）（2012年）17事件（竹

下啓介))。イラン指導部の米国内金融資産へのアクセスを禁止するアメリカ合
衆国大統領令 (2019 年 6 月 24 日) 等，国家行為の介入例は今も稀ではない。こ
の点については，準拠法決定の要否をめぐり，外国国家行為承認説と準拠法説
とが対立し，後者においても，物権準拠法説 (東京高判昭和 28・9・11 (百選
(1967 年) 27 事件 (高野雄一)，百選 (増補版) (1976 年) 30 事件 (横山潤)) と当
該措置国法説の対立がある。

(4) 担 保 物 権

　法定担保物権の成立については，それが一定の債権を担保するために設けら
れた点に鑑み，被担保債権の準拠法と物権準拠法とを累積適用し，効力につき
物権準拠法によるとの主張 (秋田地決昭 46・1・23 (下民集 22 巻 1 - 2 号 52 頁，
百選 [第 2 版] (2012 年) 29 事件 (楢﨑みどり))，高松高決昭 60・4・30 判タ 561
号 150 頁) がある。この見解によれば，海事債権の担保として設定された船舶
先取特権は，海事債権準拠法と物権準拠法の双方が同時にその成立を認めてい
なければ，成立しない。これに対し，法定担保物権の立法趣旨が，特定債権の
保護にではなく債権者の保護にある点を考慮して，被担保債権との関連性を重
視せず，約定担保物権と同様に，物権準拠法のみで船舶先取特権の成否・効力
を判断する見解 (大判昭 11・9・15 新聞 4033 号 16 頁，百選 (第 2 版) (2012 年)
28 事件 (伊藤敬也))，神戸地決昭 34・9・2 下民集 10 巻 9 号 1849 頁，百選 (第 2
版) (2012 年) 25 事件 (嶋拓哉))，広島地呉支判昭 45・4・27 下民集 21 巻 3 - 4 号
607 頁，百選 37)) も主張されている。両説の実践的差異は，法定担保物権の成
立を認める範囲を狭めるか広げるかという点にある (大審院昭 11・9・15 (百
選 (第 2 版) 28 事件 (伊藤敬也)) は留置権につき所在地法説を採る)。なお法定
担保物権の効力は物権準拠法のみによる。

(5) 明文規定を欠く場合の物権関係

　13 条にいう「所在地」(法律概念) は，目的物の現実の所在地に存在するも
のと観念されるが，どこが現実の所在地かを一義的に決め難い場合がある。物
権制度の趣旨を尊重すれば，このような場合にも，目的物の所在地が決定され
なければならない。

(i) 移動中の物 (res in transitu)

　目的物所在地変動の好例は，売買契約が締結され，信用状 (L/C) が発行さ
れている場合 (第 13 章参照) に現れる。たとえば，目的物が売主の手を離れ，
まだ買主の手元に届いていない時点で買主が支払能力を欠くに至ったとき，売

主は運送人から目的物を取り戻せるか。現実の所在地を優先すると国境を超えるたびに「所在地法」が変更され，法的安定性が損なわれる。一義的に決定しようとすれば，移動中の目的物の「所在地」が特定されなければならない。目的物の仕向地を「所在地」と認定した先例（横浜地判大正 7・10・29（法律評論 8 巻諸法 4 頁，百選（1995 年）32 事件（佐藤やよひ）））のほか，運送中に長期間倉庫で保管される事例を念頭において倉庫所在地を「所在地」とみる見解（現実の所在地説）もある（倉庫での保管が「移動中」に含まれるか否かには争いがある）。密接な関連性の有無の真の評価基準如何が問われよう。

(ii) 輸送手段（走行性動産）

　航空機や船舶等（大陸国では長距離国際列車が追加される），輸送手段の物権関係はどのように規律されるか。出発地と到着地を結ぶルート上の経由地を含めれば，変動する事実上の所在地のいずれを輸送手段の法的「所在地」とみるべきかが実践的論点となる。通則法に明文規定はないが，航空機につき国籍国，船舶につき登録国，船籍港国または常居住地，鉄道につき敷設許可国をそれぞれの所在地と法定した立法例（ドイツ国際私法典 45 条）もある。この点については，権利関係が登録簿に公示される等，船舶に関する権利関係の登録地を密接な関連性を有する地とみた登録地法説（旗国法説）（山口地柳井支判昭 42・6・26 下民集 18 巻 5・6 号 711 頁，秋田地判昭 46・1・23 下民集 22 巻 1・2 号 52 頁，百選 29，高松高決昭 60・4・30 判タ 561 号 150 頁，松山地判平 6・11・8 判時 1549 号 109 頁）のほか，便宜置籍船のように登録国が形骸化している場合の実質的連結理論（傭船者の営業本拠地法説他），船舶先取特権や船舶仮差押えが問題となる場合の現在の所在地（法廷地）法説（東京地決平 4・12・15 判タ 811 号 229 頁），輸送機関の本拠地法説（最判平 14・10・29（民集 56 巻 8 号 1694 頁，百選（第 2 版）（2012 年）26 事件（神前禎））等，多様な可能性が示されている。

◆ 第3項　関連問題

(1) 物権的法律行為の方式等

　13 条 1 項にいう「登記」は物権的法律行為の方式を連想させる。10 条 5 項は，行為地法等の選択的連結を定めた同条 2 項ないし 4 項に対し，「前三項の規定は，動産又は不動産に関する物権及びその他の登記をすべき権利を設定し又は処分する法律行為の方式については適用しない」旨，定める。このことは，実質的成立要件を定める 13 条 2 項が方式についても適用されることを意味す

る（奥田 190 頁）。通則法上は否定されようが，ドイツの裁判例では国際物権法
における反致の可能性に触れられている（BGH, Urt. v. 25. 9. 1997 NJW 1998,
1321, IPRax 1999, 45）。

(2) 他の準拠法との関係

　物権行為の能力の準拠法は財産的行為能力に関する 4 条による。日本で後見
開始の審判等を受けた者の物権行為の能力は通則法 5 条により日本法に委ねら
れる（奥田 177 頁）。

　13 条の規律対象は個々の物権である。他方で，夫婦財産制による夫婦の財
産，親権における子の財産，相続における相続財産等，各準拠法の適用対象と
なる財産は一括して観念される。ここに，個々の物権の準拠法と総括的な財産
の準拠法との牴触をいかに調整するかという論点が現れる。一般には，「個別
準拠法は総括準拠法を破る（Einzelstatut bricht Gesamtstatut）」（「特別法は一般
法に優先する（Lex specialis derogat legi generali; Special law repeals general
laws）」）と説明される。もっとも，個々の財産が包括財産に含まれるか否かは，
個々の財産の属性に関する問題とみなされ，個々の物権準拠法（目的物の所在
地法）による。これに対し，個別財産準拠法が認める範囲内でしか，総括財産
準拠法は効力を発揮し得ない（夫の土地に対する妻の法定抵当権を認めるフラン
ス法制を例に，日本民法がこの種の物権を認めていないため，日本にある夫の土地
に対する妻の法定抵当権は認められない）（江川英文『国際私法（改訂増補）』（有斐
閣，1970 年）194 頁）。

課題

(1) どの国家法も各国固有の歴史的社会環境に制約された「時代の産物（a
product of the time）」である。通則法 13 条とドイツ国際私法（下記参
照）43 条以下を対比したうえで，現行法の問題点を指摘し，日本のあ
るべき立法案を考えなさい。

　43 条　物に関する権利
　　(1)物に関する権利は，目的物が所在する国の法に服する。
　　(2)物に関する権利が設定されている場合において目的物が他の国に
　　　移転しているとき，当該権利は，他国の法秩序と矛盾しない限りに
　　　おいて，行使されることができる。

(3)国内に移転している物に関する権利が移転前に成立していないとき，国内で権利を取得できるか否かについては，他国における諸事象を国内での諸事象と同様に考慮することができる。

44条　不動産から派生する作用

不動産から派生する権利侵害作用に基づく請求権については，契約外債務関係の準拠法に関する2007年7月11日のヨーロッパ議会・ヨーロッパ理事会（ヨーロッパ共同体）規則（「ローマⅡ規則」）864号第3章の諸規定が準用される。

45条　輸送手段

(1)航空機，船舶および鉄道車両に関する権利は，それが最初に輸送手段に供された国の法に服する。その国は次の各号に掲げる国とする。

　　1．航空機の場合，その国籍を有する国，

　　2．船舶の場合，登録国，船籍港国または常居住地

　　3．鉄道車両の場合，鉄道敷設許可国

(2)輸送手段に関する法定担保権の成立は，被担保債権の準拠法に服する。担保権が複数ある場合，担保権相互間の優先順位については43条1項が適用される。

46条　準拠法よりも緊密度が高い法の適用（回避条項）

他国の法との結び付きが，緊密性の点で，43条および45条に従って基準とされる法とのそれよりも本質的に強いときは，前者の法が適用される。"

(2) 最(3小)判平14・10・29民集56巻8号1964頁，判時1806号41頁を論評しなさい。

〈参考文献〉

楢﨑みどり「外国政府が日本国内で所有する土地の開発契約に基づく地上権取得の準拠法」法学新報120巻5-6号（2013年）1頁

西谷祐子「物権準拠法をめぐる課題と展望」民商法雑誌136巻2号（2007年）202頁

楢﨑みどり「ドイツ国際物権法における非占有動産担保権の渉外的効力について——いわゆる『転置（Transposition）』の実証的・理論的検討」法学新報105巻6-7号（1999年）317頁

栖﨑みどり「ドイツ国際物権法における"当事者自治"の構成について —— ヴェーバーの見解を中心として (1)(2 完)」法学新報 100 巻 7 - 8 号 (1994 年) 181 頁，同 100 巻 9 -10 号 (1994 年) 167 頁

第10章 法律行為(1) ── 原則

◆ 第Ⅰ節 ◆ 当事者自治の原則（7条）

◆ 第1項 概 説

法律行為には，取消や解除のように，一方的意思表示により成立する単独行為や，法人設立のように，同一方向を目指す複数の意思表示を要素とする合同行為もあるが，議論の重点は2人以上の意思表示の合致により成立する契約に集中する。以下，この点を中心に述べる。

「法律行為の成立及び効力」は当事者が選択した地の法による（通則法7条）。「法律行為」として多くの場合問題になるのは契約である。例えば，錯誤により契約は無効になるか，申込に対する沈黙は承諾となるか，といった争点は契約の成立に関する問題として当事者が選択した法による。また，債務履行の成否，債務不履行に対する契約の解除，損害賠償請求の可否といった争点も契約の効力に関する問題として当事者が選択した法による。

このように，通則法上，契約の当事者は契約締結時に準拠法を選択することができる。これを当事者自治の原則という。当事者自治の原則の根拠は，当事者意思の尊重，予見可能性の保護にある。しかし，当事者自治を認めれば，契約と密接な関係を有する地の強行規定の回避が可能となってしまう。このような指摘に対しては，強行的適用法規の特別連結により対応が可能であると主張されている。

◆ 第2項 黙示的意思

通則法7条では明示的に規定されていないが，黙示的な合意も認められると一般に解されている。それでは，いかなる事情から黙示的合意の存在を肯定すべきか。

以下の例を考えてみよう。販売代理店契約が締結され，A国法が明示的に準拠法として合意された。その後，販売代理店契約を実施するために，供給者，

販売代理店の間で定期的に商品の売買契約が締結されていた。ただし，それらの売買契約では準拠法に関する明示的な合意がされていなかった。この場合，販売代理店契約において A 国法が準拠法として選択されていることを根拠として，売買契約についても A 国法が黙示的に合意されていたと判断すべきか。

このように，密接な関係を有する複数の契約が存在し，一方の契約においてのみ明示的な準拠法選択がなされている場合，他方の契約における黙示的な準拠法選択の有無が問題となり得る。仲裁契約の準拠法が争われた最判平 9・9・4 民集 51 巻 8 号 3657 頁は，「仲裁地に関する合意の有無やその内容，主たる契約の内容その他の諸般の事情」により黙示の合意について判断すべきであると判示し，仲裁契約における黙示の準拠法選択を判断する際に「主たる契約の内容」が考慮され得る可能性を示唆している（ただし，主たる契約の「内容」に準拠法選択が含まれるかという点までは明示していない）。同じく仲裁契約の準拠法が争われた東京地判平 26・10・17 日判タ 1413 号 271 頁は，売買契約の準拠法としてアメリカ法が合意されていることを根拠に，仲裁契約の準拠法に関する黙示の合意を肯定した。

密接な関連を有する複数の契約は多くあるが，下請契約，元請契約のように，両契約の当事者が異なる契約については黙示的な準拠法選択の存在を肯定することはできないだろう（もっとも，東京地判平 24・7・11 判時 2175 号 98 頁は，DVD の販売契約に関する黙示的準拠法選択を肯定するにあたり，異なる当事者間で締結された頒布契約における明示的準拠法選択を考慮要素とした）。

黙示的な合意を裏付ける事情としてその他に議論されるものには，契約締結地，履行地，当事者の常居所地，目的物の所在地，ある国を法廷地とする裁判管轄条項などがある。不動産の所在地を根拠として黙示的合意を認めた裁判例として，前橋地桐生支部判昭 37・4・9 下民 13 巻 4 号 695 頁，東京地判昭 44・5・14 下民 20 巻 5・6 号 342 頁，大阪高判昭 44・8・5 高民 22 巻 4 号 543 頁がある。また，取引の相手方が公的機関であることを根拠として，公的機関の属する国の法に関する黙示的合意を認めた裁判例として，東京地判昭 45・4・8 判タ 253 号 279 頁がある。特に，複数の要素が一つの地に集中する場合には，黙示的な準拠法選択の有無について検討しなければならない。近時の裁判例として，東京地判平 24・2・3 平 21(ワ)37035 号は，法例 7 条 1 項を適用し，両当事者の国籍，借用書に使用された言語，借用書に記載された借主の帰国後の住所，連絡先，これらを根拠として，金銭消費貸借契約の準拠法

を日本法とする黙示の合意を肯定している。

◆ 第3項　推定的意思

　推定的意思（仮定的意思）が指し示す法とは，通常の当事者が同様の事案において準拠法を検討していたとすれば選択していたと推定される法である。当該事案の当事者が実際に有していた意思から離れ，一般の当事者を基準とする点において，黙示的意思とは異なる。通則法7条のもとでは，準拠法選択に関する推定的意思を考慮することはできないと解されている。というのも，そのような現実の当事者の意思から離れた要素は，通則法8条所定の客観的連結において考慮されるべきであるからである。

◆ 第4項　分割指定

　契約の一部につきA国法を準拠法として指定しつつ，その他の部分については B国法を指定することができるか。このように，単一の契約につき，事項ごとに異なる準拠法を指定することを分割指定という。その典型が補助準拠法である。法例7条のもとでは，履行の態様につき履行地法，貨幣につき貨幣発行国の法，契約の解釈につき契約の文言を母語とする国の法が補助準拠法として黙示的に合意されていると解釈すべきとの説があった。通則法は分割指定について何ら規定しておらず，分割指定の可否について学説上議論があるものの，現在，分割指定を完全に否定する見解は少ない。分割指定に関する第1の論点は，分割指定により生じる準拠法間の矛盾，すなわち適応問題への対処である。この点，適応問題が生じないことを要件として分割指定を肯定する説，当事者の予見可能性の保護を重視し，理論上無制限に分割指定を肯定する説などが主張されている。第2の論点は，実務上の必要性，慣行をどの程度考慮すべきかという点である。実務上，分割指定が行われる典型的な契約として，海上貨物保険契約が挙げられる。海上貨物保険契約においては，保険者の填補責任，決済につきイギリス法を分割指定することがある（東京地判昭52・5・30判時880号79頁，東京高判平12・2・9判時1749号157頁，東京地判平14・2・26国際私法判例百選（第2版）（2012年）70頁）。さらに，海上運送契約においては，船荷証券の裏面約款により，履行の態様につき履行地法を分割指定することがある（東京地判平13・5・28金判1130号47頁）。こうした実務上の必要性，慣行を重視し，そのような場合に限って分割指定を肯定する説も主張され

ている。

◆ 第Ⅱ節 ◆ 当事者による法選択がない場合 (8 条)

◆ 第 1 項 最密接関係地法 (1 項)

　準拠法に関する当事者の合意がない場合，「法律行為の成立及び効力」は，
「当該法律行為の当時において当該法律行為に最も密接な関係がある地の法」
による（通則法 8 条 1 項）。「最も密接な関係がある地」とは具体的にいかなる
地か。この点は，不動産を目的物としない法律行為（2 項），不動産を目的物
とする法律行為（3 項）に分けて，具体的に推定されている。以下，これらの
最密接関連性の判断基準について説明する。

◆ 第 2 項 不動産を目的物としない法律行為の最密接関係地 (2 項)

(1) 特徴的給付の理論

　不動産を目的物としない法律行為に関しては，特徴的給付を履行する当事者
の常居所地が最密接関係地として推定される（通則法 8 条 2 項）。特徴的給付を
履行する当事者が事業者の場合には，法律行為に関係する事業所が最密接関係
地として推定される。法律行為に関係する事業所が複数ある場合には，主たる
事業所が最密接関係地として推定される。

　このように，不動産を目的物としない法律行為に関しては，いわゆる特徴的
給付の理論が採用されている。契約にも様々な類型があるが，契約を類型化す
る指標として，それぞれの契約を特徴づける給付に注目するのが特徴的給付の
理論である。例えば，売買契約では，売主は物品の引渡債務を負い，買主は代
金の支払債務を負う。使用貸借契約では，貸主は利用のために物品を提供する
義務を負い，借主は使用料の支払債務を負う。さらに，請負契約では，請負人
は請け負った内容を遂行する義務を負い，注文者は代金の支払債務を負う。こ
れらの契約は，一方の当事者が金銭給付を債務として負う点で共通する。しか
し，他方の当事者の債務の内容はそれぞれの契約によって異なる。このように，
特徴的給付の理論は，金銭給付とは反対の債務が各契約を特徴付け，類型化す
ると考える。特徴的給付を履行すべき当事者は，売買契約では売主，使用貸借
契約では貸主，請負契約では請負人となる。なお，交換契約のように，いずれ
が特徴的給付かを判別し難い場合については，後述する。

特徴的給付の債務者の常居所地（なお，当事者が当該法律行為に関係する事業所を有する場合は当該事業所の所在地の法，事業者が当該法律行為に関係する2以上の事業所で法を異にする地に所在するものを有する場合は主たる事業所の所在地の法（以下同様））を連結点とするのはなぜか。立法担当者の説明によれば，「特徴的給付を行う者にとって複数の取引を画一的に取り扱う必要があると考えられる点から合理性がある」ためとされている（小出邦夫『逐条解説　法の適用に関する通則法（増補版）』（商事法務，2014年）108頁）。また，「類型的に同一の社会的機能をもち，同様な利益の展開が予想されるすべての契約が同じ抵触法的処理に服することになる」こと，「（当事者の力関係など）契約にかかわる外部的事情いかんにかかわらず，契約内容それ自体から準拠法を推定することが可能となる」こと，契約締結前においても予見することができること，特徴的給付の理論を採用する国が多いため判決の国際的調和に資すること，これらを挙げる立場もある（横山潤『国際私法』（三省堂，2012年）175頁）。

(2) 特徴的給付の解釈

通則法8条2項は，契約類型ごとの特徴的給付を具体的に明示しているわけではない。したがって，特徴的給付が何であるかという点は解釈に委ねられる。既述のように，売買契約，貸借契約，請負契約などのように特徴的給付がいずれの給付であるかほとんど異論のない契約類型もあるが，議論のある契約類型もある。例えば，販売代理店契約では，供給者は商品の供給債務を負い，販売代理店は商品の代金支払債務（売買契約型の販売代理店契約）あるいは商品の販売という委任事務の処理（委任契約型の販売代理店契約）を負うが，いずれの当事者の給付が販売代理店契約を特徴づけるかという点につき争いがある。

製作物供給契約においては，請負人が自ら材料を調達し，注文者の指示を受け，製造した製品を委託者に販売する。それゆえ，製作物供給契約を売買契約，請負契約のいずれとして理解すべきかという問題があるが，いずれと理解するにせよ，売買契約における特徴的給付の履行者（売主），請負契約における特徴的給付の履行者（請負人），これらは製作物供給契約では一致するため，結論としては特に問題は生じない。もっとも，製作物供給契約においては，単なる売買契約，請負契約とは異なり，注文者（買主）が製品の仕様等につき指示を行う。この点に注目すれば，製作物供給契約を特徴づける給付は注文者により履行されると考えることもできる。そのため，製作物供給契約における特徴的給付の履行者を請負人（売主），注文者（買主）のいずれと理解すべきか議論

がある。

　また，同様の性質を有する OEM（Original Equipment Manufacturing）契約上の特徴的給付についても議論がある。OEM 契約では，注文者の商標を付した製品を請負人が製造する。例えば，製造能力に欠ける注文者は，OEM 契約により，請負人に自社のブランド製品の製造を依頼する。OEM 契約には製作物供給契約の側面があり，製作物供給契約における特徴的給付につき指摘される問題がそのまま当てはまる。さらに，OEM 契約においては，注文者の商標を付した製品を請負人が製造し，注文者に販売するため，商標のライセンス契約の側面もあるとの考えも主張されている。その側面に注目すれば，金銭給付（ライセンス料の支払）の反対債務を履行すべきライセンサー，すなわち注文者（買主）が特徴的給付の履行者となる。さらには，特徴的給付を確定するにあたり，OEM 契約を一つの契約とみなした上で特徴的給付を探求すべきか，OEM 契約を製作物供給契約，商標のライセンス契約に分けた上で，それぞれの契約につき特徴的給付を探求すべきかという問題も生じる。このように，OEM 契約における特徴的給付に関しては様々な議論がある。

(3) 特徴的給付の理論に依拠しえない場合

　特徴的給付を確定することが理論上困難な契約類型も存在する。例えば，交換契約，共同事業契約（ジョイントベンチャー契約）のように，両当事者が同様の給付を履行すべき契約については，いずれの給付が特徴的給付であるか確定することができない。このような場合の代替的基準は一概に論じ得ず，事案の特性に応じて個別的に判断するほかはない。例えば，資本力や技術力の点で当事者間に大きな差があるときは弱者保護の観点から弱者の常居所地法によるとし，あるいは，それらが両者間で均衡しているときは，双方の常居所地法の累積適用などが考えられるかもしれない。

◆ 第3項　不動産を目的物とする法律行為の最密接関係地 (3項)

　「不動産を目的物とする法律行為」の最密接関係地は不動産の所在地であると推定される（通則法8条3項）。すなわち，不動産の売買契約，賃貸借契約等の成立，効力には，原則として，当該不動産の所在地法が適用される。ただし，不動産に関する請負契約（不動産の建築請負契約，修繕請負契約等）に関しては，3項ではなく2項により，特徴的給付の履行者たる請負人の常居所地が最密接関係地として推定されると解されている。

不動産を目的物とする契約の連結点が不動産の所在地とされるのはなぜか。不動産に関しては，不動産を目的物とする契約の成立，効力等，債権法上の論点とは別の問題として，不動産の物権に関する問題（例えば，物権の取得には登記が必要か，物権の侵害に対してどのような請求をすることができるかなど）があり，これには，通則法13条により，不動産の所在地法が適用される。不動産をめぐる物権準拠法と債権準拠法とを別々に定める場合，準拠法を適用した結果，規律の牴触が生じ得る。この矛盾を適応問題として事後的に処理することを認めれば，適応問題の表れ方により，適応問題の処理が多様化し，予見可能性を確保することが難しい。この点に配慮し，予見可能性を確保するため，両者の準拠法を事前に機械的に一致させ，不動産を目的物とする契約も不動産所在地法によるとする主張が生まれた。

◆ 第4項　最密接関係地に関する推定を覆す場合

(1) 回避条項（例外条項，是正条項）

通則法8条1項では法律行為は最密接関係地法によるとされ，同条2項，3項では具体的な地が最密接関係地として「推定」されるに過ぎない。推定の効果は，反対の事実の存在が証明されれば，生じない。推定を用いる場合，推定が覆される局面を併せ考える必要がある。ここに，反対の事実とは，原則的に連結すべき地よりもより密接な関係を有するその他の地があることをいう。原則的連結により形式的に最密接関係地とされる地よりも，実質的に最も密接な関係を有するその他の地がある場合，その他の地の法の適用を命じる規定を回避条項（例外条項，是正条項）とよぶ。その意義は，原則的に連結すべきとされる地への連結が適切ではないと思われる場合に，原則的連結からの回避を可能にし，牴触規則に柔軟性を持たせる点にある。通則法8条においても実質的には回避条項が規定されていると考えることができる。

(2) 考慮される事情

最密接関係地の判断において考慮すべき事情は様々議論されている。そのような事情の一つとして，密接な関係を有するその他の契約の存在がある。例えば，8条2項により，保証契約の最密接関係地は，特徴的給付の履行者たる保証人の常居所地と推定される。この推定を覆し，保証の対象たる債権（被保証債権）を生じさせた契約の準拠法所属国を最密接関係地とすべきか。この点について判断するためには，両契約の準拠法を一致させる政策的根拠（適応問題

の回避など）を問う必要があろう。また，保証契約ではなくあえて被保証債権の契約の準拠法に一致させる理由，被保証債権の契約当事者ではない保証人の予見可能性の保護などの点について検討しなければならない。なお，保証契約の最密接関係地を被保証債権の準拠法の国とすることには否定的な見解が多く，むしろそのような事情は黙示的合意の判断において考慮すべきとの見解もある。

◆ 第Ⅲ節 ◆　準拠法の変更（9条）

◆ 第1項　遡及効，将来効

　当事者は法律行為の当時において合意した準拠法を変更することができる（9条）。例えば，当事者が契約締結時にＡ国法を準拠法として選択した場合においても，その後，当事者が準拠法の変更を望めば，合意により準拠法をＢ国法に変更することができる。

　準拠法の変更に関して問題となるのは，その効力を将来効とすべきか，遡及効とすべきかという点である。例えば，当事者は契約締結時にＡ国法を準拠法として選択したが，その後，Ｂ国法に変更したとしよう。準拠法の変更に将来効を認めるに過ぎない場合，準拠法の変更以前に生じた法律問題に関してはＡ国法を適用し，変更以後に生じた法律問題に関してのみＢ国法を適用することになる。他方，準拠法の変更に遡及効を認める場合，準拠法の変更以前に生じた問題にもＢ国法を適用することになる。準拠法選択，準拠法変更を認める根拠は当事者意思の尊重にあるとすれば，将来効，遡及効のいずれを生じさせるかという点も当事者意思に委ねることになる。将来効，遡及効のいずれかという点につき当事者の合意がない場合，どのように判断すべきか。この点については争いがある。将来効のみ認めるべきとする立場は，遡及効は当事者の権利義務関係に大きな影響を与えるため，当事者の合意がない場合には将来効のみ認めるべきであるとする。他方，遡及効を認めるべきとする立場は，当事者は通常遡及効を想定して準拠法の変更を行うこと，事後的に変更された法により統一的に事案を規律すべきこと，これらを挙げている。

◆ 第2項　第三者の権利を害する場合（9条但書）

　準拠法の変更が第三者の権利を害する場合，変更を第三者に対抗することはできない（9条但書）。準拠法の変更が第三者の権利を害する場合とはどのよ

うな場合か。債権譲渡に関する以下の例を参考に考えてみよう。

　AB 間で売買契約が締結され，売主 A に商品の代金債権が生じたが，A はこの債権を第三者 C に譲渡した。C は B に債務の履行を請求している。なお，AB は売買契約の準拠法を契約締結時に P 国法としていたが，A による債権譲渡の後に Q 国法に変更した。P 国法によれば当該債権の消滅時効は完成していないが，Q 国法によれば当該債権の消滅時効は完成している。債権譲渡の債務者に対する効力は譲渡債権の準拠法によるため（23 条），債権の譲受人 C が債務者 B に債務の履行を請求できるかという点は AB 間の売買契約の準拠法による。上記の例では，売買契約の準拠法が P 国法から Q 国法に変更されている。このような準拠法の変更の効力を売買契約の第三者たる C に対しても認めれば，C の権利は害されることになる。というのも，変更前の準拠法たる P 国法によれば売買契約の債権は時効により消滅していないが，変更後の準拠法たる Q 国法によれば債権は時効により消滅してしまっているからである。

◆ 第Ⅳ節 ◆ 法律行為の方式（10 条）

　通則法においては，「法律行為の方式」（10 条）は「法律行為の成立」（7 条，8 条）の問題とは別に規定されている。「法律行為の方式」とは，「法律行為において当事者がその意思を表現すべき方法ないしは法律行為の外部的形式」（山田鐐一『国際私法（第 3 版）』（有斐閣，2004 年）283 頁）と説明される。具体的には，契約の成立に書面や捺印が必要かといった問題を指す。（もっとも，申込に対する沈黙は黙示の承諾となるかという問題も，「法律行為において当事者がその意思を表現すべき方法ないしは法律行為の外部的形式」に該当するように思われるが，「法律行為の方式」ではなく，「法律行為の成立」の問題として一般に扱われている。）

　法律行為の方式には法律行為の成立の準拠法が適用される（10 条 1 項）。ただし，法律行為の方式は行為地法により有効であればよいとされる（同条 2 項）。すなわち，法律行為の方式には選択的連結が採用されており，その成立の準拠法（7 条，8 条），行為地法のいずれかにより有効となればよい。例えば，契約準拠法たる A 国法によれば書面が必要であるが，契約締結地法たる B 国法によれば書面は不要とされている場合，契約が書面化されていなかったとし

ても，B 国法により当該契約はその方式上成立する。

　隔地的法律行為については 10 条 3 項，4 項が規定している。異なる法域に所在する者に対する意思表示は，法律行為の成立の準拠法または通知を発した地の法のいずれかにより有効であればよい（3 項）。例えば，異なる国に所在する者への契約の取消の意思表示は，当該契約の準拠法，取消の通知を発した地の法，これらのいずれかにより，その方式上有効であればよい。異なる国に所在する当事者間で締結された契約は，契約準拠法，申込の通知を発した地の法，承諾の通知を発した地の法，これらのいずれかにより，その方式上有効であればよい（4 項）。

　法律行為の方式に関して，法律行為の成立の準拠法に加えて，行為地法が選択的に適用されるのはなぜか。その理由は契約を可能な限り方式上有効にしようという牴触法上の政策的判断にある。また，その理由は契約成立に関する当事者の便宜にも求められる。例えば，契約準拠法たる A 国法によれば契約の成立には A 国の公的機関への届出が必要であるが，行為地法（契約締結地法）たる B 国法によれば必要でないとされる場合，行為地法の B 国法に依拠した契約は方式上有効であるとすれば，契約を成立させることが当事者にとってより容易になり，契約成立に関する当事者の便宜を図ることになる。

　なお，動産，不動産に関する物権，その他の登記をすべき権利を設定，処分する法律行為の方式は，端的にその成立の準拠法による（5 項）。すなわち，選択的連結は採用されていない。例えば，不動産の売買契約に書面を要するか否かという点は，当該契約の準拠法，すなわち，当事者が合意した地があればその法（7 条），合意がなければ不動産の所在地法（8 条）によってのみ判断される。

課題

1　消費者契約，労働契約では当事者自治に一定の制限がかけられている。当事者自治に何らかの制限をかけるべきその他の契約類型はあるか。

2　特徴的給付の理論を適用すべきか否か検討の余地のある契約類型はあるか。
　（競売における動産の売買契約に関するローマ I 規則 4 条 1 項 g 号，賃借人が自然人であり，共通常居所地を有する当事者間の不動産の短期間の賃貸借

契約に関する同規則 4 条 1 項 d 号等参照）

3 準拠法の変更に関して，明示的合意のみならず，黙示的合意も認める
べきか。

〈参考文献〉

櫻田嘉章・道垣内正人編『注釈国際私法 第 1 巻』（有斐閣，2011 年）179-249 頁
山田鐐一『国際私法（第 3 版)』（有斐閣，2004 年）271-290 頁
横山潤『国際私法』（三省堂，2012 年）139-150 頁，161-178 頁
小出邦夫『逐条解説 法の適用に関する通則法（増補版)』（商事法務，2014 年）
77-132 頁
寺井里沙『国際債権契約と回避条項』（信山社，2017 年）

第**11**章 法律行為(2) ── 特則及び売買

◆ 第Ⅰ節 ◆ 消費者契約（11条）

◆ 第1項 準拠法選択がある場合（1項）

　既述のように，当事者は法律行為時または事後的に準拠法を選択することができる（通則法7条，9条）。しかし，消費者契約につき当事者自治の原則をそのまま適用すると，事業者が圧倒的な情報力，交渉力を行使し，普通取引約款の採用により自らに有利な準拠法を消費者に強要することが可能になる。したがって，消費者契約に関しては，消費者保護のために当事者自治に制限をかける必要がある。法例のもとでは，消費者契約に関する特則がなかったため，消費者保護のための様々な解釈論が展開されていた。そうした議論を背景に，通則法では，消費者契約に関する特則が11条に規定されることになった。

　消費者契約についても原則として当事者自治の原則（7条，9条）が適用されるものの，消費者の常居所地法中の強行規定の適用が担保されている（11条1項）。もっとも，その要件として，「消費者がその常居所地法中の特定の強行規定を適用すべき旨の意思を事業者に対し表示」することが求められる。11条1項について理解するために以下の例を考えてみよう。

　消費者と事業者の間で通信販売による売買契約が締結され，その準拠法としてA国法が選択された。しかし，その後，消費者は事業者に対して契約の解除を通知した。A国法によれば消費者による解除が認められる期間は既に経過していたが，消費者の常居所地法たるB国法の強行規定によれば解除期限は過ぎていなかった。この場合，当該消費者契約の解除の可否という論点には原則として当事者が選択したA国法が適用される。しかし，消費者が，自らの常居所地法たるB国法上の当該強行規定の適用を事業者に対して表示した場合，契約の解除が認められる。

　当事者が選択した法，消費者の常居所地法，これら両者における消費者契約に関する強行規定を特定し，いずれが消費者保護に資するかという点を比較す

ることは負担を要する作業である。その他の立法例と比較すると，例えば，消費者契約に関するローマⅠ規則6条は，通則法と同様に消費者の常居所地法中の強行規定の適用を担保するが，通則法とは異なり消費者にそのような負担を課していない。これに対し，通則法がそのような負担を消費者に課すのは，その負担を裁判官に課せば訴訟遅延につながるためと立法上説明されている。

◆ 第2項　準拠法選択がない場合（2項）

　通常の契約においては，準拠法の合意がなされていない場合，最密接関係地法が適用される（8条1項）。そして，不動産を目的物としない契約については特徴的給付の履行者の常居所地が最密接関係地と推定され，不動産を目的物とする契約については不動産の所在地が最密接関係地と推定される（8条2項，3項）。しかし，消費者契約には，消費者保護の観点から，端的に消費者の常居所地法が適用される（11条2項）。消費者の常居所地は最密接関係地の「推定」として規定されているわけではないため，公序条項などの一般条項の適用がない限り，消費者の常居所地法の適用が覆されることはない。

◆ 第3項　方　式（3項〜5項）

　消費者契約の実質面における保護は以上のように11条1項，2項により担保されているが，方式面における保護は同条3項〜5項により担保されている。

　原則として，法律行為の方式については選択的連結が採用されている（10条）。方式について選択的連結が採用されているのは，既述のように，法律行為を可能な限り方式上有効にするという牴触法上の政策的判断があるためである。しかし，消費者契約に関しては，可能な限り契約を方式上有効にすることは，消費者保護に反する。したがって，11条3項から5項において以下の特則が設けられている。

　消費者の常居所地法以外の法が準拠法として合意された場合，消費者が方式につき自らの常居所地法中の特定の強行規定を適用すべき意思を事業者に表示すれば，当該強行規定が適用される（3項）。消費者の常居所地法が準拠法として選択された場合，方式についてももっぱら消費者の常居所地法を適用すべき旨を消費者が事業者に表示すれば，消費者の常居所地法によってのみ方式の有効性が判断される（4項）。消費者の常居所地法以外の法が準拠法として選択された場合，消費者はその常居所地法中の「特定の強行規定」の適用意思を

表示しなければならないのに対し，消費者の常居所地法が選択された場合，消費者は方式につきもっぱら自らの常居所地法による旨を表示すれば足りる。準拠法選択のない場合，消費者の常居所地法が準拠法として選択された場合と同様に，消費者の常居所地法によってのみ方式の有効性が判断される（5項）。

◆ 第4項　適 用 対 象（6項）

　消費者契約といえども消費者保護が不要であると考えられる場合もある。6項は，そのような場合として，①消費者が能動的消費者である場合（1号，2号），②事業者が消費者の常居所地または相手方が消費者であることを知らず，知らなかったことに相当な理由がある場合（3号，4号），これらを規定し，消費者保護のための既述の特則を適用しない旨規定する。

　能動的消費者とは，自ら外国に赴いて契約を締結する消費者（1号），または，外国において債務の履行の全部を受ける消費者（2号）を指す。能動的消費者は，自らの常居所地法とは異なる法が適用されるリスクを甘受すべきとの政策的判断により，通則法上の消費者保護の対象から外されている。もっとも，事業者が消費者の常居所地において勧誘した結果，消費者が外国に赴いて契約を締結し，あるいは，外国において債務の履行の全部を受けることになった場合には，消費者保護のための特則が適用される（1号，2号但書）。例えば，語学留学を希望する消費者が外国の語学学校と受講契約を締結した場合，消費者がその常居所地において外国の語学学校から勧誘を受けていないのであれば，消費者保護のための特則は適用されない。他方，消費者がその常居所地においてそのような勧誘を受けていたのであれば，消費者保護の特則が適用される。

　なお，事業者のいかなる行為が「勧誘」に該当するかは解釈問題である。むろん，通則法上の「勧誘」の概念は，牴触法上の概念であり，国内実質法たる消費者契約法上の「勧誘」の概念とは別個のものである。それゆえ，必ずしも両者が一致する必要はない。しかしながら，通則法上の「勧誘」の概念について検討する際に，消費者契約法上の議論を参考とすることは許されよう。そこで，消費者契約法上の「勧誘」の概念に関する議論を参照すると，「勧誘」とは特定の個人に向けられた行為（特定の個人に対する，電話，メール等を使った宣伝活動）のみを意味するか，不特定多数に向けられた行為（不特定多数が閲覧できるウェブサイト上の宣伝活動）をも意味するか議論がある。それでは，通則法上の「勧誘」は，特定の個人に対する宣伝活動のみを意味するか，不特定多

数に対する宣伝活動をも意味するか。この点，立法担当者は，「具体的な契約締結に向けての電話，ダイレクトメール等の個別的な勧誘」を意味すると説明している（小出邦夫『逐条解説　法の適用に関する通則法（増補版）』（商事法務，2014年）141頁）。もっとも，不特定多数に対する宣伝活動であっても，「勧誘」に該当する余地があるとする見解も呈されている。

◆ 第5項　強行的適用法規

　強行的適用法規とは，国家の公益，社会政策の観点から，準拠法の如何を問わず適用されるべき強行規定である。各国は消費者保護に関する強行規定を実質法レベルにおいて定めているが，消費者保護が国家の公益，社会政策と密接に関連するとすれば，いかなる国のいかなる強行規定を強行的適用法規として適用すべきかが問題となる。第三国の強行的適用法規の適用には議論があるものの，少なくとも法廷地の強行的適用法規の適用に関してはほとんど異論がない。それでは，日本の消費者契約に関する実質法のうち，いかなる強行規定を強行的適用法規とすべきか。この点は解釈に委ねられている。罰則や行政処分が付されているかを判断基準とする立場によれば，例えば，割賦販売法，特定商取引法は強行的適用法規であるが，消費者契約法は強行的適用法規でない。

◆ 第Ⅱ節 ◆ 労 働 契 約（12条）

◆ 第1項　準拠法選択がある場合（1項，2項）

　通則法上，労働者の牴触法上の保護の観点から，労働契約に関する特則が設けられている。したがって，通則法上の「労働契約」の概念については，契約の名称等の形式的な観点からではなく，牴触法上の保護に値するか否かという実質的な観点から判断しなければならない。通則法の立案過程においては，労働契約は，①労務の提供を内容とする契約であること，②労働者が使用者の指揮命令に服して労務を提供すること，③労働者が労務の供給の対価として報酬を得ること，これらを要素とするとされている（法務省民事局参事官室「国際私法の現代化に関する要綱中間試案補足説明」別冊NBL編集部編『法の適用に関する通則法関係資料と解説』（商事法務，2006年）148頁）。したがって，契約の名称が形式上，委任契約，請負契約とされている場合であっても，一方の当事者が他方の当事者の指揮命令に服し，業務を遂行するための裁量が与えられていな

いような場合には，通則法上，労働契約として取り扱われる。

　労働契約にも当事者自治の原則（7 条，9 条）が適用される。ただし，消費者契約における消費者，事業者の関係と同様に，労働契約における労働者，使用者の間にも交渉力，情報力の格差がある。したがって，いかなる法が選択されようとも，労働契約と最も密接な関係を有する地の法の強行規定の適用が担保されている（12 条 1 項）。もっとも，その要件として，そのような特定の強行規定を適用すべき旨を労働者が使用者に対して表示することが求められる。こうした負担を労働者に課す理由は，消費者契約の場合と同様に，その負担を裁判官に課せば訴訟遅延につながる点にあると立法上説明されている。12 条 1 項所定の労働者の意思表示により，最密接関係地法たる日本法上の強行規定を適用した裁判例として，東京地判平 28・5・20 Westlaw Japan 文献番号 2016WLJPCA05208002，東京地判平 28・9・26 ジュリ臨増 1518 号 312 頁（平 29 重判）がある。

　以上のように，労働者が適用の意思を示せば，労働契約の最密接関係地法上の特定の強行規定が適用される。労働契約の最密接関係地は，労働契約に関する特則として，労働者が労務を提供すべき地と推定される（12 条 2 項）。労務提供地を特定できない場合には，労働者を雇い入れた事業者の所在地と推定される。労務提供地を特定できない場合とは，労働者が労務を提供する地が複数あり，そのいずれが主たるものか判断が難しい場合である。

　労働契約の最密接関係地として労務提供地が推定されるのは，労働者保護のためである。労務提供地は労働者の常居所地と一致することが多く，労働者が法律情報にアクセスしやすい地である。また，使用者も労務提供地法の適用を通常予見していると考えられ，労働者，使用者の双方の予見可能性の保護の観点からも，労務提供地を最密接関係地と推定することが肯定される。

　もっとも，労務提供地は最密接関係地の「推定」であるため，その他の地が最密接関係地となり得る。いかなる場合にその他の地を最密接関係地とすべきかは解釈に委ねられている。労働契約に関する特則が労働者保護という政策的判断に基づく点を踏まえれば，労務提供地法の適用が労働者の牴触法上の保護に反する場合（労働者が労務提供地法の適用を予見することが難しい場合）に推定を覆すべきことになろう。具体例としては，海外出向を命じられ，海外において労務を提供していたが，日本本社の具体的な指揮命令等に服し，日本本社の就業規則に従って日常的に労務を提供していたような場合，労務提供地法の適

用が労働者の牴触法上の保護に反するか否か検討する余地が生じよう。

◆ 第2項　準拠法選択がない場合（3項）

　準拠法選択がない場合，その他の契約と同様，労働契約も最密接関係地法による（8条1項）。労働契約の最密接関係地は特則により労務提供地と推定される（12条3項）。このような特則が規定されるのは，準拠法選択がある場合に関して説明したように，牴触法上の労働者保護の観点からである。

◆ 第3項　方　式

　消費者契約とは異なり，労働契約には方式に関する特則がない。すなわち，労働契約の方式には通則法10条が適用され，労働契約はその成立の準拠法，契約締結地法（隔地的契約の場合には申込地法または承諾地法），これらのいずれかにより方式上有効であればよい。

◆ 第4項　適 用 対 象

　労働契約に関する12条の特則の適用対象は，労働契約の成立，効力である。労働契約の成立に関する問題としては，内定取消により労働契約の成立を否定できるかといった問題がある。また，労働契約の効力に関する問題としては，配属先，勤務先の変更を労働者は拒否できるか，いかなる手続により労働契約を変更できるか，いかなる場合に解雇できるか，などの問題がある。

　労働契約に関する特則を適用すべきか議論のある問題もある。例えば，ある契約が労働契約とは別個に締結されたが，労働契約と密接な関連を有する場合，12条の適用の有無が問題となる。労働者の研修，能力開発のための留学費用を使用者が拠出するという契約が労働契約とは別個に締結されたが，労働者が帰国後間もなく退職した事案において，使用者は留学費用の返還を求めることができるか。また，退職後の競業避止義務，守秘義務に関する契約が労働契約と別個に締結された場合，当該契約は有効か。12条の目的は交渉力，情報力に格差のある労働者の保護にあるとすれば，労働契約とは形式上別個に締結されたとしても，以上の場合には12条を適用すべきであろう。

　使用者と労働組合との間に締結される労働協約の成立，効力には，12条が適用されるべきか。この点，使用者と労働組合の間における交渉力，情報力の格差が，労働契約上の使用者と労働者の間のそれに相当するほどのものか否か

等を考慮する必要がある。なお，使用者，労働組合の規模は様々であるため，両者の交渉力等の格差について判断する際には，具体的事案に応じた場合分けが必要となるだろう。また，両者間の交渉力等に格差がない場合においても，労働協約が労働契約の内容に与える影響を考慮すれば，12 条の適用可能性について検討する意義があると思われる。

◆ 第 5 項　強行的適用法規

法廷地たる日本の労働法のうち，いかなる規定を強行的適用法規として適用すべきか。この点は解釈に委ねられている。罰則の有無を判断基準とする立場によれば，労働基準法，最低賃金法は強行的適用法規であるが，労働契約法は強行的適用法規ではない。

◆ 第Ⅲ節 ◆　売 買 契 約

◆ 第 1 項　国際物品売買契約に関する国際連合条約（CISG）

⑴ 概　要

売買契約（不動産を目的物とする場合を除く）は，その他の契約と同様に，準拠法選択があればその法により（7 条），準拠法選択がなければ原則として特徴的給付を履行すべき当事者（売主）の常居所地法による（8 条 1 項，2 項）。ただし，売買契約に関して留意しなければならないのは，国際物品売買契約に関する国際連合条約（ウィーン売買条約）（United Nations Convention on Contracts for the International Sale of Goods，以下 CISG）の適用可能性である。CISGは国際物品売買に関する実質法上の統一法である。締約国は 90 か国（2019 年 3 月時点）にのぼり，実質法レベルの統一法として広く普及している。日本も2008 年に加入し，2009 年 8 月 1 日から発効している。主要国の多く（アメリカ，カナダ，ドイツ，フランス，中国，韓国，ロシアなど）が加入しているが，イギリスは加入していない。

⑵ 適 用 対 象

CISG は，第一部（適用範囲，総則），第二部（契約の成立），第三部（売買に関する総則，売主，買主の義務，危険の移転），第四部（条約の手続等）から構成されている。物権，契約の有効性は適用対象外である（4 条）。また，消費者契約や船舶，航空機の売買も適用対象外である（その他の適用対象外の事項につ

いては 2 条参照)。

　CISG と日本民法はどのような点において異なるか。日本では，2017 年 5 月26 日に「民法の一部を改正する法律」が成立し，2020 年 4 月 1 日から施行される。債権法の改正過程では「国際的な動向と調和した民法」が一つの指標とされ，CISG が明示的に意識された。その結果，両者の相違点は従来よりも縮小することになった。例えば，CISG が承諾に関して到達主義を採用するのに対し（18 条 2 項），改正前民法は発信主義を採用していたが（526 条 1 項），債権法改正により日本も到達主義を採用することになった（改正前民法 526 条 1 項の削除）。また，改正前民法によれば，履行不能が債務者の帰責事由に基づかない場合には契約を解除できなかったが（543 条），債権法改正により，CISG（49 条 1 項）と同様に，債務者の帰責事由がない場合でもあっても契約を解除できることになった（541 条，542 条，543 条）。他方，債権法改正によっても CISG との相違が維持された点もある。例えば，承諾期間の定めのない申込がされた場合，CISG によれば申込は撤回可能であるが（16 条），民法によれば相当の期間が経過しない限り撤回不可能である（改正前民法 524 条，改正民法 525 条 1 項）。

(3) 適 用 範 囲

　いかなる売買契約を「国際売買契約」として理解するか。この点は条約，各国の国内法により異なるが，CISG は異なる国に営業所を有する当事者間の売買契約を適用対象としている（1 条 1 項）。こうした国際売買契約につき，①当事者の営業所所在国がいずれも締約国である場合（1 条 1 項 a 号），または，②締約国たる法廷地の国際私法により締約国の法が指定される場合（1 条 1 項 b 号），これらの場合に CISG が適用される。例えば，①の例としては，日本を法廷地とする訴訟において，日本（締約国）に営業所を有する A 社とアメリカ（締約国）に営業所を有する B 社の間の売買契約が争われている場合を考えることができる。また，②の例としては，日本を法廷地とする訴訟において，日本に営業所を有する A 社とイギリス（非締約国）に営業所を有する B 社の間の売買契約の成否が争われているが，通則法により締約国の法が準拠法として指定される場合を考えることができる。なお，CISG の規律対象に含まれない事項に関しては通則法により準拠法を決定する。

　ただし，締約国は 1 条 1 項 b 号の場合（上記の②の場合）に関して CISG の適用を留保することができる（95 条）。アメリカはこのような留保を宣言して

いる。

　CISG の適用範囲は以上のように規定されるが，その適用範囲には解釈の余地が残されており，必ずしも一義的に明らかなわけではない。

　まず，CISG は異なる国に営業所を有する当事者間の売買契約に適用されるが，「営業所」の概念に解釈の余地が残されている。この点について理解するために以下の例を考えてみよう。

　売主の A 社は日本に営業所を有する日本企業であり，買主の B 社は韓国（締約国）に営業所を有する韓国企業である。ただし，A 社は日本だけでなく韓国にも営業所を有している。このように，当事者が複数の国に営業所を有する場合，いずれの営業所を CISG 所定の「営業所」と理解すべきか。CISG は，当事者が複数の営業所を有する場合，「契約およびその履行に最も密接な関連を有する営業所」を「営業所」とする（10 条 a 号）。したがって，A 社の日本および韓国の営業所のうち，「契約およびその履行に最も密接な関連を有する営業所」は韓国の営業所であると判断されれば，日本企業と韓国企業の間の売買契約であっても，同一の国（韓国）に営業所を有する当事者間の売買契約として CISG の適用が否定される。このように，「契約およびその履行に最も密接な関連を有する営業所」の解釈に CISG の適用は左右される。

　また，1 条 1 項 b 号の留保の意味にも解釈の余地が残されている。アメリカを法廷地とする訴訟において，アメリカ国際私法により日本法が準拠法として指定された場合について考えてみよう。アメリカは 1 条 1 項 b 号による CISG の適用を留保しているため，CISG は適用されないとの考えもある（CISG を法廷地法として理解する立場）。他方，日本法が準拠法となるのであれば，日本は CISG の締約国であるため，日本の実質法として CISG が適用されるとの考えもある（CISG を準拠法たる外国法として理解する立場）。さらに，日本を法廷地とする訴訟において，通則法によりアメリカ法が準拠法として指定された場合について考えてみよう。アメリカは締約国であるため，1 条 1 項 b 号の要件が充足され，CISG が適用されるとの考えもある（CISG を法廷地法として理解する立場）（留保の相対的効力）。他方，アメリカは 1 条 1 項 b 号による CISG の適用を留保しており，1 条 1 項 b 号の要件が充足される場合においても CISG を適用しないことを踏まえれば，アメリカ法が準拠法となる場合には CISG は適用されないとの考えもある（CISG を準拠法たる外国法として理解する立場）（留保の絶対的効力）。

以上のように，CISG の適用範囲には解釈の余地が残されている。また，適用範囲に限らず，CISG の条文を具体的にどのように解釈し適用するかは締約国によって異なる点に留意する必要がある。

(4) 当事者の合意による適用排除，任意法規性

当事者は合意により CISG の適用を完全に排除することができる（6 条）。もっとも，単に「日本法を準拠法とする」と合意しただけでは，日本は CISG の締約国であるため，CISG が適用される可能性がある。したがって，CISG の適用を排除するためには，解釈の余地が残されないような明確な表現において合意する必要がある。

また，CISG の適用を完全に排除しない場合においても，CISG の諸規定は任意規定であるため，CISG とは異なる内容を契約条件とすることができる。

◆ 第 2 項 インコタームズ

インコタームズは牴触法ではないが，国際物品売買契約において広く用いられている慣行があるため説明する

インコタームズ（International Commercial Terms, INCOTERMS）は国際物品売買契約に関する貿易条件である。国際商業会議所（International Chamber of Commerce；ICC）により 1936 年に初めて作成された。その最新版は 2020 年版である。インコタームズは国家法ではなく，当事者間の合意として採用され得るソフトロー（法的な強制力がないにもかかわらず，現実の経済社会において国や企業が何らかの拘束感をもって従っている規範）の一種である。それゆえ，条約，国家法の強行規定に反しない範囲で適用される（契約自由の原則）。通則法が指定する準拠法あるいは CISG が適用されるにせよ，売買契約に関する規律の多くは任意規定であるため，当事者が契約条件として合意したインコタームズが重要となる。

インコタームズ（2020 年版）は，11 種類の貿易条件を規定しており，当事者はその中から自らの取引に適したものを自由に選択することができる。インコタームズ所定の各貿易条件は，運送・保険の手配，引渡方法，危険の移転など 10 項目について規定している。最もよく用いられる貿易条件は FOB 条件，CFR 条件，CIF 条件であり，日本の貿易取引の 95% において用いられているとされる。当事者が FOB 条件を選択した場合，買主が運送のための船舶を手配し，その費用を負担しなければならない。他方，当事者が CFR 条件，CIF

条件を選択した場合，売主が船舶を手配し，その費用を負担しなければならない。CIF 条件ではさらに売主が保険の手配，費用負担も行う。これら三つの貿易条件は，危険の移転，引渡方法の点では共通しており，物品の引渡時に危険が売主から買主に移転し，引渡は本船上でなされることになっている。

◆ 第Ⅳ節 ◆　任 意 代 理

　本人と代理人の間で締結される代理契約（授権行為）は，その他の契約と同様に「法律行為」として，通則法 7 条以下の牴触規則に服する。

　代理人が本人のために相手方と締結する契約（代理行為），本人と相手方の関係，これらは密接に関連するため，同一の法に依拠すべきであるとされる。例えば，代理行為の準拠法たる A 国法によれば有効に代理関係が生じるが，本人と相手方の関係を規律する B 国法によれば無権代理が生じるとしよう。この場合，相手方は，B 国法により本人に契約責任を追及することができず，かつ，A 国法により代理人に無権代理の責任を追及することもできない。こうした結果を回避するために，両者は同一の法によるべきであるとされる。

　それではいかなる法によるべきか。この点については学説上様々な見解が主張されている。原則として代理契約の準拠法によるが代理行為地法上の制限を受けるとする説，単に代理行為地法による説，代理行為の準拠法による説などがある。

　代理契約の準拠法によるとすれば，代理契約の当事者ではない相手方は，代理行為に関して準拠法を選択することができない。他方，代理行為地法によるとすれば，代理行為の当事者ではない本人は，代理契約に関して準拠法を選択することができない。取引の相手方の利益を考慮するという意味での取引の安全の観点からは，代理行為地法が望ましい。

課題

　1　通則法上，消費者の常居所地法の強行規定を適用するためには，消費者がそのような強行規定を特定し，その適用を主張しなければならない。消費者のそのような主張に一部誤りがあった場合（例えば，当該強行規定の効果は取消であるところ，無効と誤って主張した場合）においても，消費者の常居所地法の強行規定の適用を否定すべきか。

2 牴触法上の消費者保護のためには，通則法上の現行の規制（消費者の
常居所地法中の強行規定の適用担保）以外にどのような規制が考えられ
るか。（例：当事者自治の完全な排除）

3 職務発明に関する契約（例えば，従業員と会社との間で交わされる，特許
を受ける権利の会社への譲渡契約）は，通常の契約（7条）として性質決
定されるべきか，あるいは，労働契約（12条）として性質決定される
べきか。（最判平18・10・17民集60巻8号2853頁，知財高判平21・2・
26判タ1315号198頁）この点について判断する際，従業員と会社の力
関係に応じた場合分けが必要か。通常，個人たる従業員よりも企業が
優位な立場にあるが，高度な専門的知識を有するごく少数の人材（近
時においては，例えば自動運転技術に関する最先端の知識を有するプログラ
マー等）をめぐり，企業が熾烈な競争を繰り広げている場合，必ずし
も企業が優位な立場にあるとはいえない。

〈参考文献〉
櫻田嘉章・道垣内正人編『注釈国際私法 第1巻』（有斐閣，2011年）230-291頁
横山潤『国際私法』（三省堂，2012年）178-199頁
高桑昭『国際商取引法（第3版）』（有斐閣，2011年）73-123頁
山内惟介『21世紀国際私法の課題』（信山社，2012年）3-113頁
長田真里「日本におけるCISGの適用」国際私法年報12号（2010年）83頁以下
小出邦夫『逐条解説 法の適用に関する通則法（増補版）』（商事法務，2014年）
　132-162頁
法務省民事局参事官室「国際私法の現代化に関する要綱中間試案補足説明」別冊
　NBL編集部編『法の適用に関する通則法関係資料と解説』（商事法務，2006年）
　148頁

第**12**章 法律行為(3) ── 物品運送

◆ 第Ⅰ節 ◆ 総　説

　国際運送は国を異にする地点間の運送である。国際運送では国内の商慣習とは異なる商慣習があり，統一法，統一規則，標準契約書式が作成されている。一定の類型の国際運送については条約によって運送人の責任等に関する統一法が作成され，牴触規定を介さずに直接適用されるものもある。

　運送の態様は，運送手段により海上運送，陸上運送，航空運送があるが，わが国の国際運送は海上運送，航空運送である。

　日本は大量の原材料の輸入，および自動車をはじめとする製造物の輸出量が多く，コスト負担の面から，海上運送の占める割合が航空運送よりも多い。ただし，時代とともに運送体系が変化してきており，これらの運送形態を組み合わせた複合運送の割合も増加している。個々の運送形態については，それぞれにおいて背景となる取引の実状，各国の法令，条約や統一規則等制定の経緯，具体的に使用する書類の種類やその法的位置づけが異なることに注意を要する。本章ではこうした貿易取引における主な運送契約の概要について述べる。

◆ 第Ⅱ節 ◆ 海 上 運 送

◆ 第1項　海上運送の種類

　海上物品運送は船舶による物品の引き受けから，引き渡しまでの過程すべてをいう。国際海上運送とは，ある国の港から他の国の港までの船舶による物品の運送である。荷主（荷送人）と運送を引き受ける運送人との間の運送契約にもとづく。船舶所有者から船舶を賃借した者が運送を行うため，船舶所有者のみが運送契約をするとは限らず，また，運送契約当事者が下請けを利用するため，契約運送人と実際の運送人が異なる場合もある。

　海上運送の契約には船舶の全部または一部を貸し切って船積みされた物品を

運送することを約する傭船契約と個別の物品の運送を引き受けることを約する
個品運送契約がある。

（1）傭 船 契 約

傭船とは，自己以外の者が所有しまたは使用する船舶を利用することをいう。
傭船契約は船舶所有者が，傭船者に対して船腹の全部または一部を提供し，
傭船者がこれに報酬（運送賃＝傭船料）を支払うことを約する海上運送契約で
ある。傭船契約の当事者は船舶所有者とそれを賃借する者（傭船者）である。
船全体（一部）を賃借することから，石油，石炭などの大量の原材料，自動車
等の物品貨物を輸送する場合に用いられる。傭船契約は，傭船の範囲や契約期
間等の要素により以下に分類される。

① 裸傭船契約

裸傭船契約は傭船者が船舶所有者から船舶をそのまま賃借する契約である。
契約の当事者は船舶所有者（船舶賃貸人）と裸傭船者（船舶賃借人）である。借
主は船舶の所有者と同様の立場で，艤装（原動機や室内外の各種装備などを船体
に取り付ける工程）し，船長，船員の手配をする。船舶賃貸借契約は標準契約
書式により行われる（図1）。

【図1】

裸傭船契約

船舶所有者
（船舶賃貸人）　　　船舶の賃貸借契約　　　裸傭船者
（船舶賃借人）

② 航海傭船契約

航海傭船契約は，船舶所有者が船員を配乗し，運行費用を負担し船舶の全部
または一部を荷主（傭船者）に提供し，そこに船積みされた貨物を運送するこ
とを約束し，航海傭船者が船舶所有者に傭船料を支払う契約である（図2）。
契約の当事者は船舶所有者（運送人）と航海傭船者（荷送人）である。

【図2】

航海傭船契約

船舶所有者
（運送人）　　　物品の海上運送契約　　　航海傭船者
（荷送人）

③ 定期傭船契約

　定期傭船契約は，船舶所有者が，一定期間に限って傭船者に対し，船長，船員を配乗させた船舶の利用に委ね，定期傭船者は燃料代ほか船舶にかかる費用を負担し，自己の海上運送のために利用し，その対価として船舶所有者に定期的に傭船料を支払う契約である（図3）。契約の当事者は，船舶所有者と定期傭船者である。定期傭船契約の法的性質は，本契約も運送契約の一類型とする運送契約説と船舶の賃貸借契約に船員の労務提供契約を加えた混合契約であるとする説がある。

　定期傭船契約における法律上の問題としては，上記のとおり船舶所有者と定期傭船者間の定期傭船契約それ自体の法的性質決定の問題，すなわち運送契約か混合契約かという問題がある。また，定期傭船においては両者が船舶の運航と運送に関与するため，貨物の損害，船荷証券所持人に対する責任はいずれが負うべきかいう問題については上記契約の性質により結論が異なる。定期傭船契約を運送契約と解すると，船舶所有者が責任を負うが，混合契約説をとると定期傭船者が責任を負うこととなる。

【図3】　定期傭船契約

船舶所有者　───────────────→　定期傭船者

船舶＋船員の利用契約

【判例】貨物船ジャスミン号事件（最判平10・3・27民集52巻2号527頁　判時1636号18頁，判夕972号98頁）「定期傭船契約の下で発行された船荷証券上の運送人は定期傭船者ではないとされた事例」

　傭船者の代理店が「船長に代わって」の文書の表示に下に署名をした場合，貨物の損傷について，船荷証券の所持人に対する運送責任の主体は定期傭船者か船舶占有者であるかが争われたもの。

　最高裁では，「いわゆるニューヨーク・プロデュース書式等に基づく定期傭船契約によって傭船されている船舶が運送の目的で航海の用に供されている場合において，同船舶に積載された貨物につき船長により発行された船荷証券については，船舶所有者が船荷証券に表章された運送契約上の請求権についての債務者となり得るのであって，船荷証券を所持する第三者に対して運送契約上の債務を負担する運送人が誰であるかは，船荷証券の記載に基づいてこれを確定することを要するものと解するのが相当である。」と判示した。

(2) 個品運送契約

個品運送契約は，海上運送人が個々の物品を備船の方法によらずに運送することを約し，荷主が運送費を運送人に支払うことを約する契約である。船舶を満載にできるほどの数量の貨物がなく，船を借り切るコストに見合わないときに締結する契約である。備船か個品運送とするかは，運送品の種類，性質，数量，形態，船舶の種類，時期，運賃等で異なる。

個品運送契約は，一定の航路においてあらかじめ公表された日程と運賃率表にしたがい定期的に発着する定期船による運送において行われる。運送人が荷送人の請求に基づいて船荷証券を発行し，その裏面に示された定型的な運送約款により，不特定多数の荷送人の大量の権利関係を処理する。

運送人は自ら船舶を所有する必要はなく，船舶を運行する者であることを要せず，荷主との間で運送を約した者が運送人となる。

◆ 第2項　船荷証券統一条約と国際海上物品運送法

(1) 海上運送の法規範

国際海上物品運送に関する法規範は，条約，統一規則および標準契約書式の約款，関係国の国際私法，そして準拠法として指定された各国の国内実質法である。

条約には1924年の「船荷証券に関するある規則の統一のための国際条約（船荷証券統一条約 ハーグ・ルールズ）」と，それを修正した1968年の改正議定書（ハーグ・ウィスビー・ルールズ），1978年の国際連合国際海上物品運送条約（ハンブルク・ルールズ），ハーグ・ウィスビー・ルールズと金の公定価格の廃止に伴って賠償限度の基準通貨としてIMFの特別引出権（Special Drawing Right；SDR）を採用した1979年の議定書がある。わが国は1957年にハーグ・ルールズを批准し，国内法である「国際海上物品運送法」（昭和32年法律172号）を制定した。その後，1993年にハーグ・ウィスビー・ルールズを批准し，あわせて国際海上物品運送法を改正している（平成4年法律69号）。

その後，商法制定以来の社会経済情勢の変化に対応し，運送・海商法制の現代化を図るとともに，商法の表記を平仮名・口語体に改めるため，平成30年5月18日，「商法及び国際海上物品運送法の一部を改正する法律（平成30年法律第29号）」（以下「改正商法」という）が成立した（同年5月25日公布，平成31年4月1日施行）。

2018 年の改正商法の主な内容は以下のとおりである（国内運送の部分は除く）。

① 陸上運送に関する改正前の商法第 2 編第 8 章の規定を海上運送・航空運送及び複合運送（陸・海・空を組み合わせた運送）にも拡張して適用する総則的規律として位置付けた（商法 569 条 1 号）。

② 国際海上物品運送法 1 条（適用範囲）の「運送」には，一部の規定を除き商法第 2 編第 8 章第 2 節の規定（物品運送契約，複合運送人の責任等）及び第 3 編第 3 章の規定（船荷証券の記載事項等）が，適用されることとなった（国際海上物品運送法 15 条）。

(2) 国際海上物品運送法
(i) 適用範囲

国際海上物品運送法は，船積港，陸揚港が日本の領域外にある海上物品運送（外航船）に適用される（国際海上物品運送法 1 条）。

国際海上物品運送法はハーグ・ウィスビー・ルールズ（以下「条約」という）にもとづいているが，同法は，日本法が準拠法となる場合，かつ船積港または陸揚港が本邦外にある場合に適用されるというのが多数説である（下記(4)(ii)）。条約の規定で定めていないことについては準拠法によるが，日本法が準拠法となると商法の規定が適用される。国際海上物品運送法 15 条ではこのことを念のために示したものである。ハーグ・ウィスビー・ルールズでは運送人，使用人（被用者），代理人の債務不履行，不法行為のいずれの責任についても条約の規定が適用されるとし（条約 4 条の 2），その趣旨を国際海上物品運送法 16 条に規定している。

(ii) 国際私法との適用関係

国際海上物品運送法が，海上物品運送に直接的に適用されるのか。国際私法を適用し日本法が準拠法となった場合に，国際海上物品運送法が間接的に適用されるのかが問題となる。これについては以下の説がある。

① 条約直接適用説

世界的な法の統一や国際的取引固有の法の制定の趣旨から，統一私法の適用範囲に含まれる事案については，国際私法を介せず国際海上物品運送法の直接適用を認める説である。この説によると，条約締結国ではない国の法律を準拠法としていた場合であっても，日本の国際海上物品運送法が適用されること

なる。

② 国際私法適用説

統一私法と国際私法の適用関係を個別的な条約ごと，規定の内容ごとに検討する説である。この説によれば，わが国の国際私法により日本法が準拠法となった場合には，国際海上物品運送法が適用されるという考え方になる。現在はこの説が多数説である。

(iii) 運送人の注意義務

運送人は，船舶を航海に堪える状態にしておくこと（堪航能力担保義務），船員の配乗，船舶の艤装及び需品の補給を適切に行うこと，船倉，冷蔵室その他運送品を受入れ，運送及び保存に適する状態におくことにつき注意を怠ったことから生じた運送品の滅失または延着について損害賠償の責めを負う。（条約3条1(a)-(c)，国際海上物品運送法5条）。

堪航能力担保義務は過失責任であるが，条約では立証責任を転換し，運送人が注意を尽くしたことを証明しなければその責任を免れることはできない（条約4条1，国際海上物品運送法5条2項）。この責任を免ずる特約は無効である（条約3条8，同法11条1項）

(iv) 免 責 規 定

運送人は，船員，水先人その他運送を行う際に使用する者による航行もしくは船舶の取扱いに関する行為（いわゆる航海上の過失）については，責任を負わない。運送人は，航海の技術職である船長や船員の技術に任せざるを得ないこと，海上運送の技能の高さ，船長，船員への罰則があり，損害を助長する必要がないこと等を理由としている。（条約4条2本文(a)-(p)，国際海上物品運送法4条2項）。

(v) 損害賠償の定型化と責任制限

運送人の運送品に関する損害賠償額は荷揚げされるべきであった時および場所における当該物品の価額に応じて算定する。運送品に関する運送人の責任は，一包または一単位につき一計算単位（一SDR）の666.67倍，または滅失，損傷，延着にかかる運送品の総重量について一キログラムについて一計算単位の2倍を乗じて得た金額のうちいずれか多い金額を限度とする（条約4条5(a)，国際海上物品運送法9条）。

◆ 第3項 船荷証券（B/L Bill of Landing）

(1) 船荷証券とは

船荷証券は運送人（船会社など）が荷主との運送契約にもとづいて，貨物を船積みし，または受取ったことを証するとともに，その貨物を目的地まで運送し，目的地において船荷証券所持人に引き渡すことを約した有価証券である。各国の船荷証券を定める法律は必ずしも同じではないため，その統一のための条約（ハーグ・ルールズ，ハーグ・ウィスビー・ルールズ）が作成された。

その有価証券の裏面には，運送契約の約款が記載され，この約款が運送人と船荷証券の所持人との間の法律関係を規律している。この証券は荷為替を取り込むための船積書類の1つであり，「B/L（Bill of Landing）」と呼ばれている。

(2) 船荷証券による取引の流れ

船荷証券と貨物の流れは以下のとおりである（図4）。

【図4】

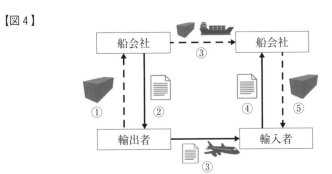

① 輸出者から船会社に貨物が引き渡され，船積みを行う。

② 船会社から輸出者に船荷証券（B/L）を発行・交付。

③ 船会社は貨物を運ぶ。輸出者はその B/L を航空便などで輸入者に送る。

④ 輸入者は B/L を船会社に提示する。

⑤ 船会社から荷物が輸入者に引き渡される。

(3) 船荷証券の発行と記載事項

運送人は，荷送人からの請求があれば運送品の船積み後，遅滞なく船荷証券を1通または数通交付しなければならない（条約3条3・7，国際海上物品運送法15条，商法757条（準用））。

船荷証券の記載事項は以下のとおりである。（条約3条3，国際海上物品運送法15条，商法758条1項（準用））。

一　運送品の種類

二　運送品の容積若しくは重量又は包若しくは個品の数及び運送品の記号

三　外部から認められる運送品の状態

四　荷送人又は傭船者の氏名又は名称

五　荷受人の氏名又は名称

六　運送人の氏名又は名称

七　船舶の名称

八　船積港及び船積みの年月日

九　陸揚港

十　運送賃

十一　数通の船荷証券を作成したときは，その数

十二　作成地及び作成の年月日．

⑷ 船荷証券の性質等

ⅰ 物権的効力

　船荷証券には，船荷証券の引渡しにより運送品の引渡しと同様の効果が発生するという物権的効力がある。（これについては，第9章を参照せよ。）

　船荷証券の引渡しがあったときは，それにより運送品上の物権が移転し，船荷証券の引渡しを受けた者は第三者に対抗することができる。

　日本法が準拠法となる場合，船荷証券の所持人が運送品に対して行使する権利の法的性質については，船荷証券の引渡しが債務者の直接占有したにある物品の間接占有を移転する効力を有するものと解する説（相対説），証券の引渡しが民法上の占有移転方法と無関係に物品の引渡しと同一の効力を有するものと解する説（絶対説）がある。船荷証券の呈示なくして運送品の引渡しがなされた場合に，相対説の場合は運送人のみへの損害賠償が求められるにすぎないが，絶対説の場合は運送人以外の第三者にも運送品の引渡しを求めることができるので，船荷証券の所持人の安定性からみて，絶対説が妥当とする説が有力である。

ⅱ 債権的効力

　船荷証券には，その所持人が運送人に対して運送契約上の債務の履行を請求し，それが不履行の場合には損害賠償請求ができるといった，債権的効力がある（これについては，第10章以下を参照せよ）。日本法が準拠法となる場合，船荷証券に記載している内容が事実と異なっていても，運送人はそのことをもっ

て，善意の船荷証券所持人に対抗できない（国際海上物品運送法 15 条　商法 760 条）。船荷証券の正当な所持人は，運送人に対して陸揚げ港において運送品の引渡しを請求することができ，その滅失，損傷および延着について損害賠償を請求することができる（国際海上物品運送法 8 条）。

(5) 船荷証券と準拠法

船荷証券と準拠法の関係は以下のとおりである。

(i) 船荷証券の発行

船荷証券の成立にかかる準拠法については運送契約の準拠法による説が通説である（東京地判昭 36・4・21 下民集 12 巻 4 号 820 頁）。船荷証券の発行の要否，どのような船荷証券を発行すべきかという問題は運送契約に付随する論点であり，独立しては生じないことを理由としている。

(ii) 債権的効力にかかる準拠法（船荷証券所持人と運送人の関係）

船荷証券の貨物の引渡し請求である債権的効力にかかる準拠法については，運送契約の準拠法（通則法 7 条）による説が通説である。通常は船荷証券の裏面に準拠法条項がある。当事者による運送契約の指定がないときは船荷証券の発行地（船積地）法によるとする説がある。

では，船荷証券に明示された準拠法と，運送契約の準拠法が異なる場合はいずれによるか。これについては①船荷証券の要因証券性を重視して運送契約自体の準拠法による説，②運送契約の準拠法が証券所持人にとって明らかではないことから船荷証券記載の準拠法による説，③業務の中心である運送人の本店所在地の法による説，④当事者による運送契約に準拠法合意がない場合には船荷証券の発行地の法による説（神戸地判大 6・9・16 国私例集 1032 頁）がある。どのような場面であるかにもよるが，運送契約に直接関与していない証券所持人の保護の面からすれば，②の考え方が妥当と考えられよう。

(iii) 物権的効力にかかる準拠法

船荷証券の物権的効力，移動中の物品への効力の準拠法は何か。以下の事例をみてみよう。

【事例】英国の鉄鋼業者 X 社は，日本の運送会社 Y 社に対し，英国から，米国経由で，日本の支社のある米国企業 Z 社に，鉄鋼を運送する契約を締結した（運送契約は英国法）。Y 社の船荷証券，船積書類は，日本の A 銀行に送付され，Z 社は輸入代金決済後の船荷証券を受け取った。しかし，運送貨物が米国にあるときに X 社の債権者である B 社により差し押さえられ，運送会

社Y社は運送貨物をB社に引渡した。Z社はY社に対して船荷証券をもとに日本の裁判所において損害賠償請求訴訟を提起した。

船荷証券の物権的効力（証券の有効性，船荷証券の引渡しが当該動産の受渡を同一の効力を有するか）の準拠法はどうなるか。

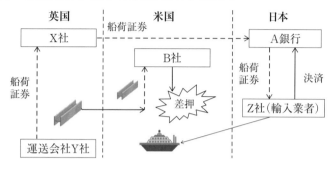

船荷証券の物権的効力にかかる準拠法については以下の説がある。

① 証券の所在地法による説

船荷証券が動産を化体した物権である以上，通則法13条1項をそのまま適用し，船荷証券所在地法によるとする説（本事例では日本法）。

② 動産の所在地法による説

目的動産の所在地によることが妥当する説（本事例では米国法）。

③ 物の仕向地法による説

買主が為替の決済と引換えに船荷証券の交付を受けた時における運送品の仕向地の法とする説（本事例では日本法）。

④ 運送契約の準拠法と運送品の仕向地法を累積適用する説（本事例では英国法，日本法の累積）。

本事例の場合，船荷証券が引渡証券の性質をもち動産と同視できるレベルであったとしても，①の船荷証券のような引換証のみに依存する考え方は実務では採用されていない。実務上は③の仕向地法（日本法）を念頭に置きつつ，貨物運送中の途中の貨物の所在地において所有の優劣を争う場合には，貨物が実際に所在する地である米国法を考慮するということとなろう。

◆ 第Ⅲ節 ◆ その他の運送

◆ 第 1 項 航 空 運 送

(1) 国際航空運送の特徴

国際航空物品運送とは，異なる国にある二地点の航空機による運送をいう。航空運送は，船舶に比べて速度が速く，運送が短時間に終わり，また，運送品は，必然的に軽量・高額のものとなる。国際航空運送の大部分は，個品運送契約（運送手段を貸し切らない契約）であるが，荷送人と利用運送事業者が個品運送契約を締結し，利用運送事業者が運送人との間で個品運送契約を締結する例が多い。すなわち，運送手段（航空機）を運行している事業者は限られているため，運送契約を引き受けた者が，航空会社に空港間の運送を委託するという形態である。

航空運送においても，①航空機を運行する者（航空機所有者等）が運送契約を締結する場合（契約運送人と実行運送人とが一致する），②航空機所有者以外の者が運送契約を締結し，航空機を運航する場合（契約運送人と実行運送人が異なる）がある。さらに②の後者の場合，(a)貨物の運送を引き受ける者が個別の貨物をまとめて実行運送人に運送を依頼する場合（混蔵貨物）と，(b)契約運送人が，実行運送人である航空機を運送する者との間で傭機契約を締結する場合がある。

(2) 国 際 条 約

(i) ワルソー条約・モントリオール条約

国際航空物品運送については，国際的な航空貨物，旅客の運送に関する，航空運送人の責任や航空運送状の記載事項等を定める条約である，1929 年の「国際航空運送についてのある規則の統一に関する条約」（ワルソー条約（日本は 1953 年に批准）（以下「ワ条約」という）が適用される。同条約に規定のない事項については準拠法が決定されなければならない。日本法が準拠法となる場合，わが国には，国際航空運送に特化した法律はなく，商法の陸上貨物運送に関する規定や，民商法の規定が適用される。

ワルソー条約は，出発地および到着地の双方が当事国である国際航空運送に適用される（ワ条約 1 条第 2 項）

ワルソー条約は，時代にあわせて改正がなされており，現在では，1999 年 5 月にモントリオール外交会議において採択された「国際航空運送についての

ある起草の統一に関する条約」（モントリオール条約（2003 年 11 月 4 日発効（以下「モ条約」という，日本は 2000 年 6 月に批准）が適用される。

モントリオール条約は，当事者の約定した出発地および到達地が 2 つの締約国にある運行，または出発地および到達地が 1 つの締約国内にあり，かつ予定寄港地が他の国の領域にある運送に適用される（モ条約 1 条 2 項）。

国際航空運送に関する統一法は運送人の責任についての片面的強行規定であるので，統一法で定めている事項はその規定に反しない範囲で適用される。統一法で定めていない事項や統一法が適用されていない運送については，航空運送約款による。

運送約款として，国際航空運送協会（International Air Transport Association；IATA）の標準約款，各航空運送人が作成した運送約款がある。約款の条項が上記の条約に規定に違反した場合には該当部分が無効になるが，運送契約そのものが無効になることはない（ワ条約 23 条，モ条約 26 条）。

(ii) 国際私法との関係

先に国際海上物品運送法についてみたのと同様に，ワルソー条約，モントリオール条約の適用範囲についても，国際私法を介さずに適用されるとする直接適用説，国際私法で定まる準拠法が条約となる場合に適用されるとする間接適用説がある。

いずれの条約においても，当事者が別途準拠法を合意して条約規定を回避しようとしても，当該準拠法条項が無効となることを定めている（ワ条約 32 条モ条約 49 条）ことからみて，直接適用説が多数説である。わが国ではこれらの条約の規定を国内裁判所が適用できると解されており，国内法は制定されていない。

(3) 航空運送状（air way bill）

(i) 航空運送状

航空運送状とは，運送契約の締結・運送品の貨物の受領の事実，及び運送条件その他一定の事項を証明する証拠証券である（モ条約 11 条 1 項）。船荷証券のような有価証券ではない。荷送人は，貨物，出発地，到着地，少なくとも一の予定寄港地と貨物の重量，その他明細を記載した航空運送状を作成し，運送人に交付する（モ条約 4 条 1 項，5 条，7 条 1 項，8 条）。

荷送人は自ら作成した運送状の記載内容，申告の正確性について責任を負う（モ条約 10 条）。航空運送状の作成の有無や記載の欠缺等は，運送契約の存在・

効力及び運送人の責任制限に影響しない（モ条約9条）。

運送状に代えて，運送についての記録を保存する他の手段（電子的手段）を用いることもできる。その場合，荷送人が要請するときは，運送人は，送り人の識別及び当該他の手段によって保存される記録に含まれる情報の入手を可能にする貨物受取証を荷送人に交付しなければならない（モ条約4条2項）。

(ii) 航空運送状の効力・性質

航空運送状は運送契約を証明するものであり，運送人の貨物の受取を証する書類ではあるが，船荷証券のような引渡証券（受戻証券）の性質を持たず，この航空運送状が事実の証明に必ず必要となるものではない。航空運送状の有無が運送契約の成否に影響を及ぼすことはない。（モ条約9条）

航空運送状は，反証がない限り，契約の締結，貨物の受取および運送条件に関して証明力を有する。（モ条約11条1）

航空運送状の貨物に関する記載のうち，重量，寸法，荷造り及び荷の個数に関する記載は反証がない限り証明力を有するが，数量，容積，状態に関する記載は，運送人が荷送人の立会の下に貨物を点検してその旨が運送状に記載された場合又は貨物の外見上明らかな点に関するものを除いて，運送人にとって不利な証拠とはならない（モ条約11条2項）。

(iii) 荷受人への運送品の引渡し

貨物が到達地に着いたときは，運送人は荷受人に貨物の引渡しをしなければならない。荷受人は運送人に対して料金を精算し，運送の条件に従うことを条件として，貨物の引渡しを請求することができる（モ条約13条1）。

荷送人は到着地において荷受人の貨物引渡請求権が生ずるまでは貨物についての処分権を有する（モ条約12条1）。この権利は荷受人に貨物の引渡請求権が生じたときに消滅する（モ条約12条4，13条1）。

(iv) 運送人の責任

運送人は貨物の損害の原因となった事故が航空運送中に生じたときは，損害について責任（無過失責任）を負う（モ条約18条1）。

貨物の航空運送中とは，貨物が飛行場内または航空機上のいずれかにあるかを問わず，運送の管理の下にある期間をいう（モ条約18条3）「運送の管理」は裁判所の解釈に委ねられている。

運送人は①貨物固有の欠陥または性質，②運送人，その使用人もしくは代理人以外の者が行った荷造りの欠陥，③戦争行為，武力紛争，④輸出入にかかる

公的機関の措置の内一または二以上の原因を生じたことを証明した場合には，責任を免れる。（モ条約18条2項）

(v) 運送人の損害賠償

運送人の責任要件，限度はこの条約の定めによる。懲罰的損害賠償その他の損害の補填とは関係のない損害賠償を求めることはできない（モ条約29条）。

◆ 第2項　国際複合運送

(1) 複 合 運 送

複合運送とは，運送品を一人の運送人が2以上の異なる運送方法を用いて行う運送契約をいう。

複合運送契約では，運送の態様の選択と組み合わせは原則として運送人に委ねられる。運送のほか，積換え，保管等があるため，単なる運送契約ではなく，倉庫契約など，運送に付随する各種の事務処理委任が混合した契約といえる。

この種の契約では契約運送人と実行運送人とが異なる場合が少なくなく，運送の態様毎に運送人の責任原因，免責事由，損害賠償責任が異なることが特色である。

複合運送の主な形態として，①運送の一部区間について実運送を行う者（船会社）とその実運送の前後について利用運送を引き受ける形態　②自らは運送手段をもたない者（フレイト・フォワーダー（freight forwarder））が，2以上の異なる運送方法を用いる全区間において一貫して下請運送人を使用する形での運送を引き受ける形態，の両者がある。

(2) 国際複合運送にかかる法規範

国際複合運送については多くの国が直接規律する法令を定めておらず，標準契約条件と約款で規律しているのが実状である。国際複合運送に関する条約としては，「物品の国際複合運送に関する国連条約」（国連国際物品複合運送条約）が1980年に成立し，わが国は平成21年8月1日に発効している。同条約では，運送人の責任原則については独自の規律を設け，運送人の責任限度額について海上運送の有無に応じた差異を設けている（国連国際物品複合運送条約18条）。

複合運送人の発行する複合運送証券中の約款としては，国際運送取扱人協会またはバルト海国際海事協議会等の作成した標準契約書が利用されている。

その他統一規則としては，国際商業会議所（ICC）による1975年の「国際複合運送証券に関する統一規則」と国際連合貿易開発会議と国際商業会議所が共

同して作成した1991年の「複合運送書類に関する規則」，日本インタナショナル・フレイトフォワーダーズ協会（JIFFA）の約款と日本海運集会所（JSE）の約款等が用いられている。

　わが国では，2018年の商法改正（国内法固有の問題は除く）において，複合運送人の責任にかかる規定が新設された。

(3) 複合運送人の責任
複合運送人の責任については二つの立場がある。

① 運送の態様に対応した責任原則とするもの（ネットワーク・システム）
　複合運送人の責任を，国際的な統一原則の存在する運送についてはそれに従わせ，それ以外の態様による運送区間についてはそこに国内法の強行規定があればそれにより，そのような規定がない場合には別の責任原則（約款）によるという考え方である。わが国ではこの立場を導入している。
② 単一の統一的な責任原則とするもの（ユニフォーム・システム）
　複合運送人の責任を，運送品の滅失・毀損がどの運送区間で発生したかどうかにかかわらず，複合運送独自の統一的な規律によるとする考え方である。

　運送人の責任について荷主に予見可能性があるという点では，損害が生じた運送区間を問わずに統一的な規律による②の考え方が優れているが，複合運送人にとっては，運送契約に適用される規律と同一の責任を負う①の考え方の方が，規律の違いによる責任限度額の差額を負担するリスクを負わない点で有利であるといえる。

　国連国際物品複合運送条約では，原則としてユニフォーム・システム方式を採用しており，運送品の滅失・毀損が発生した区間において，その区間に適用される条約または国内法として適用される限度額が条約の責任限度を超える場合にはその限度で責任を負う旨を定めているが，下請運送人の責任と複合運送責任が異なるという問題がある。

課題

　1　船荷証券と航空運送状の相違点について述べよ。

　2　日本法人X会社は，甲国法人Z社から冷凍イカ（2 t）を輸入するこ

ととし，同社と売買契約を締結した。売買契約では「X社が船舶を手配し，運送費を支払う。Z社が冷凍イカを詰めた約定の数量の箱を積み込んだ一定のコンテナを甲国の港で運送人に引渡す。売買代金はX社が日本の銀行に開設する信用状による決済とする」との条項が含まれていた。

　X社は乙国で設立された運送会社Y社に甲国から日本までの海上運送を依頼した。

　Z社はY社に対し，冷凍コンテナの1箱に冷凍イカを詰めた約定分の箱の船積みを指示し，運送中の温度管理をY社に指示した。

　Y社がコンテナを船積みし，Z社に発行した船荷証券には運送品の種類，重量等法定事項が記載されているほか，「本件運送契約から生ずる運送人の責任についての争いは日本法により解決する」旨の準拠法条項がある。

　X社が船荷証券を呈示し，Y社からの運送品を受け取って検品したところ，コンテナの温度が適切に設定されていなかったことにより，船積みされていたイカの2割が腐食していた。X社は，Y社に対する損害賠償請求の訴えを東京地方裁判所に提起した。

① X社がY社に，イカの商品価値の下落に関して，損害賠償できるのはどのような場合か。
② X社がY社に損害賠償できる場合，冷凍イカに関する損害賠償額はどのように算定されるか。国際海上貨物物品法　3条～5条　8条～10条を参照し，検討してみよ。
　1SDR=150円（主要5か国（米ドル，ユーロ，元，円，ポンド）の円換算後）とする。
③ Y社が本件損害賠償について免責を受ける場合は，どのような場合が考えられるか。

3　日本法人X社は甲国のフレイトフォワーダー（輸送手段を持たず，他の航空輸送業者に貨物を委託して執り行う業者）Y社との間で，日本から，モントリオール締約国たる乙国のZ社への貨物引渡を目的とした，日本・甲国間の航空運送および甲国の陸上運送を含む複合運送契約を締結した。本件貨物は，乙国内の陸上運送時に盗難にあった。X社は運

送人である Y 社に損害賠償を請求する場合の準拠法は何か。モントリオール条約の適用の可否を含めて説明せよ。

〈参考文献〉
国際商業会議所日本委員会『ICC 荷為替信用状に関する統一規則および慣例（2007年改訂版)』
大塚章男『事例で解く国際取引訴訟（第 2 版)』（日本評論社，2018 年）15 海上運送と船荷証券

第13章 法律行為(4) — 支払

◆ 第Ⅰ節 ◆ 総 説

　国際取引の一般的な流れのうち，支払（決済）は最終過程に位置する。支払（決済）は債権債務関係の消滅時点であることから，当事者にとって最大の関心事であり，国際取引において重要な位置を占める。

　外国送金は，通常為替取引を介して当事者の銀行口座間で行われている。決済方法も債務者から債権者に送金する方式，債権者から荷為替手形により取立の形で送金を依頼する方式，さらに代金回収の未払リスクを払拭するため，銀行が債務者の代金支払を信用状という形態で信用供与を行い決済する方式など様々な支払形態があるが，時代とともに新たな決済方法が生み出されている。国際取引において決済の法的安定性は絶対的要請であり，実質法，牴触法のいずれにおいても背景となる法令等の内容や解釈について正確に理解しておく必要がある。

　また，近年は，決済のキャッシュレス化，金融のデジタル化がすすみ，これまでのクレジットカード，デビットカード決済のほか FINTEC（Financial Technology）を活用した Pay サービス（QR コード，バーコードを提示，またはスキャンすることで，支払うことができるスマホ決済サービス），ビットコイン等の仮想通貨（暗号資産）による支払も行われている。このように銀行の口座を使用しない，新たな決済手段も今後の国際取引の決済手法になり得ることに注意を要する。

◆ 第Ⅱ節 ◆ 荷為替手形と決済

◆ 第1項 決済の種類

　国際売買契約，輸出入取引における代金の支払（決済）は，件数，金額ともに膨大であることから，銀行を経由することなく支払を行うことは困難である。

売買契約の支払の場面では，売主，買主の両当事者は必ずそれぞれの取引先の銀行に接し，支払・買取，取立，受取等の行為を行う。銀行を仲介として行われる代金決済方式として，債務者が債権者へ送金する「送金方式」と債権者が債務者から代金を取り立てる「取立方式」がある。

(1) 送　金　方　式

送金方式とは，送金依頼人（債務者）の依頼にもとづき，仕向銀行が受取人（債権者）所在地の外国にある被仕向銀行に対して，受取人への支払を指図し，その支払指図に基づいて外国の被仕向銀行が受取人に支払う方式であり，債務者の銀行に対する送金依頼というアクションが起点となる。銀行振込，送金小切手による支払がこれに該当する。この指図を郵便で行う方法を普通送金（Mail Transfer；MT）といい，電信で行うものを電信送金（Telegraphic Transfer；TT）という。現在は電信送金が主流である。

送金依頼人と仕向銀行の法的性質は委任契約（国内実質法上の概念）と解釈されている。すなわち，送金依頼人は自分の受取人への口座へ入金等の依頼を実現するために，仕向銀行が被仕向銀行に必要な指示することを委任し，指図後においては，実際に振込みが完了していなくても仕向銀行はその責任を負わないというものである。

送金方式には前払方式と後払方式がある。輸出入取引における前払方式は，船積み前に買主が売主宛てに送金するものである。前払方式の場合，買主は貨物の受領前に代金を支払うので，買主には，輸出者から貨物が届かないリスクや，資力が乏しい買主の場合には，銀行による借入れができないなどの資金調達リスクがある。

他方，後払方式は，買主が貨物を受領した後，買主が当該貨物を転売し資金を調達した後に買主から売主への送金を行うものである。この場合，売主側は貨物を買主に引き渡した後に，買主から代金を受け取るため，前払方式とは逆に売主側が代金未回収のリスクを負うこととなる。

送金小切手を用いた送金方式の流れは以下のとおりである（図1）。

①買主 A が預金口座を有する C 銀行に売買価格に相当する金額を円貨で振り込む。
②買主 A は C 銀行から米ドルの送金小切手の交付を受ける。
③仕向銀行 C 銀行は，被仕向銀行の D 銀行に対して送金小切手が発行され

図1　送金方式

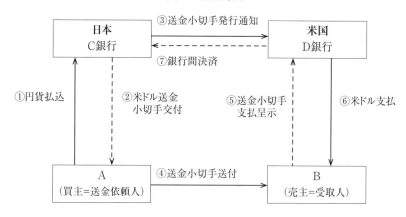

た旨の通知を行う。

④買主Aは，売主Bへ送金小切手を送付する。

⑤売主BはD銀行に送金小切手を呈示し，⑥米ドルの支払を受ける。

⑦D銀行はC銀行との間で決済を行う。

(2) コルレス契約

国内の為替取引では，全国銀行資金決済ネットワーク（全銀ネット）をとおして，中央銀行である日本銀行に開設している日銀当座預金口座間において資金決済を行う（図2）。

外国為替取引の場合，日本銀行のような機能を果たす中央銀行が存在していない。海外に目を向けても，欧州域内でのユーロ通貨の決済について，欧州中央銀行（European Central Bank）が運営する通貨ユーロの即時グロス決済システム（RTGS）が2008年5月から運営されているが，このRTGSはあくまでEU地域内のEU加盟国の金融機関間，同一通貨のユーロ取引に限って利用され，通貨の異なる外国為替取引の集中決済に対応していない。

このような状況のもと，各国の金融機関は外国為替取引を行う場合には，資金送金側と資金の受取側の金融機関が，それぞれ預金口座を開設し一つ一つ清算方法を決めている。この契約を，「コルレス契約（Correspondent Agreement）」という。この契約が，各当事者が手形の取立依頼，信用状（L/C）の授受，送金の支払委託など，さまざまな決済処理について，どのように対応するかを取り決める。この契約を締結した相手先銀行を，「コルレス銀行」また

は「コルレス先」という。

　海外との送金取引において送金先銀行が自行のコルレス先でないときは，その銀行と取引のあるコルレス銀行に送金指示を行い，間接的に送金を行っている。

　コルレス銀行の中で，決済のための預金勘定を設けている銀行を「デポジタリー・コルレス（Depository Correspondent）（図3），設けていない先を「ノン・デポジタリー・コルレス（Non-Depository Correspondent）（図4）」という。

図2　国内の決済

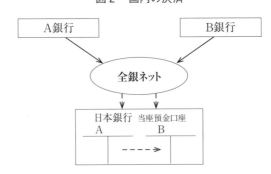

〈参考〉全国銀行資金決済ネットワーク（全銀ネット）
　全銀ネットは，銀行間の内国為替取引をオンライン・リアルタイムで中継するとともに，取引に伴う資金決済を行うための銀行間ネットワークシステム「全国銀行データ通信システム（全銀システム）」を運営している。全銀システムは1973年に発足しその後の内国為替業務の発展や制度への参加銀行の拡大を経て，現在では，わが国のほとんど全ての民間金融機関を網羅している。振込等の銀行から送られてきた為替取引に関するデータは全銀システムのコンピュータセンター（全銀センター）でリアルタイムで処理され，直ちに受取人の取引銀行宛に送信され，これと同時に全銀システムでは，銀行からの支払指図を集中計算したうえで，各銀行毎に算出した受払差額（決済尻）を一日の業務終了後に日本銀行に対してオンラインで送信する。日本銀行では，全銀システムからの送信内容に基づいて各銀行と全銀ネットとの間で日本銀行当座預金の入金または引落しを行い，これにより最終的な銀行間の為替決済が完了する。2018年10月から，従来の可動時間帯平日8：30〜15：30,12月を除く月末営業日7：30〜16：30）以外の時間帯をカバーするためのモアシステムが稼働し，大多数の金融機関間において24時間内の送金が可能

図3　デポジタリー・コルレス

①　被仕向銀行に仕向銀行の勘定がある場合

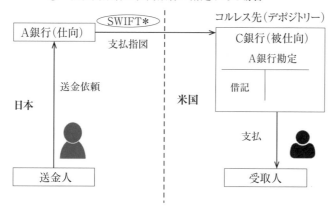

*SWIFT: The Society for Worldwide Interbank Financial Tele-communication（国際銀行間データ通信システム）

1973年5月に欧米15か国の239の銀行が参加して設立された非営利法人。わが国の加盟銀行はこのSWIFTのシステムにより支払指図データを送信している。

図4　ノン・デポジタリー・コルレス

②　仕向銀行，被仕向銀行の双方に決済勘定がない場合

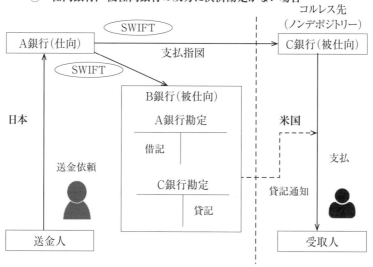

となっている。また，2018 年 12 月からは企業間の振込電文を金融取引における次世代の国際標準である XML 電文（ISO20022）へ移行し，振込電文において支払企業から受取企業への振込への情報メッセージが添付が可能となり（全銀 EDI システム（ZEDI）），企業間の振込の消込の合理化等に資する制度が運営されている。〈https://www.zengin-net.jp/〉

(3) 為替手形による取立方式

取立方式とは，売主が買主を支払人とする為替手形（bill of exchange）を振り出し，為替手形に船荷証券等の船積書類を添付し，荷為替手形（documentary draft）としたうえで，売主が自己の取引銀行（仕向銀行）に手形の割引（買取り）を依頼し，買主からの代金回収を図る方式である。売主である債権者の取立依頼というアクションが起点となる。

荷為替手形には，買主が為替手形を支払うのと引換えに船積書類が買主に交付される支払渡条件（D/P document against payment）と，買主が為替手形を引受けるのと引換えに船積書類が買主に交付される引受渡条件（D/A document against acceptance）とがある。

D/P 条件の場合，支払と貨物の引渡しが同時履行の関係にあり，D/A 条件の場合，実際には，貨物の引渡しが支払に先行するため，売主側は買主の未払リスクを負うこととなる。もっとも D/P 条件であったとしても，買主が支払わないリスクは残る。

取立方式の流れは以下のとおりである（図 5）。

① 売主 A は買主 B との間で物品の売買契約を締結した後，「取立依頼書」を

図 5　取立方式

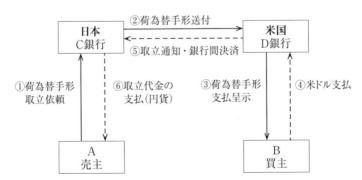

C 銀行に提出する。

②取立依頼を受けた C 銀行は，買主 B の口座がある D 銀行に荷為替手形を送付する。

③D 銀行は荷為替手形を買主 B に呈示し，④買主からの代金（米ドル）の支払を受ける。

⑤D 銀行は C 銀行に取立通知を送付して銀行間決済を行う。

⑥C 銀行は売主 A に対し取り立てた代金（円貨）を支払う。

売主が，荷為替手形を最終決済する前に，至急の事情で現金化したい場合には，C 銀行に対し荷為替手形の割引依頼を行う。これを承諾した銀行（割引銀行）は，満期までの利息を差し引いた金額を売主に支払う。

◆ 第2項　信用状による支払

⑴ 信用状（letter of credit）

荷為替手形のスキームであっても売主は買主から代金を回収できないという未払リスクはどうしても残る。そこで，売主は買主の委託により国際的に信用力のある買主の取引銀行が売主に対して，一定の要件を充足する為替手形または船積書類を提供することを条件に，銀行が支払を確約（Undertaking, Commitment）し，売主のリスクヘッジニーズを満たすという商慣習が行われるようになった。

銀行が輸入業者の依頼により特定の者が振り出した手形を一定の条件のもとに自己が引き受けて支払う旨を約定する書面を信用状という（Letter of Credit；L/C）。信用状自体は，為替手形や船荷証券のような有価証券ではない。

信用状に関する当事者の権利，用語の意味等を定めているのが国際商業会議所（International Chamber of Commerce；ICC）作成の「荷為替信用状に関する統一規則および慣例（Uniform Customs and Practice for Documentary Credits: UCP UCP600）」である。

銀行は買主の委託により信用状を発行し，それにもとづく決済等一切の事務処理を行うことについて合意（信用状の事務に関する契約）を締結する。このように信用状発行については委任契約の性質がある。

また，発行銀行はいわば買主の信用を肩代わりするので，この契約は，銀行から買主への与信にあたる。

日本の銀行実務では，信用状発行依頼人は取引銀行に対して，荷為替手形の

支払に至るまでの取決めを規定した約定書である信用状取引約定書を提出する。この約定書のひな型として，全国銀行協会が策定した「信用状取引約定書ひな型」がある。

〈参考〉統一規則

　国際取引に適用される各国の実質私法や，国際私法は異なっており，これが国際取引の円滑化の大きな障害となっている。一方で国際的に各国の実質私法，国際私法の統一を行うことは困難であるのが現状である。

　そこで，国家による実質私法，国際私法の統一を待つことなく，国際取引の当事者が荷為替手形にすることによって，実質的に法の統一を図ろうとする試み，すなわち画一的な規律として制定したものを「統一規則」という。統一規則は，国家の法や条約とは異なり，国家権力から離れたものであり，国際取引の円滑化のために異なる法規制，慣行から生ずる障害や契約内容についての一定ルールといえる。

　統一規則のうち，銀行に関係する主要なものは，パリに本部を置く国際的な民間団体である国際商業会議所により，制定されている。

　信用状統一規則は 1933 年に制定されてから 1951 年，1962 年，1974 年，1983 年，1993 年の改訂を経て 2007 年改訂版が現在の最新のもの（UCP600）である。この統一規則に従って発行されている文言が信用状面に規定されている場合，契約の一部となり，信用状に適用される（統一規則 1 条）

　国際商業会議所によって制定されたルールとしては以下のものがある。
　インコタームズ：CIF 条件等合計 13 の定型貿易取引条件に関する統一規則
　複合運送に関する統一規則（Uniform Rules for a Combined Transport）
　請求払保証統一規則（Uniform Rules for a Demand Guarantees）
　契約保証状に関する統一規則（Uniform Rules for Contract Guarantees）
　ICC 荷為替信用状に基づく銀行間補償に関する統一規則（ICC Uniform Rules for Bank to Bank Reimbursements Under Documentary Credit）

---

(2) 信用状の当事者

信用状取引に関わる当事者は以下のとおりである。

① 信用状発行依頼人（Applicant）

　　物品の売買契約等にもとづいて，取引銀行に対して信用状の発行を依頼する者。通常は輸入者（買主）。

② 信用状発行銀行（Issuing Bank）

　　発行依頼人の要請により信用状を発行する銀行。

③ 受益者（Beneficiary）

　信用状の名宛人。発行銀行の支払確約の相手方となり，信用状にもとづいて荷為替手形を振り出す等の権利を与えられた者。通常は輸出者（売主）。

④ 通知銀行（Advising Bank）

　受益者に対し信用状を通知する銀行。通常は発行銀行の支店またはコルレス先。

⑤ 買取銀行（Negotiating Bank）

　受益者の振り出す為替手形を買い取る銀行（支払銀行（Paying Bank），引受銀行（Accepting Bank））。通知銀行が買取銀行となることも多い。

⑥ 確認銀行（Confirming Bank）

　信用状発行銀行の支払確約をさらに強固なものにして，信用状の信頼度を高めるために，発行銀行以外の銀行が信用状条件の充足を条件に，当該信用状に自行の確約を付加することを信用状の確認（Confirming）という（信用状統一規則9条b項）。信用状に確認行為を加えるこの銀行のことを確認銀行という。通常，通知銀行が発行銀行の依頼に基づき，同時に確認銀行となる場合が多い。確認が加えられた信用状を確認信用状（Confirmed Credit）という。万一，信用状発行銀行が倒産しても確認信用状にもとづいて，売主は確認銀行からの代金回収ができるようになる。

(3) 信用状の記載事項

信用状には以下の事項を記載する。

---

①信用状番号　②発行地と発行日　③金額　④荷為替手形の振出　⑤送り状などの付属書類　⑥船荷証券（B／L）の発行　⑦船荷の名称　⑧積出地　⑨仕向地　⑩船積期限　⑪分割船積の可否　⑫積替えの可否　⑬有効期限　⑭発行銀行　⑮支払確約文言　⑯信用状統一規則の適用

---

(4) 信用状の仕組み

信用状による支払の流れは以下のとおりである（図6）。

図6　信用状による支払の流れ

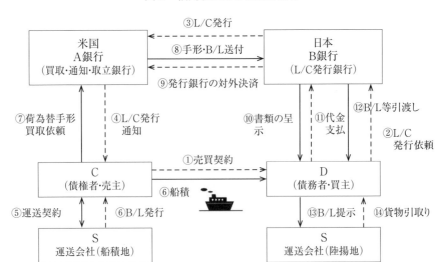

①輸出入契約の当事者たる売主Cと買主Dの間で売買契約が締結される。このときに信用状（L/C）の発行を取り決める。

②買主Dは取決めにしたがい，B銀行に信用状の発行を依頼する。

③依頼を受けたB銀行は買主Dへの与信上問題がないと判断した場合には，信用状を発行し，A銀行に発信する。

④A銀行は信用状が発行されたことを売主Cに通知する（Aは通知銀行）。

⑤売主Cは信用状と売買契約の内容に問題がないことを確認した後，運送会社Sに対して貨物の船積みを依頼し，⑥運送会社Sから船荷証券（B/L）を受け取る。

⑦売主Cは，A銀行に対して，荷為替手形に船積書類一式を含めて引き渡し，A銀行に買い取りを依頼する（Aは買取銀行）。A銀行は売主Cに代金を支払う。（通知銀行と買取銀行が異なる場合には，買取銀行は船積書類と信用状条件が一致しているかをチェックする）

⑧A銀行は荷為替手形と船積書類をB銀行に送付し，荷為替手形の引受・支払を求める。

⑨B銀行は手形および書類を点検し信用状と合致していることを確認後，書類を引き取り，A銀行への支払を行う。

⑩ B 銀行は買主 D に為替手形（書類）を呈示し，⑪買主 D は為替手形の支払を引き換えに，⑫ B 銀行から B/L などの船積書類を受け取る。

⑬買主 D は運送会社 S に B/L を提示し，⑭貨物を受け取る。

(5) 信用状の種類

信用状の種類は以下のとおりである。

① Documentary L/C Clean L/C

荷為替信用状（Documentary L/C）のみで，荷為替手形を添付せず，代理店手数料，運賃，保険料等の支払を保証するための信用状を，無担保信用状（Clean L/C）という。

② 取消不能信用状，取消可能信用状

受益者（売主）が信用状発行通知を受けた後，発行銀行が受益者関係者全員の承認がなければ内容の変更ができない信用状を取消不能信用状（Irrevocable L/C）という。これに対し，受益者に事前通知なくしてその変更・取消しができる信用状を取消可能信用状（Revocable L/C）という。2007 年改訂の統一規則が適用される信用状は，その名称如何，取消不能の表示の有無にかかわらず，取消不能とされる（統一規則 3 条）。

③ 確認信用状と無確認信用状

発行銀行の格付け（信用状態）が低い場合，格付けの高い別の銀行に確認（支払保証）をさせて，信用を高めた信用状を確認信用状（confirmed L/C）という。そのような確認をしていない信用状を無確認信用状（unconfirmed L/C）という。

④ 回転信用状

同じ種類の商品が何度も同じ相手と取引される場合に発行される信用状を回転信用状（Revolving L/C）という。一定期間内に同じ条件で行われる貿易について，金額を更新するなどして毎回信用状を発行する手間を省き，費用を軽減する機能がある。

⑤ スタンドバイ・クレジット

貿易取引ではなく，金融保証のための信用状である。例えば，日本企業の海外支店などが外国の現地銀行から融資を受けようとする場合に，債務保証として日本の取引銀行が信用状を発行し，現地法人による債務弁済を担保する機能がある。

(6) 信用状の法的性質

信用状には以下の法的性質がある。

① 独立抽象性の原則

　信用状は，物品売買契約を原因として発行されるが，売主と買主との売買契約やその他の契約関係とは別個の独立した法律関係を表すものと解されている（統一規則第4条a項）。これを信用状の「独立抽象性の原則」という。発行銀行は，信用状条件と文面上一致する書類の呈示がある限り，発行依頼人に対する抗弁および売買当事者間に存在する抗弁をもって自己の債務の支払を免れることはない。

② 書類取引の原則・厳格一致の原則

　信用状取引は，信用状の記載に依拠する取引であって，信用状条件に合致する書類の呈示により，支払がなされる。これを「書類取引の原則」という（統一規則第5条）。呈示される書類およびその記載は信用条件に厳格に一致することが必要とされる。これを「厳格一致の原則」という。

　発行銀行は，書類が外見上充足した呈示となっているとみられるか否かを点検し，信用状条件と厳格に一致している場合にのみ，荷為替手形の支払または引受を行う（統一規則第14条）。

　なお，発行銀行や確認銀行は書類を受け取ったときは翌日から最大5銀行営業日以内に書類を点検し，当該書面を引き取るか拒絶するかを決める必要がある（統一規則14条b）。信用状に合致した書類が呈示された場合には，受益者に対して支払う義務を負い（統一規則15条a），書類が信用状に合致していないと認められるときは，書類取引を拒否することができる（統一規則16条）。

(7) 信用状と準拠法

① 信用状発行契約の準拠法

　売主・買主間の信用状開設契約の準拠法は物品売買契約中に規定される場合が多く，通常，売買契約の準拠法と一致する（通則法7条）。当事者同士の定めがない場合には，通則法8条2項による最密接関係地法となるが，この場合の最密接関係地の解釈については発行銀行の営業所在地による説のほか，信用状で指定された支払地の法という説がある。

③ 信用状発行銀行と確認銀行間の準拠法

　信用状発行銀行と確認銀行は保証委託者と保証との関係に類似するので，

別段の取決めがない場合には，保証の準拠法決定に倣い，確認銀行の営業所所在地法となる。

④ 信用状発行銀行と受益者間の準拠法

信用状発行銀行と受益者との関係の準拠法については，ア）黙示の意思を探究する方法，イ）条理により客観的な連結点を見出す方法（信用発行銀行の営業所在地法，義務の履行地法）等が対立している。

信用状の取引の中心的存在が与信を行う信用状発行銀行側にあることを考慮し，信用発行銀行の営業所在地法とする説が有力である。

◆ 第Ⅲ節 ◆ その他の支払手段

◆ 第1項 手形小切手

(1) ジュネーヴ条約

手形・小切手は，決済手段として国際取引においても重要な役割を果たしている。手形・小切手は世界各国で採用されているが，内容を異にする手形・小切手法を国際取引に適用すると，国際取引の円滑化の支障となることから，英米法系と大陸法系との調和が図られ，1930年に国際連盟において「為替手形及約束手形ニ関シ統一法ヲ制定スル条約」，1931年「小切手ニ関シ統一法ヲ制定スル条約」（ジュネーヴ条約）が採択された。

わが国は両条約を批准し，手形法（昭和7年法律20号），小切手法（昭和8年法律57号）を制定している。ジュネーヴ条約は大陸法を基礎としているが，英国，米国および南米諸国は本条約に参加しておらず，ジュネーブ条約と英米手形法系の2つの流れが生じており，未だに国際的規模での手形法の統一は実現されていない。

(2) 国連手形条約

こうした手形法の不統一性を改善するため，国連国際商事取引法委員会（United Nations Commission on International Trade Law；UNCITRAL）では，1971年から国際取引に使用される手形小切手の統一条約の作成に着手し，1988年12月9日に「国際為替手形及び国際約束手形に関する条約（国際手形条約）」を採択した。この条約は，当事者が任意にこの条約を適用することを表明し，その旨を証券上に表示した場合にのみ適用される（同条約1条）。

さらに国際性を示す要件として，為替手形の場合には，①振出地，②振出人

の署名に付記された地，③支払人の名称に付記された地，④受取人の名称に付記された地のうちいずれか2つが異なる国にあることを示していることが必要である（同条約第2条）。為替手形の場合には，振出地，支払地のいずれかが表示され，かつそれが締約国内であることが必要である（同条約第2条但書）。

　国連手形条約は，ジュネーヴ条約と英米手形法を調整するため，英米手形法の要素を取りこんでいる。偽造裏書の手続については，ジュネーヴ条約は偽造裏書が介在しても善意の第3者が手形上の権利を取得できるが，英米法では偽造裏書の取得者は手形上の権利者とはなりえないという差異があった。

　国連手形条約では両法系を採り入れて，偽造裏書の扱いに関し，偽造裏書であることを知らなかったときは，手形上の権利を善意で取得することができ，手形署名者に対し，その者が偽造裏書の前に署名したどうかに限らず手形の権利を行使できるが，偽造者および偽造者から直接手形を取得した者は，偽造裏書により損害を被った者に対し，損害を賠償する責任を認めている（同条約25条）。このほか，即時取得と人的抗弁制限というジュネーブ手形法では二つに区別されている善意者保護の制度を，所持人が「保護される所持人」の要件を満たすか否かという一つの要件で一本化していることが特徴である。

◆ 第2項　仮想通貨

　わが国ではFinTec（financial technology）技術による金融のデジタル化がすすみ，銀行口座間の支払ではなく，仮想通貨（暗号資産）により送金（支払）が行われるケースが増えるなど，キャッシュレス決済の時代へと移行している。仮想通貨を代表するビットコインは紙幣や硬貨のような現物を持たず，電子データのみでやりとりされる通貨として主にインターネット上での取引に用いられている。仮想通貨は中央銀行や金融機関を経由せずにやりとりされるため，海外などへの送金や決済時の手数料が安くすむほか，送金・決済時間を大幅に短縮できる利点がある。

　仮想通貨のひとつでもあるビットコインでは個々のユーザーが直接データをやりとりするP2P（Peer to Peer）の仕組みが利用される。P2Pではネットワークの中心にあるサーバーに個人がアクセスするのではなく，インターネットに接続された個々のコンピュータ同士がお互いに直接データを送信する方式であって，取引記録は1か所に保管されるのではなく，世界中に散らばった不特定多数のコンピュータが同じ取引記録を保存するという「分散型台帳」による

取引記録保存がなされている。これにより銀行や集中管理機関が存在していなくても参加当事者間のみで送金ができることとなる。こうした仮想通貨の法的性質については，見解が多岐に分かれ，物権やそれに準ずるものとみなす説，財産権的性質を認める説，プログラムコードに対する合意を根拠とする説（ビットコインの保有を可能としているのは，取引参加全員が「合意」し，前提としている「プロトコル」であり，その合意が一種のソフトローとなってシステムを支えているという説）など実体法上の性質をめぐる争いは決着を見ていない。他方，牴触法における仮想通貨の取扱いについても同様に確立した見解は示されていない。例えば，日本では仮想通貨に物権的性質が認められていないため，物権的性質が認められている外国に仮想通貨が送金された場合日本法上はどのように扱うべきか，通則法13条1項により動産，不動産に関する物権については目的物所在地法となるが，世界各国に分散型記帳がなされている場合に，果たしてどの場所を最密接関係地として仮想通貨が存在しているといえるのか，キャッシュレス社会の浸透とともにこうした新たな概念の通貨による支払にかかる準拠法をどのように考えていくべきか等々，いくつもの解釈問題が残されている。

（課題）

1　日本のX社は米国のA社にX社の製品を輸出するため売買契約を締結した。A社は米国のB銀行に信用状の発行を依頼し，信用状が発行された。その後，X社がY銀行（買取銀行）に対して荷為替手形の買取請求を行った。Y銀行がX社の呈示した船積書類と信用状条件を確認したところ，書類の日付が信用状の発行期日よりも前の日付であることが判明した。Y銀行はX社からの荷為替手形の買取請求を拒絶することができるか。（信用状統一規則14条i）。

2　甲国のA社は米国のX社から同社製品を輸入するため売買契約を締結した。

　　A社は，取引銀行である甲国のY銀行に信用状発行を依頼し，日本のC銀行を通知銀行および確認銀行として信用状が発行された旨，X社に通知された。X社が船積書類を準備し出荷した後に，A社の財務状況が悪化しており弁済不能の状況に陥っていることが判明した。

　　X社の取引銀行Bは船積書類の記載が信用状条件と一致してい

とを確認したが，A 社の財務状況悪化の事実を認識していたため，X
社からの荷為替手形の買取に応じなかった。X 社は甲国の Y 銀行に対
して売買代金の支払を請求することができるか。なお，本件の輸出製
品は甲国に到着しておらず，A 社につきすべての関係国で破産手続等
の法的手続はまだ開始されていない。

3　日本のメーカー A 社の甲国現地法人 B 社は現地の銀行 C から融資を
受けることとした。ところが B 社は現地では信用力がなく融資の審査
をとおることが困難であることが予想される。この場合，日本法人 A
社の取引銀行である日本の D 銀行として，どのような種類の信用状を
発行すればこれに現地法人 B 社の融資をサポートできるであろうか。
　　また，信用状発行後に C 銀行から融資を受けた B 社が借入金を適時
に返済できないとき，C 銀行はどのような措置を行うことができるか。

4　仮想通貨であるビットコインを利用すると，銀行をとおさずに廉価な
手数料で世界各国の当事者に送金することができる。国内の仮想通貨
交換業者の約款では国内での取引については日本法が準拠法と定めら
れているが，海外の当事者との取引ではその国の法令が適用されると
するリスクがあることが指摘されている＊。
　　国際的なリーガルリスクを避けるためにはどのような統一的規律が
求められるであろうか。

　　＊ビットバンク（株）顧客向け説明書によれば以下の記載がある。「現在，対象
　　　仮想通貨取引を行う関係者に適用される対象仮想通貨に関する税・法令につい
　　　ては流動的です。現状において，対象仮想通貨に対する各国の規制はまちまち
　　　でありますが，対象仮想通貨の取引量が増大するなどの事情によっては，将来
　　　的に各国の法制度や税制または政策の変更等により，対象仮想通貨取引が禁止，
　　　制限又は課税の強化等がなされ，対象仮想通貨の保有や取引が制限され，また
　　　は現状より不利な取扱いとなるおそれがあります。この場合，お客様に予期し
　　　ない損失が生じるおそれがあります。」〈https://bitbank.cc/about/risk/〉（閲
　　　覧日：2020 年 3 月 21 日）

〈参考文献〉
久保田隆『国際取引法講義（第 2 版）』（中央経済社，2019 年）第 5 章
国際商業会議所日本委員会『ICC 荷為替信用状に関する統一規則および慣例（2007
　年改訂版）』

第14章　法定債権

　本章では，第 I 節から第Ⅵ節において不法行為（17 条〜22 条）について説明した後，第Ⅶ節において事務管理，不当利得（14 条〜16 条）について説明する。通則法上の順序には反するが，実務上の重要性の観点から，このような順序で説明する。

◆ 第 I 節 ◆　不法行為（17 条）

◆ 第 1 項　結果発生地法（17 条本文）

　「不法行為によって生ずる債権の成立及び効力」は，原則として「加害行為の結果が発生した地の法」による（通則法 17 条）。例えば，A 国において運転をしていた Y が交通事故を起こし，同乗者の X が負傷したとしよう。この場合，Y の不法行為責任には，原則として，X が負傷した A 国法が適用されることになる。

　法例では，不法行為の成立，効力は「原因タル事実ノ発生シタル地」の法によるとされていた（11 条 1 項）。通則法において，連結点が原因事実発生地から結果発生地に修正されたのはなぜか。この点について考えるために以下の例を考えてみよう。Y 社は A 国に工場を有するが，その工場から川に流れ出た有害物質が隣国の B 国まで到達した。その結果，B 国の X に健康被害が生じた。この場合，Y が不法行為を行った A 国（加害行為地），あるいは，Y による不法行為の結果が発生した B 国（結果発生地），これらのいずれが原因事実発生地か一義的には明らかではない。それゆえ，法例のもとでは，隔地的不法行為における原因事実発生地とは加害行為地，結果発生地のいずれかという論点が取り上げられていた。加害行為地を連結点とすれば，加害者にとってアクセスしやすく，なじみのある法を適用することになる。他方，結果発生地を連結点とすれば，被害者にとってそのようなメリットのある法を適用することになる。

　最終的に，通則法では，原則として結果発生地法によるとされた。もっとも，「結果発生地」も必ずしも一義的に明らかなわけではない。例えば，上記の工場の例において，Ｘは B 国において病気を発症したが，その後 C 国の病院に入院し，治療を受けたとしよう。この場合，「結果発生地」は，Ｘが病気を発症した B 国か，それとも入院し，治療を受けた C 国か。この点，Ｘが治療費を支出し，経済的損害を被った C 国を損害発生地とし，結果発生地とは区別した上で，Ｘが病気を発症した B 国を結果発生地とする見解が主張されている（山田鐐一『国際私法（第 3 版）』（有斐閣，2004 年）369 頁脚注（9），横山潤『国際私法』（三省堂，2012 年）201-202 頁）。さらに，そもそも「結果発生地」を連結点とすることがすぐには準拠法決定に繋がらない例として，公海上の船舶衝突などがある。

◆ 第 2 項　加害行為地法（17 条但書）

　不法行為債権の成立，効力は，原則として結果発生地法によるが（17 条本文），結果発生地における「結果の発生が通常予見することのできないものであったときは，加害行為が行われた地の法による」（17 条但書）。すなわち，加害者が結果の発生を予見できず，それゆえ結果発生地法という準拠法についても予見できない場合に配慮し，加害行為地法の適用の余地が残されている。

　それでは，「結果の発生が通常予見することのできない」場合とはいかなる場合か。通則法 17 条但書により加害行為地法を適用した事例として，東京地判平 22・12・27（平 21（ワ）3692 号）がある。原告（航空機による運送業を営むトルコ企業）は，被告（エンジンの整備業を営む日本企業）に対し，自らが使用した航空機に搭載されたエンジンに異常が発生した地はトルコであるとして，結果発生地法たるトルコ法の適用を主張した。しかし，航空機は，原告にリースされる以前に訴外韓国企業にリースされており，被告は韓国企業の委託により日本でエンジンの整備を行ったという事情があった。それゆえ，被告は，エンジンの整備後に同航空機のリース先が変更され，トルコにおいてエンジンの異常が発生することを予見できなかったと判示された。その結果，加害行為地法（被告がエンジンの整備不良を生じさせた地の法）たる日本法が適用された。

◆ 第3項　比較法

EU においては，2007年の「契約外債務の準拠法に関する欧州議会及び理事会規則」（以下，ローマⅡ規則）により，不法行為に関する牴触規則が統一された（ただし，デンマークを除く）。ローマⅡ規則4条1項は，「損害が生じる国」（the country in which the damage occurs）の法の適用を命じるが，通則法17条但書とは異なり，加害者の予見可能性に配慮した加害行為地法の適用は担保されていない。アメリカにおいては，いわゆる1960年代の牴触法革命（第24章参照）の影響により，各州により違いはあるものの，原則として具体的妥当性を重視した牴触法的アプローチが採用されている。牴触法第2リステイトメントも，「最も重要な関係（most significant relationship）」を有する地の法の適用を定め，その際，加害行為地，結果発生地，当事者の常居所地，国籍などを考慮すべきとしている（145条）。このような牴触規則は具体的妥当性を獲得するための柔軟性には優れているものの，どのように考慮すべきかが明示されていないため，実際の事案においていかなる地の法が適用されるか予見することが難しいという問題を有する。

◆ 第Ⅱ節 ◆ 生産物責任（18条）

◆ 第1項　法例下の議論

法例においては生産物責任に関する特別の定めはなかった。もっとも，生産物責任に特別の牴触法的処理を施すべきとの指摘がされていた。この点について理解するために以下の例を考えてみよう。

Y社はA国において暖房機器を製造している。Xはその製品をB国において使用していたが，当該暖房機器が発火し，Xは負傷した。法例11条所定の原因事実発生地を結果発生地と解釈すれば，Y社の生産物責任にはB国法が適用されることになる。しかしながら，Y社はB国において製品を販売しておらず，Y社の製品をA国で購入したXが，その後たまたまB国に引越し，B国でY社の製品を使用した際に事故が生じたとしよう。この場合，製造業者たるY社にとって原因事実発生地（結果発生地）法たるB国法の適用を予見することは難しい。他方，法例11条所定の原因事実発生地を加害行為地と解釈し，製造業者の本拠地または当該商品が製造された地の法を適用すれば，被害者の予見可能性が害される。

それでは，生産物責任の準拠法を決定するにあたり，被害者および生産業者等の予見可能性の保護をどのように調整すべきか。法例11条のもとでは，加害者，被害者の双方にとって予見可能性の高い地であるとの理由により，市場地法を適用すべきとの見解が主張されていた。また，近時の実質法上の不法行為制度の傾向（加害者による不法行為の抑止よりも，被害者の損害の填補を重視する傾向）を牴触法上の不法行為制度にも反映させるべきであるとして，被害者の常居所地法を適用すべきとの見解も主張されていた。

◆ 第2項　引渡地法（18条本文）

　法例11条に関するこうした議論を背景に，通則法18条では生産物責任に関する特別の牴触規則が設けられることになった。18条本文によれば，生産物責任の成立，効力は，原則として，「被害者が生産物の引渡しを受けた地の法」による。引渡地の解釈として，生産者が最初に生産物を流通に置いた地，被害者が生産物の引渡しを受けた地，これらのいずれもあり得るが，通則法は後者を採用する。

　このように，通則法は生産物責任の原則的連結点を引渡地とするが，「引渡しを受けた地」の文言には以下のような解釈問題が残されている。国際売買契約においては貿易条件としてFOB，CIF，CFR条件が多く用いられ，売主が船積地において運送人に商品を引渡した時点で売主は引渡債務を履行したことになる（第11章第Ⅲ節第2項参照）。もっとも，この時点では，買主は実際には商品を受領していない。この場合，売主が運送人に商品を引渡し，売買契約上の引渡債務を履行した船積地を「引渡地」と解釈すべきか，買主が実際に商品の引渡を受ける荷揚地を「引渡地」と解釈すべきか。こうした問題は，契約上の「引渡」の概念が実際の引渡とは異なるゆえに生じる問題である。なお，売買契約の当事者間における生産物責任に関しては，契約債権と不法行為債権の請求権の競合が生じるが，回避条項たる通則法20条（後述）により，契約準拠法を統一的に適用するとすれば，生産物責任における「引渡地」の解釈問題の重要性は低くなる。

◆ 第3項　生産業者等の主たる事業所の所在地法（18条但書）

　通則法18条本文が生産物責任の原則的連結点を引渡地とする理由の一つは，結果発生地，加害行為地に比べ，生産業者等，被害者のいずれにとっても予見

しやすい地である点にある。もっとも，生産業者等にとって引渡地法の適用を
予見することが難しい場合もある。既述の暖房機器の例において，Y社はB
国において暖房機器を販売しておらず，そもそもB国の市場では同種の暖房
機器はほとんど流通していなかったとしよう。そして，XがY社の製品をB
国で使用することになったのは，当該製品の中古品をB国で購入したためで
あるとしよう。生産業者等にとって引渡地法は結果発生地法よりも適用の予見
可能性が高いといえども，このような場合にまで生産業者等に引渡地法（B国
法）の適用を予見すべきであったとすることは，生産者の準拠法予見可能性を
通常以上に拡大することとなるため，適切ではない。

　こうした場合を考慮し，通則法18条但書は，引渡地における「生産物の引
渡しが通常予見することのできないものであったときは，生産業者等の主たる
事業所の所在地の法（生産業者等が事業所を有しない場合にあっては，その常居所
地法）による」とする。このように，通則法においては，生産業者等の予見可
能性の保護に配慮し，引渡地法に代えて生産業者等の主たる事業所の所在地法
が適用される。生産業者等にとって「生産物の引渡しが通常予見することので
きないもの」であったか否かについて判断する際には，生産業者の当該製品が
引渡地において流通していたか否か，生産業者の当該製品ではないにせよ，同
種の製品が広く流通していたか否か，これらについて検討する必要がある。

◆ 第Ⅲ節 ◆ 名誉，信用毀損（19条）

　名誉，信用毀損によって生じる債権の成立，効力は，被害者の常居所地法に
よる（法人その他の社団，財団の場合には主たる事業所の所在地法による）（通則法
19条）。名誉，信用毀損につき，一般的な不法行為（17条）とは異なる特別の
牴触規則が採用されるのはなぜか。その背景には，国際的な名誉，信用毀損の
場合，複数の国が結果発生地となり得るという事情がある。この点について理
解するために以下の例を考えてみよう。

　Y社はA国に主たる営業所を有する出版社である。XはB国に常居所を有
する。Y社がA国，B国，C国において出版した書籍がXの名誉を毀損した
として，XはY社に損害賠償を請求している。この場合，A国，B国，C国
のいずれも17条所定の結果発生地と解釈され得るため，いずれの地の法を適
用すべきか不明となる。また，それぞれの結果発生地における名誉，信用毀損

ごとにそれぞれの結果発生地法を適用することも，牴触法的処理として煩雑である。そこで，名誉，信用毀損では，通常，被害者の常居所地において最も重大な結果が発生すると考えられるため，通則法 19 条は被害者の常居所地法の適用を命じている。

　もっとも，被害者が自身の常居所地よりもその他の地において著名である場合，被害者の常居所地，最も重大な結果が発生した地，これらは一致しない。例えば，上記の例において，X は B 国に常居所を有するものの，Y 社が所在する A 国において非常に知名度が高く，人気があるとしよう。このような場合，通則法 20 条（後述）により，被害者の常居所地法たる B 国法に代えて，最も重大な結果が発生した地の A 国の法を最密接関係地法として適用すべきか否か検討しなければならない。

◆ 第Ⅳ節 ◆　回避条項（例外条項，是正条項）（20 条）

◆ 第 1 項　「明らかに」「より密接な関係」

　以上のように，通則法 17 条から 19 条において，不法行為，生産物責任，名誉毀損，これらが原則として連結されるべき地が規定されている。もっとも，そのような原則的連結によっては適切な地の法の適用を導くことができないこともあり得る。そのような事案に対応すべく，通則法 20 条において回避条項（例外条項，是正条項）が新しく規定された。20 条は，17 条から 19 条所定の地よりも「明らかに」「より密接な関係」を有するその他の地がある場合，その他の地の法の適用を命じる。

　それでは，「明らかに」「より密接な関係」の有無をいかに判断すべきか。この点，20 条は，「不法行為の当時において当事者が法を同じくする地に常居所を有していたこと，当事者間の契約に基づく義務に違反して不法行為が行われたこと」，すなわち，共通常居所地，既存の契約関係，これらを考慮すべき要素として列挙している。例えば，不法行為に関する 17 条の説明において挙げた自動車事故の例を考えてみよう。運転者 Y は A 国において運転していたが，運転を誤り，同乗者の X を負傷させた。この場合，Y の不法行為責任には，17 条により，原則として結果発生地たる A 国法が適用される。しかし，X および Y の常居所がともに日本に所在する場合，結果発生地たる A 国よりも共通常居所地たる日本が「明らかに」「より密接な関係」を有する地となる余地

がある。（ただし，福岡高判平 21・2・10 判タ 1299 号 238 頁は法例 11 条 1 項により不法行為地法たるアルゼンチン法を適用するにとどまった。）また，例えば，ノウハウ（営業秘密）の移転契約において，ライセンシー側の従業員が契約上の守秘義務に違反してノウハウを他社に流出させたとしよう。この場合，ノウハウを流出させるというライセンシー側の不法行為は，原則として結果発生地に連結されるはずであるが，通則法 20 条により，ノウハウの移転契約の準拠法の地が「明らかに」「より密接な関係」を有する地となる余地がある。

　もっとも，共通常居所地，当事者間の契約関係は，「明らかに」「より密接な関係」の有無を判断する際の要素に過ぎず，これらの事情が即座に共通常居所地法，契約準拠法の適用を導くわけではない。上記の自動車事故の事例に関しては，運転者が現地においてレンタカーを借りる際に加入した責任保険が現地法の不法行為責任のみを対象としている場合などを考慮すれば，共通常居所地が最密接関係地であるとは必ずしもいえないとの指摘もある（横山潤『国際私法』210 頁）。

　このように，通則法上，共通常居所地は，不法行為の最密接関係地の判断過程において考慮される要素の一つに過ぎない。他方，共通常居所地を独立の連結点として採用する立法例もある。例えば，不法行為を規律対象とするローマⅡ規則 4 条 1 項は損害発生地法の適用を命じるが，同条 2 項によれば，共通常居所地が存在する場合には損害発生地法に優先して共通常居所地法が適用される。同様に，契約準拠法が所属する地を独立の連結点として定める立法例もある（スイス国際私法 133 条 3 項）。

　20 条の適用が争点とされた裁判例として，東京地判平 22 年・1・29 判タ 1334 号 223 頁（適用なし），東京地判平 24・5・24 ジュリ臨増 1453 号 295 頁（平 24 重判）（適用あり），東京地判平 26・9・5 判時 2259 号 75 頁（適用なし），東京地判平 27・12・28 Westlaw Japan 文献番号 2015WLJPCA12288002（適用なし），東京地判平 28・6・20 Westlaw Japan 文献番号 2016WLJPCA 06208005（適用あり）がある。

◆ 第 2 項　附従的連結

　通則法 20 条により，不法行為を契約準拠法の地に附従的に連結するためには，不法行為と契約の間の密接な関連性が必要となる。言い換えれば，不法行為が契約債務の不履行を構成することが必要である。例えば，ノウハウ（営業

秘密）の移転契約において，ライセンシー側の従業員が契約上の守秘義務に違反してノウハウを他社に流出させた場合，ノウハウを流出させるという不法行為は契約上の守秘義務の不履行を構成する。他方，ライセンシー側の従業員がライセンサーの営業所に侵入して金品を窃取したような場合，金品の窃取という不法行為は契約上の債務とは関係がない。こうした場合，附従的連結は否定される。

◆ 第Ⅴ節 ◆ 当事者自治（21条）

◆ 第1項　法例下の議論

　法律行為とは異なり，不法行為については，当事者自治を認めることに否定的な見解が多かった。その根拠として，不法行為制度は不法行為地の社会秩序の維持を目的とし，それゆえ不法行為地の強行規定の回避を認めるべきではないこと，実質法上も契約債権については私的自治が認められるものの，不法行為債権については私的自治が認められていないこと，これらが挙げられていた。こうした理由により，法例においても不法行為に関して当事者自治を認める規定はなかった。

　もっとも，不法行為に関しても当事者双方にとっての準拠法の予見可能性を尊重すべきこと（客観的連結においては連結点たる「原因事実発生地」に解釈の問題が生じる），不法行為についても実質法上完全に私的自治が否定されているわけではないこと（不法行為債権の任意処分性，和解可能性），これらが指摘され，不法行為についても事後的な準拠法の合意を認めるべきであるとの見解が多数となった。こうした背景から，通則法21条では，当事者は事後的に準拠法につき合意することが認められることになった。

◆ 第2項　事後的変更（21条本文）

　通則法21条は，「不法行為の後において」と規定し，明示的に事後的合意のみを認める。事前の合意を認めない根拠として，交渉力，情報力の点で劣位にある弱者が不利な立場におかれることが挙げられている。他方，当事者間に一定の取引関係がすでに存在している場合に，名誉毀損，不当な取引制限，著作権侵害など，当事者双方が，将来，両者間に不法行為債権が成立する場合を見越して，念のために，不法行為準拠法を合意することを認める見解（櫻田嘉

章・道垣内正人編『注釈国際私法 第1巻』（有斐閣，2011 年）518 頁［竹下啓介］）
がある。この見解では，交渉力等の点で対等な当事者が念頭に置かれている。
なお，EU におけるローマⅡ規則 14 条は，「商業的活動に従事している」当事
者間の「自由な交渉によってなされた合意」であれば，事前の合意も認めてい
る。

◆ 第3項 第三者の権利を害する場合（21 条但書）

　準拠法の変更が第三者の権利を害する場合，その変更を第三者に対抗するこ
とはできない（通則法 21 条但書）。例えば，加害者と被害者の合意により，不
法行為の準拠法が A 国法から B 国法に変更されたとしよう。A 国法によれば
不法行為は成立しないが，B 国法によれば不法行為が成立する。この場合，加
害者の責任保険会社は，変更前の準拠法たる A 国法によれば，保険金の支払
債務を負わないが，変更後の準拠法たる B 国法によれば，保険金の支払債務
を負う。このように，加害者，被害者の間で行われた準拠法の変更が，第三者
たる保険会社の利益を害する場合がある。こうした場合，原則として，第三者
の予見可能性の保護の観点から，第三者に準拠法の変更を対抗することはでき
ない。（もっとも，牴触法上の弱者保護という政策的判断に基づけば，巨大企業たる
保険会社が保護対象たり得るか否かという点には検討の余地が残ろう。）

◆ 第Ⅵ節 ◆ 特別留保条項（22 条）

　通則法 22 条1 項は不法行為の成立につき日本法の累積適用を定めている。
すなわち，準拠法たる外国法によれば不法行為が成立するものの，日本法によ
れば不法行為は成立しない場合，結論として不法行為の成立は否定される。ま
た，同条2 項は，不法行為に基づく「損害賠償その他の処分」についても日本
法の累積適用を定めている。すなわち，準拠法たる外国法により不法行為が成
立する場合であっても，損害賠償の範囲，方法等は日本法が認めるものに限ら
れる。したがって，不法行為の準拠法たるアメリカ法が懲罰的損害賠償を認め
るとしても，日本の実質法はそのような賠償を認めないため，結論として懲罰
的損害賠償を求めることはできない。
　通則法 22 条は法例 11 条2 項，3 項を受け継ぐ形で規定された（アメリカ特
許権の侵害行為につき法例 11 条2 項を適用した事例として最判平 14・9・26 民集

56 巻 7 号 1551 頁）。名誉毀損につき 22 条 1 項を適用した事例として東京地判平 25・10・28 判タ 1419 号 331 頁がある。準拠外国法による不法行為責任（不動産の所有権侵害）の成否について判断することなく，22 条 1 項により日本法上の不法行為責任を否定し，結論として不法行為責任を否定した事例として東京地判平 27・12・28 Westlaw Japan 文献番号 2015WLJPCA12288002 がある。22 条の適用が争われたその他の事例として，東京地判平 23・3・2 ジュリ 1461 号 131 頁，知財高判平 23・11・28 国際私法判例百選第 2 版 112 頁（東京地判平 23・3・2 の控訴審）がある。

　もっとも，法例 11 条 2 項，3 項に対しては，内外国法の平等に反する等の理由により批判が多く呈されていた。諸外国の立法例をみても，法例 11 条 2 項，3 項のように，不法行為の成否，効力につき一律に法廷地法の累積適用を命じる規定は多くない。例えば，スイス国際私法は，懲罰的損害賠償が典型的に問題となる生産物責任，競争制限行為に限定した上で，法廷地法の累積適用を定めている（135 条 2 項，137 条 2 項）。ローマ II 規則も，不法行為の準拠法の適用が法廷地の公序に反する場合にのみ，当該準拠法の適用を否定するに過ぎない（26 条）。通則法の立法過程では議論が分かれ，最終的に特別留保条項は維持されたが，その必要性は検討課題として残されている。

　一般条項としての公序条項（42 条）があるにもかかわらず，不法行為につき特別留保条項が規定されるのはなぜか。公序条項は，準拠法たる外国法の内容そのものではなく，その具体的な適用結果が日本の公序に反する場合にのみ，外国法の適用を否定する。そのため，事案の日本との関連性（内国牽連性）などを考慮した上で，公序条項の発動の有無を検討しなければならない。これに対し，特別留保条項を適用する場合，外国法の具体的な適用結果が日本の公序に与える影響まで考慮する必要はなく，外国法および日本法の内容を比較すれば足りる。すなわち，公序条項に比べ，特別留保条項のほうがその適用の有無を判断しやすいといえる。

◆　第VII節　◆　不当利得，事務管理（14 条, 15 条, 16 条）

　事務管理（例：海難救助等），不当利得により生じる債権の成立，効力は「原因となる事実が発生した地の法」による（通則法 14 条）。不法行為に関しては，法例下で原因事実発生地が連結点とされていた（法例 11 条）。しかし，隔地的

不法行為の場合，加害行為地，結果発生地のいずれを原因事実発生地と解すべきか不明瞭となる。そのため，通則法では，原則として結果発生地法を適用し，ただし結果の発生を通常予見することができなかった場合には加害行為地法を適用することになった（通則法17条）。これに対し，事務管理，不当利得については，通則法においても，法例下と同様に，単に原因事実発生地が連結点とされるのみである。隔地的な事務管理，不当利得も考えられないわけではない。例えば，AがBの口座に振り込むつもりが，誤ってCの口座に振り込んでしまった場合，行為地（損失者たるAが振り込んだ地），結果発生地（利得者たるCの口座がある地），いずれを原因事実発生地とすべきか問題となる。こうした議論がありながらも，通則法で原因事実発生地が連結点とされたのは，事務管理，不当利得に関する事案は不法行為と比較して多種多様であり，原因事実発生地という連結点に解釈の余地を残しておくためであると立法上説明されている。

　不法行為と同様に，事務管理，不当利得についても回避条項（例外条項，是正条項）が規定されており，原因事実発生地法より「明らかに」「より密接な関係がある他の地」の法が適用される（15条）。「明らかに」「より密接な関係」の有無を判断する際に考慮すべき要素の例として，当事者の共通常居所地，当事者の契約関係が明文において挙げられている。例えば，受任者が委任契約の範囲を超えて事務の管理を行った場合，事務管理地法ではなく，委任契約の準拠法が適用される可能性がある。また，商品または代金の受領が売買契約の無効により不当利得となる場合，不当利得地法ではなく，売買契約の準拠法が適用される可能性がある。

　不法行為と同様に，事務管理，不当利得についても事後的に準拠法を変更することができる。ただし，第三者の権利を害する場合，第三者に変更を対抗することはできない（16条）。

課題

1　知的財産権の侵害にも，不法行為に関する原則的な牴触規則（17条以下）を適用すべきか。あるいは，特別の牴触規則（例えば，登録国法を連結点とする牴触規則）を適用すべきか。その際，知的財産権の種類（著作権，特許権，商標権，営業秘密（ノウハウ，トレード・シークレット）等）に応じて，場合分けが必要か。

2　日本の実質法たる製造物責任法における「製造物」，および，通則法
　　18条の単位法律関係たる「生産物」，これらの概念の違いをどのよう
　　に解釈すべきか。

3　生産物の引渡を受けた当事者以外の被害者も18条所定の「被害者」と
　　して理解し，生産物責任の追及を認めるべきか。(例：欠陥のある自動
　　車の事故に巻き込まれた歩行者，欠陥のある暖房器具を購入した当事者と同
　　居していた家族)

4　不正競争を構成するような，他人の営業上の信用を毀損する行為（参
　　考：不正競争法2条1項15号）も通則法19条所定の「信用毀損」に該
　　当するとして，被害者たる事業者の主たる事業所所在地法によるべき
　　か。あるいは，不正競争により競争が阻害される市場地の法によるべ
　　きか。

5　通則法上，生産物責任，名誉・信用毀損に関しては，不法行為に関す
　　る原則的牴触規則(17条)とは異なる特別の牴触規則が設けられてい
　　る。不法行為に関する原則的牴触規則の適用の是非につき検討の余地があ
　　る不法行為類型，すなわち回避条項(20条)の適用の検討の余地がある
　　不法行為類型にはどのようなものがあるか。(例：不正競争および競争
　　制限行為，環境汚染，知的財産権の侵害，労働争議行為（ストライキなど))

6　当事者の準拠法の変更により，当該不法行為と密接な関連を有する地
　　の強行規定の回避された場合，そのような回避を許容すべきか。(参
　　考：強行法規の特別連結の理論，ローマⅡ規則14条2項)

7　通則法22条所定の「当該外国法を適用すべき事実が日本法によれば不
　　法とならないとき」の「不法」をどのように解釈すべきか。日本法の
　　地域的適用範囲をも考慮して解釈すべきか。(最判平14・9・26民集56
　　巻7号1551頁)

8　事務管理，不当利得に関する回避条項(15条)の適用過程において，共
　　通常居所地，契約関係以外にどのような事情を考慮すべきか。例えば，
　　相続財産が相続の無効により不当利得となる場合，不当利得地法では
　　なく，相続の準拠法を適用すべきか。

〈参考文献〉

櫻田嘉章・道垣内正人編『注釈国際私法 第1巻』（有斐閣，2011年）389-539頁

横山潤『国際私法』（三省堂，2012年）200-226頁

出口耕自『論点講義 国際私法』（法学書院，2015年）281-313頁

中西康他『国際私法』（有斐閣，2014年）236-249頁

小出邦夫『逐条解説 法の適用に関する通則法（増補版)』（商事法務，2014年）
　174-269頁

第15章 婚姻(1)── 成立

◆ 第 I 節 ◆ 婚姻の成立

◆ 第1項 総 説

　婚姻について通則法は，婚姻の成立（24条），婚姻の効力（25条），夫婦財産制（26条），離婚（27条）に単位法律関係を分けて独立牴触規定を設けている。それぞれの規定については本章と次章の各節で後述する。

　まず，ここでいう「婚姻」とはどのような概念か。世界の婚姻には，婚姻の効力を伴わないイスラム教シーア派の短期偽装婚（ムトア），配偶者を嫌う女性の別の男性との逃亡を許すパキスタン・カラーシャ族の駆落ち婚，拉致後の女性の同意を得て成立する中央アジア・キルギスの誘拐婚（アラ・カチュー）等，異質な慣習を含め，各国の文化，宗教，慣習などを反映し，様々な制度がある。わが国をはじめ多くの国では一夫一婦制を採用している。他方で，イスラム法圏やアフリカの一部においては妻を複数めとることのできる一夫多妻制が採用されている。そうすると，例えばわが国に留学中のイスラム教徒のインドネシア人男性から求婚された日本人女性は，第2夫人としての有効な婚姻ができるかといった問題が生じ得る。また近時は，同性婚を認める国も増えている（2001年オランダに始まり，2019年5月アジアで初めて台湾で認められ，2019年5月現在26カ国）。他方で，同性愛に死刑を課す立法を行っている国もある（2019年ブルネイ）。そのような中で，日本人男性と同性婚を認めている国の男性とのカップルが，わが国において婚姻届を提出した場合，有効な婚姻と認められるのかといった問題が生じ得る（2019年2月14日同性婚を求める同性カップルが憲法14条・24条違反を主張して国を一斉提訴）。また婚姻適齢も各国によって異なり，一部の国で認められている児童婚が社会的問題ともなってきている。

　このような国際的な婚姻をめぐる諸問題については，いずれの法によるべきか。そもそも婚姻が有効であるためには，その成立要件（実質的成立要件と形

式的成立要件）を充足している必要がある。通則法は婚姻の成立について，婚姻の実質的成立要件（24条1項）と方式（形式的成立要件，24条2項，3項）に分けて規定している。本節では，婚姻の成立についてみていくこととする。

◆ 第2項　婚姻の実質的成立要件

(1) 総　説

婚姻の実質的成立要件には，例えば婚姻意思，婚姻適齢，婚姻禁止事由（重婚の禁止，近親婚の禁止），再婚禁止期間などがあり，婚姻の方式を除くすべての婚姻の成立要件に関する法律問題が包摂される。婚姻は各国の歴史や文化などを反映するものであるため，婚姻の実質的要件も国によって異なっている。

近時わが国の裁判において，実質的成立要件か方式かで問題となったものとしては，届出意思がある（方式と判断：名古屋高判平4・1・29家月48巻10号151頁，実質的成立要件と判断：大阪地判昭51・10・19判タ352号311頁）。

(2) 準拠法決定

それでは，婚姻の実質的成立要件はどのように規律されるか。

これについては，婚姻挙行地法主義（スイス，インド，ラテンアメリカ，米国など）と当事者の属人法主義との2つの考え方がある。後者については，さらに属人法につき住所地法を採用するもの（イングランド，スコットランド，オーストラリア，カナダなど）とわが国同様本国法を採用するものとがある（フランス，ドイツなど）。

平成元年改正前の法例は，婚姻する双方の本国法によるべきこと，諸国の立法例などを根拠に，平成元年の法例改正において各当事者の本国法主義および配分的連結が採用された（13条1項本文）。配分的連結とは，いずれかの本国法を優先することなく，各当事者について，それぞれ（配分的に）適用するものである。例えば，夫となるA国人男性についてはA国法を，妻となるB国人女性にはB国法を適用するというものである。この規定は，内容的には，平成元年の法例改正においても維持された（法例13条1項）。

配分的連結は準拠法の適用関係を複雑にするとの観点から，平成元年の法例改正において婚姻挙行地法主義の導入も検討された。しかし，婚姻挙行地法主義によると，例えば婚姻意思を持たず入国を目的とするだけの仮想婚姻などを阻止できない可能性が高いこと等を根拠に見送られた。通則法制定においては，特に内容の検討はされず，通則法24条1項は法例13条を踏襲した。

それでは，各人の本国法とは，いつの時点における本国法か。これについては，婚姻関係の成立という身分関係の形成が問題となっていることから，「婚姻当時における各当事者の本国法を意味する」と解されている（津家伊勢支審昭 38・12・3 家月 16 巻 1 号 155 頁，松山家審昭 59・12・4 判タ 5553 号 234 頁など）。それゆえ一旦有効に成立した婚姻は，当事者の本国法が変更され，新たな本国法により婚姻の成立が否定されるとしても，有効なものとして扱われる。他方で婚姻成立時に本国法により有効に成立しなかった婚姻は，新たな本国法により婚姻の成立が有効とされても，依然として無効である。

　当事者の本国において，婚姻締結後に婚姻関連法の改正があった場合，新旧いずれの法が本国法として適用されるのか。裁判例は分かれているが，学説上は時際法に委ねられるべきとされている（櫻田嘉章・道垣内正人編『注釈国際私法 第 2 巻』〔有斐閣，2011 年〕15 頁（横溝大））。

　当事者の本国法によるべき場合のため，反致は適用されるのか。明文による適用除外とはなっていないため，反致が適用される。例えば，日本に常居所を有する中国人同士の婚姻の場合，通則法 24 条 1 項により本国法たる中国法が指定され，中国国際私法（中国渉外民事関係法律適用法 21 条）によると当事者の共通常居所地法とされていることから，反致により日本法が適用されることになる。

(3) 一方的要件と双方的要件

　婚姻の実質的成立要件とされるものには，婚姻適齢のほか，いわゆる婚姻障害と呼ばれる近親婚の禁止や再婚禁止期間，重婚の禁止などがある。それらの要件のうち，一方当事者についてのみ問題とされるものを一方的要件，当事者双方について問題とされるものを双方的要件という。そこで，そもそもそのような区別はどのように行うのか問題となる。

　これについては，国際私法の次元において決定すべきとする見解と準拠実質法たる各当事者の本国法の解釈とすべきとする見解がある（溜池良夫『国際私法講義（第 3 版）』〔有斐閣，2005 年〕422 頁，横山潤『国際私法』〔三省堂，2012 年〕57 頁以下）。

　前述のように，一方的要件とは，当事者の一方にのみ関するものをいい，婚姻適齢，父母や後見人など第 3 者の同意，婚姻意思等が一方的要件とされている。例えば，19 歳の日本人男子学生と日本の大学に留学中の 20 歳の中国人女子学生とが，妊娠を契機に婚姻しようとした場合，日本人男子は，日本法上の

婚姻適齢 18 歳（民法 731 条）を，中国人女子は中国法上の婚姻適齢（中華人民共和国婚姻法 6 条 男 22 歳 女 20 歳）をそれぞれ充足しているので婚姻が可能となる。仮に婚姻適齢が双方的要件だった場合には，日本人男子にも中国法が適用され，22 歳に達していないため婚姻できないことになる。そもそも婚姻適齢は，精神的に未熟で尚早な婚姻を防ぎ，本人の保護を主要な目的とするものと考えられており，わが国の戸籍実務では，国際私法の次元で決定すべきことおよび一方的要件とされている。他方で，イギリスでは双方的要件とされている。

　上記に対し，近親関係，人種上・宗教上の理由に基づき禁止される男女関係，重婚，再婚禁止期間乃至待婚期間などが双方的要件とされている。とはいえ，それらのうちのいくつかについては，一方的要件か双方的要件か争いがある。

　例えば重婚の禁止は，一方的および双方的要件の区別に関する見解にかかわらず，双方的要件と解されている。なぜなら，重婚の禁止は既に配偶者のある者に対して婚姻を禁止するとともに，既に配偶者のある者との婚姻を相手方に対しても禁止するものであり，その性質上，当事者双方に関するものと考えられるからである。したがって，当事者の本国法のいずれかが重婚を禁止する場合には，重婚は認められないこととなる。

　再婚禁止期間は，父子関係の紛争を防止するために設けられており（民法 733 条），女性は離婚後一定期間再婚することができない。これを妻となるべきものの一方的要件と解する見解もあるが，離婚後一定期間経ていない女性との婚姻を相手方に対しても禁止するものであることから，双方的要件と解し，当事者双方の本国法によるべきと解される。その期間に差がある場合には，より長い期間を定める方の本国法によるべきとされる。

　そして，実質的成立要件が双方的要件の場合には，当事者双方の本国法が適用されることから，結果として累積的適用と同様になる。このことにより，いわゆる跛行婚（一方の国においては有効であるが，他方の国では無効というような婚姻）を回避することができる。

　他方で，そもそもそのような区別の必要性そのものに疑問を提示する見解もある。なぜなら，通則法 24 条は「婚姻」という単位法律関係を用いており，条文上一方的要件・双方的要件を区別していないという明文規定の構成や婚姻は常に 2 当事者間に関するものであり，双方的要件であることなどを理由としている（道垣内正人『ポイント国際私法 各論（第 2 版）』〔有斐閣，2014 年〕63 頁，

双方の本国法の累積的適用を主張)。

(4) 本条の適用範囲

　近時問題とされているのが，同性婚又はこれに類似する結合についても「婚姻」に含まれるのかという点である。この点，含まれないことを前提として，通則法24条1項・3項を類推適用する見解があった（溜池486頁，横山236頁）。また国際私法上の婚姻概念は必ずしも男女の結合に限定されないとして「婚姻」に含めるものの，登録パートナーシップについては，婚姻できない者のために婚姻に代替する制度として作られたものであることから，婚姻ではなく「公的機関への登録により婚姻に準じた法的効果を結合関係」と性質決定する見解もある（林貴美「同性カップルに対する法的保護の現代的動向と国際私法」国際私法年報6号（2004年）138頁，151頁）。

　総説で様々な「婚姻」に言及したように，準拠法決定という国際私法の機能から考えるならば，国際私法上の「婚姻」は，たとえ国内実質法上認められていなくとも，いずれか他の外国実質法上実在する制度を包摂するものと解すべきこととなろう。そして近時同性婚が多くの国で認められてきていることなどに鑑みれば，婚姻概念を男女間に限定すべきとする積極的理由はなく，同性婚等も「婚姻」に含まれると解して今や問題がないと考えられる。

◆ 第3項　婚姻の方式 ── 形式的成立要件

(1) 総　説

　婚姻の方式とは，有効な婚姻成立のために必要とされる婚姻の合意の外面的行為をさし，例えば，官庁への届出の要否，一定の儀式の要否などがある。

　周知のようにわが国では，いくら盛大に結婚式を挙げようとも，婚姻届を提出しないと法律上有効な婚姻は成立しない（民法739条）。逆に届出を出せば，結婚式を挙げなくても法律婚は成立する。また宗教婚では，教会において司祭の面前での挙式を要求するものもある。例えばフランスのカノン法がそうである。

　このように諸国の実質法上，求められる方式が異なるため，例えばフランス人男性と日本人女性のカップルが，ハワイで海外挙式を挙げ，現地の大使館（領事館）に婚姻届を提出した場合，有効な方式と認められ，婚姻が成立するのかなど問題となろう。

(2) 準拠法決定

　それでは，婚姻の方式の準拠法は，どのように規律されているか。
婚姻の方式は婚姻挙行地と密接な関係を有することから，絶対的挙行地法主義
を採用する国（フランス，ベルギー，スイス，南米諸国など），挙行地法主義に加
え，当事者の属人法との選択を認める選択的連結を採用する国などがある。

　平成元年前法例は，婚姻の方式については「但其方式ハ婚姻挙行地ノ法律ニ
依ル」として，婚姻挙行地のみを連結素とし，例外として民法 741 条による
「外国における日本人間」の外交婚（領事婚）のみを認めていた。しかし，そ
のような絶対的挙行地主義を厳格に貫くと，特定の宗教的儀式を要求する国に
おいて異なる信仰をもつ外国人が婚姻する場合困難を伴うなどの批判があった。
そこで平成元年の法例改正において，婚姻挙行地法主義に加え，当事者の一方
の本国法に従った方式も有効とする選択的連結を採用した（法例 13 条 2 項・3
項本文）。さらに追加されたのは，3 項但書の一方当事者が日本人である場合
の日本での婚姻について日本法を準拠法とする旨の日本人条項である。通則法
24 条 2 項・3 項は，法例 13 条 2 項・3 項を引き継いでいる。

(i) 選択的連結（通則法 24 条 2 項・3 項）

　通則法 24 条 2 項は，婚姻挙行地法主義を採用している。それゆえ，外国に
おいて外国の方式で挙行される日本人の婚姻も認められるが，戸籍法 41 条よ
り報告的届出が必要とされる（なお，戸籍法を公法と位置付ける見解については，
第 16 章第 I 節第 3 項(4)参照）。

　通則法 24 条 3 項では，挙行地法主義を絶対としてしまうと前述のように不
都合も生じることから，婚姻挙行地法または一方当事者の本国法との選択的連
結を認めている。

　従来，外国にある日本人が，日本人または外国人との婚姻届を海外から日本
の本籍地の市区町村長へ直接郵送した場合，婚姻挙行地は日本かという問題が
議論されてきた。実務では，婚姻挙行地を日本と解釈し，その届出を受理し，
婚姻の成立を認めてきた。しかし，そのような実務上の処理に対して，婚姻挙
行地法の趣旨に鑑み，妥当でないとの批判がされていた。この点，法改正によ
る選択的連結の導入により，当事者の一方の本国法による方式に従った場合と
して，従来の実務上の処理が正当化されるようになった。

　なお，船舶上で行われた婚姻の「挙行地」について，船舶が領水上にある場
合は領水所属国が婚姻挙行地となるが，公海上にある場合は，旗国法国が婚姻
挙行地とされる（溜池 434 頁）。

また選択的連結を採用している通則法 24 条 2 項，3 項について反致が認められるか。これについては平成元年改正当初から議論されてきた。すなわち，選択的連結を採用する立法趣旨に反するため，反致を否認する見解がある一方で，通則法 41 条但書上明示的に除外されていない以上，認められるとする見解もある。

(ii) 日本人条項（通則法 24 条 3 項但書）

通則法制定において，法例 13 条 3 項但書の日本人条項の削除が検討されたものの，維持され，通則法 24 条 3 項但書となっている。

通則法 24 条 3 項但書は，日本において婚姻を挙行した場合において，当事者の一方が日本人であるときは，日本法によらなければならず，他の一方の当事者の本国法による方式によることはできないことを定めている。これは平成元年改正において戸籍実務上の要請から導入されたものである。すなわち，日本に住む日本人の身分関係の変動は，できる限り迅速に戸籍に記載される必要があること，戸籍法 41 条（類推適用）が配偶者となるべき外国人の本国法による方式に従って婚姻した日本人に（報告的）届出を求めている以上，日本における一方当事者が日本人である婚姻の場合に婚姻挙行地法たる日本法上の（創設的）届出を要求しても，当事者にとっての負担は大差ないことなどが理由として挙げられている（南敏文『全訂 Q&A 渉外戸籍と国際私法』〔日本加除出版，2008 年〕57，58 頁）。しかし，日本で婚姻しようとする外国人を，その相手が日本人か否かで差別するものであること，相手の本国で婚姻する場合と比較して，有効な婚姻を成立させる機会が狭められるなどの批判も強い。

(3) 戸 籍 実 務

わが国における婚姻の方式は，「婚姻は，戸籍法の定めるところにより届け出ることによってその効力を生ずる」（民法 739 条 1 項）と定められている。したがって，日本おいて婚姻する場合には，外国人も含め，市区村長に婚姻の届出をしなければならない（戸籍法 25 条 2 項）。日本に所在する日本人と外国人の婚姻届は，夫または妻となる者の所在地または日本人当事者の本籍地の市区町村長に対して行う。戸籍実務上，婚姻届には，日本人については戸籍謄本を，外国人については本国官憲が発給する国籍証明書，婚姻要件具備証明書およびそれらの訳文を提出しなければならない。婚姻要件具備証明書のない国については，独身証明書，宣誓書，結婚証明書を提出する場合もある（渉外戸籍実務研究会著『改訂 渉外戸籍実務の処理 II 婚姻編 渉外戸籍実務研究会』〔日本加除出

版，2014年〕16頁）。

◆ 第4項　婚姻の無効・取消し

　婚姻の無効・取消しは，婚姻の成立と表裏一体の問題である。つまり，実質的成立要件および方式を具備していない場合，婚姻は有効に成立せず，婚姻の無効・取消しという問題が発生する。それでは，婚姻の無効・取消しについては，いずれの法によるべきか。

　まず実質的成立要件の欠缺が問題となっている場合，通則法24条1項で定まる準拠法のうち，欠缺が問題となっている一方当事者の本国法による。実質的成立要件の欠缺が双方の当事者について問題となる場合には，双方の本国法によるが，さらに各法が異なる効果を定めている場合はどうするかという問題が生じる。例えば，一方の本国法は取消しを，他方の本国法は無効を定めているような場合である。この場合には，婚姻の成立がより困難になる方の法律（より厳格な効果を認める方の法）を適用する。なぜなら，ある要件を双方的と解することは，婚姻の成立をより慎重にすべきことを意味するからである。つまり，前述の例ならば，無効とする法が適用される。

　次に方式の欠缺が問題となる場合には，通則法24条2項・3項で定まる準拠法による。もっとも方式については選択的連結が採用されているため，準拠法は複数考えられる。それゆえ方式の欠缺が問題となるのは，そのいずれの準拠法にも適合していない場合であり，1つでも方式上有効に成立しているならば無効とはならない。

◆ 第5項　婚　約

　それでは，婚姻の前段階である婚約の準拠法はどのように考えられてきたか。

　諸説あるが，将来の婚姻を約束する身分上の契約と捉え，婚姻に関する諸規定を類推し準拠法を決定するのが多数説である（小出邦夫編著『逐条解説法の適用に関する通則法（増補版）』〔商事法務，2015年〕326頁）。すなわち，婚約の実質的成立要件については，通則法24条1項を類推し，各当事者の本国法によるとする。婚約の方式については，通則法24条2項・3項を但書を除いて類推適用するとするが，通則法34条を類推適用するという解釈もある。婚約の効力については，通則法25条を類推適用する見解と通則法35条説も主張される等，学説は多岐にわたっている。

以上のように婚約の準拠法は解釈に委ねられている。通則法への改正におい
て立法が見送られたのは，現実に渉外的な婚約の準拠法が問題となる例があま
りないと考えられること，諸外国においても婚約について明文規定を設けてい
る立法例（中華民国渉外民事法律適用法45条「婚約の成立及び効力の準拠法」では，
第1項「婚約の成立は，その当事者の本国法による。ただし，婚約の方式は当事者
の一方の本国法又は婚約締結地法によるときも，有効とする。」，第2項「婚約の効
力は，婚約当事者の共通本国法による。共通本国法がないときは，共通住所地法に
よる。共通住所地法がないときは，婚約当事者との関係が最も密接な地の法律によ
る。」とされ，イタリア国際私法第26条が「婚約及び婚約破棄の効果については，
婚約者の共通本国法により，かかる法がない場合にはイタリア法による」と定めて
いる）があまりないことなどが理由として挙げられ，明文化は時期尚早である
と考えられた。

◆ 第6項 内 縁

次に 法的には婚姻と認められないけれども，事実上婚姻に相当する生活共
同体である内縁の準拠法はどのように考えられるべきか。

内縁も前回の法改正の際審議はされたものの，明文化は時期尚早であるとさ
れた。なぜなら，仮に規定を設けるならば，婚姻以外の男女関係のうちどの範
囲までを内縁と捉えるか，国際私法上の内縁概念を明確化することが困難であ
る点などが挙げられた。わが国の実質法おいて内縁関係は「準婚」と把握され，
できる限り婚姻に近い保護が考えられている。

前述のとおり，内縁の準拠法については明文規定がないため，解釈に委ねら
れている。学説では，婚約と同様，内縁の成立要件について通則法24条1項
を，方式について同法24条2項・3項を類推適用するのが多数説である。

課題

1 性別は一方的要件か双方的要件か。法務省の婚姻要件具備証明書では，
平成元年に相手方の性別を記載する方式に改め，相手方が同性である
ときは証明書を交付しないとしてきた（双方的要件）。しかし2009年に
そのような処理を変更し，依然として相手方の性別の記載は求めるも
のの，請求した本人がわが国の婚姻の実質的成立要件を充足している
かのみを証明するものとされた。その結果，日本人であっても海外に

おいては現在同性婚が可能となっている。性別は一方的要件であると
解される可能性があるのではないか。

2 近時第 3 の性を認める国（ネパール 2011 年，アルゼンチン 2012 年，ドイ
ツ 2019 年 1 月）も増えてきたことから，それらの人の婚姻を今後どの
ように規律していくのか。上記の性別要件との関係で問題となるので
はないか。

3 婚姻の形式的成立要件については，届出受理という国家機関の介在があ
ることから，外国国家行為承認の問題と捉えなおすべきか。方式の準拠
法は「挙行地法」ではなく，「機関所属国法」として捉え直すべきか。

〈参考文献〉
横山潤『国際家族法の研究』（有斐閣，1997 年）

第16章 婚姻(2)—— 効力・財産・離婚

◆ 第Ⅰ節 ◆ 婚姻の効力

◆ 第1項 総 説

　婚姻が有効に成立した場合，諸国の実質法上どのような法的効果が生じるか。

　例えばわが国の民法 750 条は夫婦同氏の原則を定めている。他方で，中華人民共和国や大韓民国などにおいては，妻の氏は婚姻によっても変わらない。それゆえ日本人と大韓民国人が結婚した場合，夫婦の氏にはいずれの法を適用し，どうなるかという問題が生じることとなろう。

　それならば，こうした婚姻の効力はどのように規律されるか。

　婚姻の効力については，身分的効果の問題と財産的効果の問題とが考えられる。通則法は前者を「婚姻の効力」として 25 条で，後者を「夫婦財産制」として 26 条で規律している。

　以下では，まず婚姻の効力の準拠法決定について述べていく。

◆ 第2項 準拠法決定

　伝統的に人の身分的問題については，属人法によるとされる。けれども，婚姻の効力のように，複数当事者が関係する場合には，いずれの当事者の属人法によるべきかが問題となる。

　この点，平成元年改正前の法例は，夫の本国法主義を採用していた。しかし，夫の本国法主義は憲法上の両性の平等に反しないかが問題とされてきた（溜池良夫『国際私法講義（第 3 版）』〔有斐閣，2005 年〕436 頁）。そこで平成元年改正において，牴触法上の両性の平等を実現するなどの観点から，夫婦双方に配慮した夫婦の同一本国法，夫婦の同一常居所地法，最密接関係地法という 3 段階の段階的連結が導入された（法例 14 条）。この段階的連結は，諸外国の立法例をも参照したものであるが，その段階数および連結点は夫婦の共通本国法（ドイツ），最後の共通本国法（オーストリア，ハンガリー），共通住所地法（トルコ）

など，各国によって異なっている。

平成 19 年改正の通則法 25 条では，法例 14 条を継承し，夫婦の同一本国法，夫婦の同一常居所地法，夫婦の最密接関係地法の 3 段階の段階的連結が定められている。

なお，準拠法はいつの時点で判断するのかについて，平成元年改正前は，婚姻の当時とする不変更主義を採用していた。しかし平成元年以降は，連結点の改正により夫のみの意思による準拠法変更の恐れがなくなったことから，その時の同一本国法などを探求する変更主義に変更されている。また段階的連結の趣旨を貫くため，通則法 41 条但書によって反致は適用されない旨が定められている。

(1) 同一本国法

それでは，第 1 の連結点である同一本国法はどのように決定するのか。

まず夫婦それぞれの本国法を決定し，それが同一である場合，その法が準拠法となる。同一本国法の有無の判断について，例えば，夫婦の一方が重国籍者である場合，通則法 38 条 1 項の規定により本国法を決定し，それがもう一方の当事者と同じであれば，同一本国法ありとなる。無国籍者や難民の本国法については，本国法に代えて常居所地法が適用（通則法 38 条 2 項但書）されるが，たとえそれが夫婦で同一になったとしても，同一本国法ありとは判断せず，次順位の同一常居地法の有無を判断する。

また地域的不統一法国に属する者の本国法についても，通則法 38 条 3 項によって，それぞれの本国法をいずれかの州法などに特定して，それが同じであれば同一本国法となる。たとえ A 国が共通していても，それだけで同一本国法ありとはならない点には注意が必要である。

(2) 同一常居所

第 2 の連結点である同一常居所地法についても，同一本国法と同様に，まずそれぞれの常居所地法を確定し，それが同一の場合に同一常居所地法ありとなる。常居所の認定について平成元年 10 月 3 日付け法務省民事局長通達（民二第 3900 号）第八は，外国人の在留資格と在留期間に応じ，引き続き 1 年以上，または 5 年以上の在留期間のあることをもって常居所があるとしている。

(3) 最密接関係地法

同一本国法も同一常居所地法もない場合には，第 3 の連結点である最密接関係地法が連結点となる。最密接関係地とは，婚姻関係について夫婦双方に密接

な関係を有する地をさし，婚姻挙行地や婚姻後の居住地はじめ，共通の出身地，言語，宗教，職業など様々な要素が考慮されるが，機械的公式はなく，裁判所の判断に委ねられる。

◆ 第 3 項　本条の適用範囲

本条はどのような事項に適用されるのか。実務上さほど広くないとされているが，以下の問題が議論されている。

(1) 夫婦間の同居・協力義務

夫婦間に同居義務があるか，夫婦の居所指定権が誰に認められるか，貞操義務の有無といった問題が，本条の適用範囲に入るとすることに異論は見られない。ただし最近は DV 問題（配偶者からの暴力の防止及び被害者の保護に関する法律）に関連して，これらの義務違反の直接的な効果も入るのか議論があり，入ると考えられている（櫻田嘉章・道垣内正人編『注釈国際私法 第 2 巻』〔有斐閣，2011 年〕28 頁（植松真生））。とはいえ，これらの義務違反が離婚原因となるかどうかは 25 条ではなく，27 条による。また例えば夫婦の一方による貞操義務違反に第 3 者が関与している場合，他方配偶者による当該第 3 者に対する請求は，不法行為（通則法 17 条）による（櫻田・道垣内編 28 頁（植松真生））。

(2) 婚姻の行為能力

成年擬制や妻の行為能力の制限は本条に入るのか。この点，婚姻の効力の問題とする考えがあるが，問題となっている夫婦の一方の行為能力の問題と捉え，4 条によるべきとする考えが主流である（溜池 445 頁，道垣内正人『ポイント国際私法 各論（第 2 版）』〔有斐閣，2014 年〕167 頁）。ただし，妻の行為能力の制限がわが国で問題となる場合，公序が発動される可能性が高いと思われる。

(3) 夫婦間の契約

夫婦間での契約締結の可否，可能であればどのような契約が許されるのか，夫婦間の契約はその一方により無条件で取り消し得るか（日本民法 754 条）といった問題について，実質法上規定を有する国もある。それゆえ，夫婦間の契約については，本条の指定する準拠法によるものと解される。ただし，財産に関する契約は通則法 26 条による。

(4) 夫婦の氏

氏については，人格権の問題であるとし当事者の本国法によるとする見解がある一方で，氏の変更は身分関係の変動（婚姻や離婚，養子縁組など）に伴って

　生じるものであることから当該身分関係の効力の準拠法によるとする考え方がある。後者による場合には，通則法25条によることになる。さらに各国の氏は自国民についての識別符号であり，公法として独自の規律に従うとする見解がある。それによれば，日本民法上の夫婦の氏に関する規定は戸籍法という公法的規定により適用範囲が確定される。すなわち，夫婦の氏に関する民法の規定は，日本人同士の婚姻のみを対象とするのであり，外国人・日本人の婚姻には適用されないとする。その結果，国際結婚の場合日本人の氏は変わらないことになる。

　戸籍実務では，国際婚姻をすると日本人について新戸籍が編成され，身分事項に婚姻事項が記載されるが，基本的に氏は変更されない。外国人と婚姻した者が配偶者の氏への変更を希望する場合，婚姻の日から6か月以内であれば家庭裁判所の許可を得ることなく，届出によって氏を変更することができる（戸籍法107条2項）。

◆ 第Ⅱ節 ◆　夫婦財産制

◆ 第1項　総　説

　夫婦の財産について，諸国の実質法ではどのように規律されているのか。

　わが国のように別産制（民法755条）が採用されている国（オーストラリア，ギリシャ，モナコなど）もあるが，共有制を採る国（フランス，ブラジル，オランダ）がある。

　このように夫婦の財産に関する諸国の実質法が異なることから，国籍の異なる夫婦の取得した財産がどのように規律されるのか問題が生じ得る。

◆ 第2項　準拠法決定

　それでは国際結婚をした夫婦の財産関係はどのように規律されるか。

通則法26条は，夫婦関係のうち財産に関する部分を規律している。夫婦財産制は，身分法と財産法が交錯する領域でもあることから，財産法的観点にも配慮した連結政策が採用されている。

　夫婦財産制の準拠法については，まず夫婦財産制も婚姻の身分的効力の準拠法と同じ準拠法を用いるという属人法主義の考え方がある。これは大陸法諸国で伝統的に採用されてきた考え方であり，わが国もこの立場を採用している。

他方で，財産法的観点から，当事者自治を認める意思主義を採用するという考え方があり，早くからフランス判例が，現在では多くの国で認められるようになってきており，通則法においても導入されている。ただし，当事者が選択し得る法の範囲を限定する立法例（ドイツ，スイス，スペイン，イタリア）とそうでないもの（オーストリア）とに分かれる。英米法諸国では，不動産については所在地法，動産については住所地法によるとする動産不動産異則主義という考え方もある。

わが国では平成元年改正前の法例は，当時の婚姻の効力と同じく連結点を夫の本国法とすること及び夫の意思のみによる連結点の変更を防止するため特定の時期に固定する不変更主義を採用していた。この点，平成元年に大きく改正され，婚姻の身分的効力の準拠法との統一的処理，夫婦双方に配慮した連結点，変更主義に変更された（法例15条）。法例15条の内容は現行通則法にも基本的に受け継がれ，法例15条1項但書は通則法26条2項に，法例15条2項・3項は通則法26条3項・4項となった。

(1) 属人法主義

通則法26条1項は，前述のように，属人法主義を採用し，婚姻の効力の準拠法を定める25条の規定を準用する。段階的連結の3番目の連結点である「夫婦の最密接関係地法」は，夫婦財産制に関して当該夫婦に最も密接なる関係がある地の法を意味するため，25条の最密接関係地法とは異なることがある。

段階的連結は，現在の連結点を採用するため（変更主義），夫婦の同一常居所地が変更されると，それに伴い準拠法も変更されることになる。その場合，新準拠法のもとで，旧法律関係をどのように処理するか，つまり新しい準拠法を遡及的に適用するかという問題が生じるが，通則法26条はこの点について定めていない。法律不遡及の原則により，準拠法が変更される前から有する財産について，新たな準拠法は適用されないと解される。

(2) 当事者自治

通則法26条2項において，夫婦の一方の国籍国法か常居所地法，さらに不動産については所在地法のいずれかを選択することができる量的制限を付した当事者自治が採用されている。これは，法例15項但書を現代語化したものである。

わが国では，実質法上の夫婦財産契約があまり利用されていないことから，

このような当事者自治導入には疑問の声もあった。しかし，外国人当事者の利便性への配慮，当事者の意思の尊重が当事者の利益にかなうものであること，諸外国の立法例（オーストリア 1978 年，ドイツ 1986 年，スイス 1987 年）を倣ったものであることが採用理由として挙げられている（南敏文『全訂 Q&A 渉外戸籍と国際私法』（日本加除出版，2008 年）74 頁）。

法選択の方式につき，「署名した書面で日付を記載したもの」によることが定められているものの，法選択の合意については規定がなく，解釈に委ねられている。また法選択の時期についても，26 条では特に定めていないが，変更主義を採用していることから，限定はなく，準拠法の変更も可能であろう。ただし，夫婦による準拠法選択の効力が将来効のみであることは明記されている。

(3) 内国取引保護

夫婦財産制の準拠法として外国法が指定され，その外国法による夫婦財産制の効力をわが国の取引にそのまま認める場合，内国における取引の安全が害される場合がある。平成元年の法例改正前までは，民法旧 757 条においてそれに対する規定（内国取引保護規定）が置かれていた。平成元年の改正で，民法 757 条が廃止されたのに合わせ，法例の中に従来の批判を踏まえた内国取引保護規定（法例 15 条 2 項）が制定された。通則法 26 条にもそれが引き継がれている。

通則法 26 条 3 項は，外国法に基づく夫婦財産制は「日本においてされた法律行為及び日本に在る財産については」，善意の第 3 者に対抗できないとする。そして，その場合の準拠法は日本法であるとしている。なお，ここでいう「善意」とは，準拠外国法の内容を知らないということではなく，夫婦の国籍，常居所といった連結点や準拠法選択の事実などを知らないことを意味する。例えば，夫婦がともに外国人であることを知っていた場合には悪意であるとするのが多数説である。

通則法 26 条 4 項は，外国法に基づいてされた夫婦財産契約をわが国で登記すれば，それをもって第 3 者に対抗できるとし，内国取引の保護と当事者保護のバランスをとっている。外国法上の法定財産制は登記できないが，それを夫婦財産契約の内容にして登記すれば第 3 者に対抗することができる。この登記については，「外国法人の登記及び夫婦財産契約の登記に関する法律」5 条以下に基づき行われる。

◆ 第3項　本条の適用範囲

　通則法26条の適用範囲にはどのような問題が入るのか。婚姻によって夫婦間に生ずる財産関係，いわゆる夫婦財産制に関する諸問題は本条の準拠法による。

(1) 夫婦財産契約

　夫婦財産契約を締結し得るか，締結できる場合に生ずる内容および効力などの諸問題，その契約の変更の可否などが本条によるとされる。

　夫婦財産契約の締結能力については，通則法4条による見解もあるが，本条によるとするのが多数説である（櫻田・道垣内38頁（青木清））。なお夫婦財産契約の方式は通則法34条による。

(2) 法定財産制

　夫婦財産契約を締結しなかったあるいは準拠法上それを締結することができなかった場合，夫婦の財産がどのように規律されるかという法定財産制については，本条の準拠法による。法定財産制には，国により共有制や別産制がある。

(3) 婚姻費用の分担

　婚姻費用の分担も本条の適用範囲に入るのか。この点，本条の夫婦財産制の問題とする見解と夫婦間の扶養問題と考える見解とが存在している。

(4) 日常家事債務

　日常家事債務の連帯責任の問題も本条によるべきか。かつては，婚姻共同体の円滑な運営のために不可欠な制度であることなどを理由に，婚姻の身分的効力の準拠法によるべきと考えられてきた（溜池446頁）。そして，その準拠法が日常家事債務の連帯責任を認めない場合には，内国取引保護の観点から法例3条2項の類推適用により夫婦の連帯責任を認めるものとした。これに対して，近時は夫婦財産制の問題と解されている。なぜなら，平成元年の法例改正で夫婦財産制の準拠法が不変更主義から変更主義に改正されたこと，また内国取引保護規定が設けられたからである。とはいえ，26条4項によって，当事者の意思を介して日常家事債務の連帯責任の排除が可能にも見え，問題が全くないというわけではない。しかし，このような例外的な場合には公序により対処可能であることから，26条説が現在有力である。

◆ 第Ⅲ節 ◆ 離　婚

◆ 第1項　総　説

　わが国では，当事者の合意と届出のみで成立する協議離婚（民法763条以下），裁判離婚（民法770条以下）のほか，調停離婚，審判離婚などが認められている。それに対して，宗教を背景として，今でも原則として離婚を認めない国もある（フィリピン）。また離婚には裁判所等の一定の公的機関の関与を義務付けている国が多く見られる。例えばデンマークやノルウェーでは裁判所による離婚とともに行政機関による離婚，またインドネシアの宗教裁判所による離婚などがある。

　このように諸国によって離婚を認めるか否か，どのような離婚を認めるかなど異なっている。そのため，国際結婚をした夫婦が離婚をする場合，いずれの法によるか問題となる。

◆ 第2項　準拠法決定

　それでは，渉外離婚について，どのように規律されているか。

　英米法諸国では管轄権を中心にしたルール（法廷地法を適用する）が，大陸法諸国では管轄ルールとは別に準拠法を決定するという2つの傾向がある。後者については，婚姻の身分的効力の準拠法によるべきとし，わが国はこの立場に依拠している。

　平成元年改正前の法例16条は，離婚原因発生当時の夫の本国法を準拠法としていたが，平成元年改正で，変更主義および婚姻の効力の準拠法（14条）準用に改められた。現行通則法27条によれば，通則法25条を準用し，離婚時点の当事者の同一本国法，当事者の同一常居所地法，最密接関係地法の段階的連結により準拠法が決定される。

(1) 原　則（27条本文）

　通則法27条は，25条の準用を定め，段階的連結を採用している。準用であることから，婚姻の効力の準拠法がそのまま離婚の準拠法となるわけではなく，25条と同様に，同一本国法の有無，同一常居所地法の有無，最密接関係地法の探求が行われる。特に第3の連結点である最密接関係地法については，あくまでも離婚についての最密接関係地を探求することから，25条の最密接関係地と異なることがある。

通則法 27 条は，法例 16 条時代（不変更主義を採用）とは異なり，準拠法の判断時期を固定していない。それゆえ，離婚時，すなわち協議離婚であれば届出の時点，裁判離婚では口頭弁論終結時が準拠法確定の基準時となる。

(2) 例　外（27 条但書）

通則法 27 条但書は，夫婦の一方が日本人であって日本に常居所を有する場合には必ず日本法によるべきことを定めている。これは通則法 24 条 3 項但書と並んで日本人条項と呼ばれている。この規定は法例 16 条但書を現代語化したものであるが，法例 14 条の最密接関係地法の認定という困難な判断を，形式的審査権しか有さない戸籍吏に委ねることは実務的に難しい点を考慮し，平成元年改正時に設けられたものである。

しかし，外国で外国人と婚姻生活を送っていた日本人が日本に戻り常居所を有する場合に，日本法を準拠法として離婚することができてしまう，いわゆる逃げ帰り離婚を可能とすること，また内外法平等をうたう国際私法の理念に反するなどの批判がある。そうした批判の背景には，わが国の協議離婚制度に内在する問題が，外国人当事者の場合に顕著に現れているように思われる。

なお，この但書は，実質的には，第 3 段階の最密接関係地法にのみ優先されるものであることに注意が必要である（南 93 頁）。

◆ 第 3 項　本条の適用範囲

本条は，どのような事項に適用されるのか。

(1) 離婚の可否

離婚は認められるかについては，本条が適用される。今日，世界のほとんどの国において離婚が認められているが，カトリック的婚姻観を重んじ，離婚を禁止する国（フィリピンやかつてのマルタ（2011 年に国民投票によって離婚可に））もあり，上記問題が生じ得る。

では離婚禁止国の法が準拠法となった場合，離婚は認められないのか。わが国の裁判所においても，かつては夫がフィリピン人で妻が日本人の離婚のケースで，準拠法がフィリピン法とされる事案が多数見られた。それらの事案においては，公序によって準拠法たるフィリピン法の適用を排除し，離婚を認めてきた。平成元年の改正後は，夫の本国法ではなく，段階的連結の採用によって準拠法が日本法となることが増えたため，この種の事例は見られなくなった。

(2) 離婚の方法

①　離婚の方法について，多くの国では裁判所等の一定の公的機関の許可・関与が認められている。他方で，わが国の協議離婚や，イスラム法で認められている夫の一方的意思表示のみによるタラーク離婚などもある。離婚の方法としてどのような方法が認められるのかは，離婚の準拠法によると考えられている。

②　より具体的に問題とされるのは，準拠法たる外国法上行政機関による離婚や宗教裁判所による離婚が求められている場合で，わが国にそのような機関が全く存在しないとき，どう対応すべきかである。

この点，従来わが国の裁判所による代行を認めるという考え方が採用されてきたが，近時は「手続」問題（公法的問題）として法廷地である日本法によるべき問題であり，そもそも「離婚」に含まれないとする見解も主張されている（道垣内 30 頁，国際私法判例百選（第 2 版）〔2012 年〕113 頁（中西康），櫻田・道垣内編 51 頁（青木清））。

③　さらに離婚の準拠法上裁判離婚しか認められていない場合に，わが国で認められている協議離婚，調停離婚，審判離婚を行うことが許されるかも問題とされてきた。

この場合，協議離婚が認められないとすることに異論はなかろう。次に調停離婚，審判離婚が許されるかであるが，それらは当事者の意思に基礎を置く制度である以上，認められないとするのが多数説である（櫻田・道垣内編 52 頁（青木清）・溜池 463 頁）。しかし家庭裁判所の実務では，家事審判法が調停前置主義を採用していることから，渉外離婚についても，調停離婚や審判離婚を行っている。こうした実務を前提として諸説主張されているが，家事審判法23 条に準じた審判で事件処理をすべきとの説が有力であり，戸籍実務もそれを前提とした処理を行ってきた。現行の，家事事件手続法においても，基本的に同様のことがあてはまる。

(3) 離婚に伴う財産給付

離婚に伴う財産給付については，以下の通り，種々のものが考えられる。

①　離婚後の扶養

まず離婚後の夫婦間の扶養が問題となる。これについては，通則法 27 条ではなく，扶養義務の準拠法に関する法律 4 条 1 項の規定により，その離婚に適用された法律による。これは実際に離婚に適用された法律を指し，例えば，公

序により排斥された場合には排斥後に適用された法となる（溜池 469 頁）。

② 離婚による慰謝料

離婚そのものを原因とする慰謝料の場合，離婚と不可分であることから通則法 27 条による（溜池 469 頁，山田鐐一『国際私法（第 3 版）』〔有斐閣，2004 年〕450 頁）。

他方で，夫婦の一方が有責であり，離婚の原因となった不法行為に基づいて損害賠償を請求する場合には，通則法 27 条ではなく，通則法 17 条の不法行為によるべきとするのが一般的である。しかし，やはりこれも通則法 27 条によるべきとする見解もある。

③ 離婚に伴う財産分与

離婚に伴う財産分与については，通則法 26 条によるべきか，通則法 27 条によるべきか議論がある。

まず離婚時に個々の財産が夫婦のいずれに帰属するかという夫婦財産の清算については，夫婦財産制の終了であることから，26 条によるべきであるとされる。

帰属の確定された財産が離婚に際しいかに清算されるか，例えば一方配偶者の特有財産について妻の寄与分が認められるか，認められるならばどの程度認められるかといった問題は，離婚と密接に関連するとして，離婚の準拠法によるべきとされる（横山潤『国際私法』〔三省堂，2012 年〕265 頁，溜池 470 頁）。しかし，これには反対する見解，すなわち 26 条によるべきとする考え方もある。

⑷ 離婚の効力

① 離婚後の氏

離婚した当事者の一方が婚姻前の氏を称すべきか，婚姻時の氏を称し得るか。婚姻の場合と同じく，当該身分変動の準拠法，すなわち離婚の準拠法によるとされている（多数説）。他方で，氏は氏名権という人格権に関するものであるから，各自の本国法によるべきという考え方もある（溜池 468 頁）。なお戸籍実務においては，外国人と婚姻した日本人が婚姻前の氏に復したいときは，離婚の日から 3 か月以内に限り，家庭裁判所の許可を得ることなく届出のみで復氏することができる（戸籍法 107 条 3 項）。

② 離婚後の親権・監護権の帰属

離婚後の未成年の子に対する親権・監護権の帰属について，離婚の準拠法によるか，親権の準拠法によるか議論があった。しかし，現在この問題は親子関

係の準拠法によるべきであるとする判例・通説に異論はなく，戸籍実務も同一の処理をしている。

(5) 別　居

わが国においては認められていないが，「別居」を認める国もある（フィリピン家族法 55 条以下「法定別居」，かつてのイタリア，トルコ，ギリシア）。そこで，国際私法上，別居の準拠法はどのように規律されるべきか問題となり得る。

この点，別居は離婚に似た制度であることを理由に，離婚と同一に考えられており，離婚に準じて通則法 27 条を適用すべきと考えられている（櫻田・道垣内編 64 頁（青木清））

別居の準拠法が裁判上の別居を認めているとき，わが国においてこれを請求し得るか問題となり得る。この点，従来これに対応する手続規定がないことから請求できないという考え方が有力であったが，現在では，請求できるとするのが多数説である（溜池 458 頁）。とはいえ，これを認めた裁判例はまだ見られていない。

> **課題**
>
> 　段階的連結における変更主義の採用は，当事者の連結点操作によって
> 準拠法変更を可能とするため，一種の「法律回避」とも考えられ，立
> 法論的解決が必要ではないかとの指摘がある。

〈参考文献〉
　小出邦夫編著『逐条解説 法の適用に関する通則法（増補版）』（商事法務，2015 年）

第**17**章　**親子と家族をめぐる手続(1)**
—— **実親子関係の成立と準正**

◆ 第Ⅰ節 ◆　嫡出親子関係の成立

◆ 第1項　総　説

(1)　一般に，嫡出親子関係とは，夫婦と，その間に生まれた子との間に成立する，法的な親子関係である。

　法的な親子関係は，大別すると，自然的，生物学的，遺伝的な親子関係の存在を一応の前提として成立する親子関係と，そうした関係なくして成立する親子関係（養子縁組）とに大別される。このうち前者は，比較実質法上，かつては，嫡出親子関係と，非嫡出親子関係とに分類され，その成立及び効力に，相違が設けられることが少なくなかった。とはいえ，近時では，両者を区別しない法秩序も少なくない。

　さらに，嫡出親子関係が成立するための要件をめぐっては，諸国の実質法上，様々な点で相違があることが知られている。かつて科学的に父子関係を確定することが困難であった時代に成立した制度である嫡出推定や，その裏返しとしての嫡出否認等について，そうした相違が生じるのも当然のことであろう。

(2)　このような嫡出親子関係の成立を規律する，統一法は存在しない。

　わが国の場合，平成元年の改正前法例は，嫡出親子関係の成立につき，「子ノ嫡出ナルヤ否ヤハ其出生当時母ノ夫ノ属シタル国ノ法律ニヨリテ之ヲ定ム」と定めていた（17条前段）。

　しかし，平成元年の法例の改正にあたり，この規定は，「夫婦ノ一方ノ本国法ニシテ子ノ出生ノ当時ニ於ケルモノニ依リ子ガ嫡出ナルトキハ其子ハ嫡出子トス」（17条1項）と改められた。通則法の制定にあたって，この規定は，実質的な変更を加えられることなく口語化され，現在に至っている（通則法28条1項）。

　このように，現行規定は，法律効果を「嫡出である子とする」としており，実質法的な表現形式を採用している。とはいえ，これはあくまで選択的連結の

導入に伴う表現上の便宜によるものであって，その内実は，「嫡出親子関係の成立は，子の出生の時点における，夫または妻の本国法のうち，その子をする法による」ということになる。

◆ 第 2 項　事項的適用範囲

(1)　通則法 28 条が規律するのは，まずもって，嫡出推定である。典型的には，いかなる期間に出生した子が，夫の子と推定されるかという点である。

また，平成元年改正前法例の単位法律関係の文言ほどには明確ではないが，婚姻の成立と同様，嫡出親子関係の成立の裏返し（不成立）の問題として，嫡出否認にまつわる諸問題も該当する。誰が否認の申立をすることができるか，当該申立の期間制限等である。

(2)　先に触れたように，比較実質法上，嫡出親子関係と非嫡出親子関係とを，そもそも区別しない法制度が存在し，その数は増えつつある。それならば，かかる法秩序が関係する場合，親子関係の成否は，いずれの独立牴触規定により判断されるべきか。たとえば，現在，ドイツ民法には嫡出親子関係と非嫡出親子関係の区別がないことを前提として，日本に居住するドイツ人のカップルの間に子が出生した場合，その親子関係の存否は，通則法 28 条によるべきか，29 条によるべきか，それとも別個の（場合によっては解釈論的に創出された）独立牴触規定により準拠法が決定されるべきか。

この点，通則法 28 条が「夫婦」に言及し，29 条がこれに言及していないことに照らせば，子の父母とされる者が婚姻している場合には 28 条により，婚姻していない場合には 29 条によることが考えられよう。これに対し，かかる区別をせず，父母それぞれと個別に親子関係の成否を判断する実質法の適用が問題となっていることに照らせば，29 条によることも考えられよう。

(3)　善意無効婚子（誤想婚子）と呼ばれる制度が存在する。これは，教会法に由来する制度で，婚姻が無効であることを，当事者の一方または双方が知らなかった（善意であった）場合において，一定の要件のもと（この点については，国により相違がある），当該子を嫡出子とする制度である。この制度を，嫡出親子関係の成立そのものとみることができるかどうかについてはともかく，その出生とともに，子が嫡出子たる身分を取得する制度であることに鑑みれば，通則法 28 条の事項的適用範囲と考えられよう。

これに対し，婚約者間で生まれた子を，その後婚姻が締結されなくても嫡出

子とする制度（婚約子）があるという指摘もある。28 条によるべきか，29 条によるべきかについては，見解が分かれることであろう。

(4) ときに，親子関係存否（不存在）確認の訴えが提起されることがある。このような訴えが提起される理由ないし事情は多様であるが，このような訴えが提起された場合，それが渉外事件であるとすれば，いかに処理されるべきか。

親子関係が存在しないということは，嫡出親子関係も，非嫡出親子関係も成立していないということであるから，それぞれ，通則法 28 条，29 条を段階的ないし同時的に適用して，準拠法を決定する，という見解があり得る。これに対し，一般的な親子関係の存否の確認に関する明文の規定は，通則法にはないとして，条理により，当事者双方の本国法を適用する，という見解もあり得る。また，これと異なる見解もあり得よう。さらに遡って言えば，個々の事案の実情に応じて，個別に判断すべきであるということも考えられよう。

(5) なお，嫡出親子関係の成立につき，方式が問題となる場合には，通則法 34 条により，当該身分関係たる嫡出親子関係の成立の準拠法（1 項）または行為地法（2 項）によることになる。

◆ 第3項　連結と準拠法の適用

(1) 通則法 28 条 1 項は，「子の出生当時の夫または妻の本国」を連結点とする，選択的連結を採用している。これは，連結点の構成にあたり，できるだけ子に嫡出子の身分を得させるという嫡出保護の考え方に依拠するものであり，これは，より抽象的に言えば，子の保護の一内容である。

一般に，選択的連結は，方式という，形式的要件の問題との関係で利用されることが多く，現行の通則法にもその種の規定が見られる（10 条 1 項 2 項，34 条 1 項 2 項）。それにもかかわらず，実質的な問題を規律するにあたっても用いられるようになったのは，とりわけ 20 世紀になってから，実質法的な価値が，国際私法上も考慮されるべき場合がある，という認識の浸透によるところが大きいであろう。

また，「子の出生の当時」と，不変更主義が採用されているのは，夫婦の本国がその後変更されても，準拠法（及び嫡出親子関係の成立）に影響を与えないことを明確にするという，法的安定性の要請に基づくものである。子の出生前に，夫が死亡することはあり得るが，その場合には，その死亡の時点の本国法が，子の出生当時の夫の本国法とみなされる（28 条 2 項）。

(2) 連結され得るのは，子の出生当時の，夫または妻の本国法である。選択的連結であるがゆえに，準拠法の適用にあたり，優先順位はない。また，一方の本国法を適用することにより嫡出親子関係が成立するならば，他方の本国法は適用されるまでもない。

これとは逆に，嫡出親子関係が成立しないと判断されるためには，子の出生当時の，夫の本国法によっても，妻の本国法によっても，嫡出親子関係が成立しないと評価されなければならない。嫡出否認についても，これと同様のことがあてはまる。

(3) 問題となるのは，反致の成否である。

通則法28条1項における選択的連結の趣旨は，適用され得る準拠法を複数用意し，嫡出親子関係の成立を容易にすることにある。仮に，反致を認めるとすれば，準拠法が日本法一つになってしまう事態が生じ得る。それでは，選択的連結の趣旨が害される。このため，通則法28条1項との関係では，およそ反致は成立する余地がない，と考える立場がある。

これに対し，通則法28条1項の文言は，そもそも便宜的なものであり，また，41条但書において，28条1項が排除対象とされていないことに鑑みれば，反致の成立を認めて差し支えないとする立場がある。

以上に対し，いわば選択的連結の趣旨を徹底し，可及的に嫡出親子関係の成立を促進する観点から，子の出生当時の，夫婦の一方の本国法を適用し，嫡出親子関係が成立する場合には，反致の成立を否定し，これとは逆に，夫婦の一方の本国法を適用すれば嫡出親子関係が成立しないものの，反致が成立し，日本法が適用されればこれが成立する場合には，反致の成立を肯定するという立場もある。

いずれの立場にも相応の根拠はあり，見解の分かれるところである。なお，裁判例において，反致の成否に積極的に言及するものは，ほとんど見られない。

(4) 一般論として，子が，嫡出子たる身分を取得することは，子の利益となるとされる。とはいえ，生物学的，遺伝的な親子関係がない者の間に，法的な嫡出親子関係が成立すると，かえってそのことが，子にとって不利益になることも考えられる（たとえば，後に，生物学的，遺伝的な親子関係のある者の間に，法的な嫡出親子関係の成立が妨げられることになるであろう）。このため，裁判例において，外国法を適用して，嫡出親子関係の成立を認めることが，かえって公序に反すると評価される事案も存在する（大津家審平12・1・17家月52巻7

号101頁）。

そのことを推し進めて言えば，嫡出否認を求める子の利益のために，別途嫡
出否認の準拠法を定めることが，立法論として検討される可能性があろうし，
嫡出の保護が連結政策として採用されたこと自体の当否もまた，検討対象
となり得るところであろう。

◆ 第4項　生殖補助医療と法的親子関係

⑴　いわゆる代理出産で生まれた子の，法的親子関係の成立は，いかに規律
されるべきか。

生殖補助医療技術としての体外授精が確立されて以来，親子関係をめぐる状
況は，従来とは一変することとなった。とりわけ注目されるのは，典型的には，
依頼者たる受精卵の提供者と，第三者たる女性とが，代理懐胎契約を締結し，
子が出生した後，出生した子の父母を提供者である旨の判断を，公的機関がく
だすことにより，子と提供者との間に，法的親子関係の成立を認める法制度を
認める国が現れたことである。もとより，このような法制度を認めるか否かは
国により分かれるところであるし，認めるとしても，いかなる内容の代理懐胎
契約を認めるか（依頼者は夫婦に限られるか，独身者や同性のカップルも可能か
等）は，国により異なるところである。

このため，正確な統計はないものの，わが国を含め，自己の希望を実現する
べく，依頼者が国境を越えて，このような代理出産が行われている。とはいえ，
子の引渡しが拒まれる等，様々な問題が発生していることもまた，よく知られ
ている。

渉外的な代理出産を規律する統一法はなく，各国の国内法によらざるを得な
い。わが国の場合，通則法に明文の規定がないだけではなく，民法等にも，直
接の明文規定は存在しない。

⑵　わが国において先例となるのは，最決平19・3・23民集61巻2号619
頁他である。

本件では，アメリカにおいて代理出産が行われ，カリフォルニア州裁判所が，
当該子の父母を依頼者たる日本人夫婦とする旨の判断をなし，出生証明書を発
行している場合において，当該日本人夫婦が当該子を自己の嫡出子として出生
届をしたところ，その受理が拒まれたため，受理を命ずるよう，裁判所に申立
が行われた。これに対し，一審はこれを認めず，抗告審はこれを認めていた。

最高裁は，当該カリフォルニア州裁判所の裁判が，日本において効力を有するか否かという観点から，民事訴訟法118条によって判断するものとし，公序に違反することから，承認を拒絶したというものである。

　なお，現行法では，「外国裁判所の家事事件についての確定した裁判（これに準ずる公的機関の判断を含む。）については，その性質に反しない限り，民事訴訟法第118条の規定を準用する」（家事事件手続法79条の2）と定められているが，人事訴訟法にこの種の規定は存在しない（第Ⅲ節第3項参照）。

◆ 第Ⅱ節 ◆ 非嫡出親子関係の成立

◆ 第1項　総　説

　⑴　非嫡出親子関係とは，婚姻関係にない男女と，その間に生まれた子との間に成立する，法的な親子関係である。

　このような非嫡出親子関係の成立には，比較実質法上，その父母による認知を要するとする立場（いわゆる認知主義，意思主義，ローマ主義とも呼ばれる）と，自然的な親子関係の存在があれば親子関係の成立を認める事実主義（ゲルマン主義とも呼ばれる）との相違が存在することは，よく知られている。

　また，前者の認知主義について言えば，認知の要件等についても，国により，その法制度に違いがあるところである。

　⑵　このような非嫡出親子関係に関する統一法は存在せず，各国国際私法によることになる。

　この点，平成元年改正前法例は，「子ノ認知ノ要件ハ其父又ハ母ニ関シテハ認知ノ当時父又ハ母ノ属スル国ノ法律ニ依リテ之ヲ定メ其子ニ関シテハ認知ノ当時子ノ属スル国ノ法律ニ依リテ之ヲ定ム」（18条1項）とし，また，「認知ノ効力ハ父又ハ母ノ本国法ニ依ル」（同条2項）としていた。認知による親子関係の成立について，父母及び子それぞれの本国へと，配分的に連結をしていた。

　この規定は，平成元年に，大きく変更され，さらに口語化されて，現行規定（通則法29条）となっている。すなわち，単位法律関係の上では，事実主義をも念頭において規定がなされ，認知との関係では，認知保護の観点から，選択的連結が導入されるとともに，不当な認知から子を保護するという観点から，いわゆるセーフガード条項が導入されたのである。

◆第2項　事項的適用範囲

(1)　「嫡出でない親子関係の成立」(29条1項前段)には，まずもって，その成立方法(認知主義か事実主義か)が該当する。

次に，認知による親子関係の成立については，その諸要件が該当する。任意認知，強制認知(裁判による認知)の可否，いわゆる撫育認知の存否，相手方たる子の同意の要否等が該当することになる。また，遺言による認知の可否や，死後認知の出訴期限も同様である。さらに，乱倫子や姦通子，胎児が認知され得るか否かという点も含まれる。これらに加えて，認知の取消の可否や取消権者のいかん，認知の直接的効果としての，遡及効の有無や撤回の可否等もまた，該当することになる。

これら認知にかかわる事項は，当然のことながら，「子の認知」(29条2項前段)にもあてはまることになる。

(2)　非嫡出親子関係の成立につき，方式が問題となる場合(たとえば，認知に届出が必要か否か等)には，通則法34条により，当該身分関係たる非嫡出親子関係の成立の準拠法(1項)または行為地法(2項)によることになる。

◆第3項　連結と準拠法の適用

(1)　通則法29条1項前段は，非嫡出親子関係の成立につき，父との関係については，子の出生当時の父の本国を連結点とし，母との関係については，その当時の母の本国を連結点とする。これは，嫡出親子関係の成立と，非嫡出親子関係の成立とを区別しつつも，両者の平仄をできるだけ合わせようとする趣旨であるとされている。

(2)　これに加えて，子の認知の場合，認知の当時の認知する者または子の本国法が適用され得る(29条2項前段)。これは，28条1項と同様，選択的連結である。これは，認知による親子関係をできるだけ認めようとする趣旨であり，子の福祉と表現されることもある。

選択的連結であるから，準拠法となり得る，最大3つの選択肢のうち，どの法律から適用してみてもよいことになり，その1つで非嫡出親子関係が成立すれば，その他の適用され得る準拠法は，適用されるまでもない(その1つで非嫡出親子関係が成立しないが，その他の1つの準拠法によりこれが成立すれば，もう1つの準拠法は，適用されるまでもない)。これとは逆に，非嫡出親子関係が成立しないというためには，選択肢とされる準拠法の，いずれによってもこれが

成立しないと判断されなければならない（たとえば，広島家判平 22・10・21 民集 68 巻 1 号 19 頁を参照）。

(3)　さらに，非嫡出親子関係の成立が認知による場合，子の本国法上の同意要件等の具備が必要であるとされている（29 条 1 項後段，29 条 2 項後段）。

これは，濫用的な認知（たとえば，もっぱら扶養料を請求する目的で，実父が子を認知する場合等）から，子を保護するために設けられた規定で，セーフガード条項と呼ばれている。このような，濫用的な認知から子を保護するための規定は，認知の成否を判断する準拠法上に規定されているはずであり，一般にこれで足りるはずであるが，準拠法の選択ないし決定の意味における子の保護という観点から，子の本国法を，部分的に累積的に適用しているのである。

(4)　認知による親子関係の成否を判断するにあたっては，選択的連結が採用されているため，嫡出親子関係の成立における選択的連結とまったく同様に，反致の成否について，見解が分かれるところである。

また，セーフガード条項との関係でも，反致の成否につき，見解が分かれるところである。一方で，セーフガード条項の趣旨が，子の本国法上の同意要件等を具備させることにより，子の保護を図ることにあることを強調する立場からは，反致の成立可能性を認めることは，セーフガード条項の趣旨が没却されることになり，これを否定すべきことになろう。他方で，反致の成立を認めるとしても，日本法が適用されることになるところ，日本法が適用されることにより，子の保護が実質的に図ることができなくなることはないとする立場からは，反致の成立可能性を肯定すべきことになろう。牴触法的な価値評価と，実質法的な価値評価の，いずれを優先するかが分かれるところである。

(5)　日本法とは異なるが，外国法により，認知なくして父子関係の成立を認めることに，公序違背が生じず，そのために父子関係の成立を求めて，認知の訴えを提起しても，訴えの利益を欠くため，却下された裁判例がある（大阪高判平 19・9・13 家月 60 巻 3 号 38 頁）。

◆ 第Ⅲ節 ◆　準　正

◆ 第 1 項　総　説

(1)　準正とは，非嫡出子が，嫡出子たる身分を取得する制度である。

比較実質法上，嫡出子と非嫡出子の区別をせず，認知を知らない法制度もあ

るが，非嫡出子が嫡出子となる制度は，少なからず見受けられるところである。そうした準正が認められる国であっても，いかなる方法で準正が認められるかは，国により異なるところである。

　(2)　このような準正につき，統一法は存在しておらず，各国国際私法によることになる。

　平成元年改正前の法例に，準正に直接言及する規定は存在しなかった。ただし，法例17条旧規定（の類推適用）により，準正に関する事実が発生した当時の，母の夫の本国法が適用されるものと解釈されていた。

　とはいえ，解釈論によるのでは，法的安定性に欠ける憾みがあり，平成元年の法例改正の際に，明文規定が置かれ，それが口語化されて通則法30条に引き継がれている。その表現形式は，28条と同様に，実質法的なものとなっているが，その内実は牴触規定であり，「準正により子が嫡出子となるか」否かは，「準正の要件である事実が完成した当時における父もしくは母または子の本国法」のうち，準正を認めるものである。

◆第2項　事項的適用範囲

　(1)　通則法30条の事項的適用範囲は，「準正により子が嫡出子となるか」どうか，そしていかなる方法で準正が成立するかという点である。

　その方法としては，婚姻外で生まれ，婚姻締結前に認知されていた子の父母が，婚姻をすることにより嫡出子の身分を取得するという方法（婚姻準正と呼ばれる），婚姻前に生まれた非嫡出子が婚姻締結後に認知されることにより嫡出子の身分を取得するという方法（認知準正と呼ばれる），国家機関の判断という方法があり得るところである。

　(2)　婚姻準正や認知準正が問題となる場合，婚姻の成否や，認知の成否は，その方式を含めて，それぞれ別の独立牴触規定により規律される（通則法24条，29条，34条）。

　(3)　韓国法における継母子関係は，夫と前婚の妻との間に生まれた嫡出子と，後婚の妻との間に，婚姻に伴って嫡出親子関係（ないしこれに相当する関係）を成立させる制度である（なお，最判平12・1・27民集54巻1巻1号他を参照）。このような関係の成否が，30条の事項的適用範囲に該当するかどうかについては，子が出生後に嫡出子たる身分を取得する制度であることから，該当するものとも考えられるであろうし，たとえこの点を否定したとしても，準正に準

じる制度であることから，30条を類推適用すべき事項と考えられよう。

◆ 第3項　連結と準拠法の適用

(1)　通則法30条1項に該当する事項は，準正の要件である事実が完成した当時における父もしくは母または子の本国のうち，準正を成立させるものに連結される。ここでも，選択的連結が採用されている。

準正事実完成当時の，父または母の本国に，選択的に連結されるのは，従前の解釈論を踏まえ，嫡出親子関係の成立に関する，平成元年改正法例17条1項（通則法28条1項）と，平仄をあわせたものである。子の本国が選択肢に加えられているのは，平成元年改正法例18条2項（通則法29条2項）において，子の認知につき，認知当時の子の本国法が適用され得ることとの均衡が考慮されたものである。

(2)　選択的連結であるから，準拠法となり得る，最大3つの選択肢のうち，どの法律から適用してみてもよく，その1つで準正が成立すれば，その他の適用され得る準拠法は，適用されるまでもない（その1つで準正が成立しないが，その他の1つの準拠法によりこれが成立すれば，もう1つの準拠法は，適用されるまでもない）。これとは逆に，準正が成立しないというためには，選択肢とされる準拠法の，いずれによってもこれが成立しないと判断されなければならない。

選択的連結であることから，反致が成立し得るか否かについては，嫡出親子関係及び認知と同様の問題がある。

(3)　法的安定性の観点から，不変更主義が採用されており，基準時は，「準正の要件である事実が完成した当時」である。

関係者が既に死亡しているときは，28条2項，29条3項と同様に，死亡した当時の本国法が適用されることになる（30条2項）。

(4)　外国法により，国家機関の判断による準正が認められており，わが国の裁判所に，かかる準正の判断を求める申立がなされた場合，日本の家庭裁判所が，これを代行できるか。

わが国の実質法には，婚姻準正及び認知準正があるが，国家機関の判断による準正という制度は存在しない。このため，かかる申立につき，そもそも国際裁判管轄がいかなる場合に認められるか，家事事件手続法に規定はなく，その判断基準からして，解釈論的な補充が必要となる。たとえ，国際裁判管轄が認

められるとしても，少なくとも実質法の類似性は認められず，代行可能性は否定されざるを得ないかもしれない。

課題

　1　嫡出否認の準拠法は，いかに決定されるべきか。立法論的に検討せよ。

　2　非嫡出親子関係の成立につき，父母の一方の本国法が事実主義を，他方が認知主義を採用している場合，どのような規律が行われるか。具体例を挙げて説明せよ。

〈参考文献〉
建石真公子「提供型生殖補助医療(代理懐胎を含む)における人権保護の課題」比較法研究 80 号（2018 年）203 頁以下

第18章 親子と家族をめぐる手続(2)
── 養子縁組, 効力と手続

◆ 第 I 節 ◆ 養 子 縁 組

◆ 第1項 総 説

(1) 養子縁組とは, 自然的, 生物学的, 遺伝的な親子関係から切り離されて成立する, 擬制的な親子関係である。

擬制的(人工的)であるがゆえに, 比較実質法上, 養子縁組制度には, 大きな相違がある。そもそも, イスラム法系の国では, 養子縁組を認めていないことが, よく知られている(イラン, イラクがその典型であり, 宗教的不統一法国において, ムスリムには養子縁組を認めない国もある。ただし, イスラム法系の国でありながら, これを認めるものもある)。また, 養子縁組の成立につき, 当事者の合意に基礎をおく, いわゆる契約型と, 公的機関の判断に基礎をおく, 決定(宣言)型の相違も, よく知られているところである。

(2) このような養子縁組を規律する統一法として, ハーグ国際私法会議において「養子縁組に関する裁判の管轄, 準拠法及び承認に関する条約」や「国際養子縁組に関する子の保護及び国際協力に関する条約」が採択されているが, わが国はこれらの条約に批准していない。このため, 国内法により処理されることになる。

平成元年改正前法例は, 「養子縁組ノ要件ハ各当事者ニ付キ其本国法ニ依リテ之ヲ定ム」, 「養子縁組ノ効力及ヒ離縁ハ養親ノ本国法ニ依ル」と規定していた。

この規定は, 平成元年の法例改正の際に, 「養子縁組ハ縁組ノ当時ノ養親ノ本国法ニ依ル若シ養子ノ本国法ガ養子縁組ノ整理ニ付キ養子若クハ第三者ノ承諾若クハ同意又ハ公ノ機関ノ許可其他の処分アルコトヲ要件トスルトキハ其要件ヲモ備フルコトヲ要ス」(法例20条1項), 「養子ト其実方ノ血族トノ親族関係ノ終了及ビ離縁ハ前項前段ニ定ムル法律ニ依ル」(2項)と改められた。通則法の制定にあたって, この規定は, 実質的な変更を加えられることなく口語

化され, 現在に至っている (31条)。

◆ 第2項 事項的適用範囲

(1) 通則法31条1項前段の単位法律関係は, 「養子縁組」である。

この事項に該当するのは, まずもって, そもそも養子縁組が認められるか否か, 認められるとして, その成立方法のいかん (当事者の合意によるか, 公的機関の決定によるか, 後者の場合, いかなる公的機関が関与するか) である。また, 養子縁組の成立に関する諸要件が該当する。典型的には, 養親または養子となるための適齢及び年齢差, 養親が夫婦であることの要否や, 養子縁組に対する養子または第三者の同意等の要否, 公的機関の許可の要否等である。

これに加えて, 養子縁組の, いわゆる直接的効果 (養親子間の法的親子関係の成立等) が該当する。

なお, 通則法31条2項には, 「養子とその実方の血族との親族関係の終了及び離縁」という単位法律関係がおかれている。これらの事項は, 一方で, 比較実質法上, 養子縁組の成立と一連の問題として規律されることが多く, 他方で, 「親子間の法律関係」(通則法32条) に該当するものと解釈されかねないというおそれがあるため, 養子縁組の成立と平仄をあわせて規律するべく, 設けられたものである。

(2) これに対し, 養子縁組の方式 (形式的成立要件) が問題となる場合, これは, 通則法34条によることとなる。

◆ 第3項 連結と準拠法の適用

(1) 通則法31条1項前段は, 養子縁組は, 縁組の当時の養親となるべき者の本国に連結する。

平成元年改正前法例は, 配分的連結が採用されていた。これが改められた理由は, 養子縁組につき, 契約型を採用する準拠法と, 決定型を採用する準拠法とが配分的に適用されることになれば, その適用関係が複雑化するおそれがあり, これを避ける必要があったとされている。それが, 現行法のような形式に改められたのは, 養子が養親の家族に受け入れられるという意味において, 養親が基準とされるべきであること, 比較国際私法上, 養親の本国が連結点として多く採用されていることに求められている。また, 「縁組の当時」と, 基準時が固定され, 不変更主義が採用されているのは, その後の養親の本国の変更

に伴い，養子縁組の成否が左右されないことを，明確にするためである。

この連結点は，「養子とその実方の血族との親族関係の終了及び離縁」との連続性に鑑み，この単位法律関係についても，そのまま基準とされている（通則法31条2項）。

もっとも，「国際養子縁組に関する子の保護及び国際協力に関する条約」のように，養親の本国を連結点としない規律もみられるところであり，養親の本国への連結が一般的なものであるという評価が，現在でも妥当するかどうかという点には，一考の余地があろう。

(2) それならば，夫婦が国籍を異にする場合において，夫婦共同縁組を行おうとするとき，いかに連結されるべきか。

裁判例は，養子縁組を，夫と養子，妻と養子という形で2つに分解し，前者については夫の本国に，後者については妻の本国に連結する。このような解釈は，一面で，通則法31条1項前段の文言に則しているものと評価されよう。

しかしながら，このように本来1つの養子縁組を2つに分解する点，配分的適用が改められた趣旨に照らせば，かかる解釈に対する疑義も呈されるところであり，これと異なる，様々な解釈が示されている。

(3) 通則法31条1項後段は，養子もしくは第三者の承諾もしくは同意または公的機関の許可その他の処分について，子の本国法を，累積的に適用する。

これは，通則法29条1項後段と同様，セーフガード条項と呼ばれ，不当な養子縁組から子を保護するための規定である。不当な養子縁組から子を保護するための要件ないし制度は，養親の本国法上にも定められているはずであるが，子の本国法を重ねて適用することにより，不当な養子縁組から子を保護しようとするものである。

(4) 通則法31条1項前段との関係で，反致が成立し得ることに異論はない。ただし，隠された反致が成立すると解すべきか否かについては，評価が分かれることであろう（たとえば，青森家裁十和田支部審平20・3・28家月60巻12号63頁を参照）。

また，セーフガード条項との関係で，反致が成立し得るか否かについては，認知におけるセーフガード条項（通則法29条1項後段，2項後段）の場合と同様に，解釈が分かれるところである。

(5) 養子縁組との関係では，準拠法の適用上，公序違背が問題となった裁判例が少なくない。

たとえば, 養子縁組の成立の成立を認めないイラン法（イスラム法）の適用（宇都宮家審平 19・7・20 家月 59 巻 12 号 106 頁）, 養子を 1 人に限定する中国法の適用（神戸家審平成 7・5・10 家月 47 巻 12 号 58 頁）, 養親の嫡出子の同意を要求するフィリピン法の適用（水戸家裁土浦支部審判平成 11・2・15 家月 51 巻 7 号 93 頁）が, 公序に反するとされている。

なお, 韓国人たる子の養子縁組につき, 日本法が適用された上で, 特別養子の申立が却下された事例がある（千葉家審平 11・4・14 家月 51 巻 11 号 102 頁）。

◆ 第Ⅱ節 ◆ 親子間の法律関係

◆ 第 1 項 意 義

(1) 親子関係が適法に成立していることを前提に, 親子間には, いかなる権利義務が発生するか。

比較実質法上, その規律には, 多様な相違がある。嫡出親子関係と非嫡出親子関係とで, その効力に相違が認められることもあるし, 親子関係の効力を一元的に親権等の概念で規律する法制度もあれば, 身上監護と財産管理とを明示的に区別して, 二元的に規律する法制度もある。親権の帰属と行使についても, その父母に帰属し, 共同で行使されるべきであって, その際, 子の福祉ないし利益に配慮することが求められているが, これと異なる規律が採用されることもある。親権の喪失, 剥奪, 停止, 消滅についても, その採否や具体的内容は, 国により異なっている。

(2) このような親子間の法律関係に関わる諸問題のうち, 子の奪い合いに関しては, 国際的な子の奪取の民事上の側面に関する条約（平成 26 年条約 2 号）及び国際的な子の奪取の民事上の側面に関する条約の実施に関する法律（平成 25 年法律第 48 号）が, 統一法として優先的に適用される。また, 扶養義務についても, 扶養義務の準拠法に関する法律等により規律されることになる（第 19 章参照）。その他にも, 若干の統一法が存在するが, わが国は批准等をしていない。このため, これら以外の事項については, 国内法によらざるを得ない。

平成元年改正前法例は,「親子間ノ法律関係ハ父ノ本国法ニ依ル若シ父アラサルトキハ母ノ本国法ニ依ル」（20 条）と規定していた。

この規定は, 平成元年の法例改正の際に,「親子間ノ法律関係ハ子ノ本国法ガ父又ハ母ノ本国法若シ父母ノ一方アラザルトキハ他ノ一方ノ本国法ト同一ナ

ル場合ニ於テハ子ノ本国法ニ依リ其他ノ場合ニ於テハ子ノ常居所地法ニ依ル」
(21条) と改められた。通則法の制定にあたって，この規定は，実質的な変更
を加えられることなく口語化され，現在に至っている (通則法32条)。

◆ 第2項　事項的適用範囲

(1)　通則法32条の単位法律関係は，「親子間の法律関係」である。この単位
法律関係に，親子関係の効力に関する諸問題が広く該当することになる。

　具体的には，親権の帰属や変更，親権の内容，親権の消滅等である。

(2)　これに対し，子の奪い合い及び扶養義務については，統一法により判断
されるため，当然に通則法32条に従って処理されることはない。

　離婚に伴う親権者指定のいかんが問われる場合，その性質決定が問題となり
得る。すなわち，この点が，「離婚」(通則法27条) に該当するか，「親子間の
法律関係」に該当するか，かつては裁判例において判断が分かれていた。とは
いえ，現在では，裁判例は一致して，後者によるとしている。

　また，出生に伴い，子がいかなる氏を称するか，命名のいかんについては，
通則法32条によるべきか，不文の独立牴触規定たる「人の氏名はその本国法
による」によるべきかについては，見解の分かれるところである。

◆ 第3項　連結と準拠法の適用

(1)　通則法32条は，段階的連結を採用し，第一段階として，子の本国，第
二段階として，子の常居所を連結点としている。

　平成元年改正前法例は，父の本国法を優先的に準拠法としていた。これが改
められた理由は，両性平等に反することに求められる。その上で，複数当事者
の法律関係であるという共通点から，婚姻の効力の準拠法と同様に規律される
べきであるとして，段階的連結が採用されている。その際，子の保護という観
点から，子を中心に連結点が構成される一方で，婚姻の効力の準拠法における
第三段階の「最も密接な関係」は，子の常居所に類型的に求められるとして，
連結点は二段階へ集約されることとなったのである。

　子の保護という観点からは，もっぱら子の常居所によるべきであるとも考え
られるところであるが，実務の処理で問題があることが指摘され，現在のよう
な形が採用されている。

(2)　もっとも，平成元年の改正の時点で，子の常居所へと連結されることは，

あまり多くないことも自覚されていた。とりわけ，日本国籍を併有する子の場合，通則法38条1項但書（法例28条1項但書）により，日本法が本国法とされるため，これが父母の一方の本国法と同一となるから，ほとんどの事案で，日本法が準拠法となることであろう。

　連結点の構成原理である最も密接な関係の原則に照らして，これが適切かどうかという点については，評価が分かれることであろう。

　(3)　親権者を母とすることを認めないイラン・イスラム法の適用が，公序に反するとして，排除された裁判例（東京家審平22・7・15家月63巻5号58頁）がある。

◆第4項　子の奪い合い

　(1)　国際的な子の奪い合いについては，ハーグ国際私法会議において，国際的な子の奪取の民事上の側面に関する条約（以下，奪取条約）が1980年10月25日に採択され，1983年12月1日に発効している。

　主にアメリカ大陸及びヨーロッパの，多くの国が締約国となっているこの条約に，諸般の理由から，日本は永らく締約国とはなっていなかった。このような状況は，司法摩擦を引き起こすだけでなく，子との面接交渉が困難になる等，様々な問題を生じさせることとなっていた。このため，消極的な意見も根強く残っていたものの，平成25（2013）年の第183回通常国会において奪取条約の締結が承認され，しかるべき手続を経て，奪取条約は，平成26（2014）年4月1日に発効したのである。

　その実施を担保するために，国際的な子の奪取の民事上の側面に関する条約の実施に関する法律（平成25年法律第48号，以下，実施法）が制定され，平成26年から施行されている。

　(2)　子の奪取（誘拐）が，当該子の心身，そして成長に，甚大な悪影響を及ぼすことは，よく知られている。このことを踏まえ，本条約は，子が不法に連れ去られ，または留置された場合において，当該子が従前の常居所地国に迅速に返還されること，あわせて，面接交流の確保を目的としている（奪取条約前文，1条）。

　奪取条約が適用されるのは，子が連れ去られた国及び連れ込まれた国が，いずれも奪取条約の締約国である場合である。関係者の国籍等は問題とならない。

　締約国のいずれかに不法に子を連れ去られた者は，その中央当局に対し，子

の返還を確保するための援助を求める旨の申立を行うことができる（8条）。任意に子が返還されない場合には，原則として子の即時返還が命じられることになる（12条1項）。子が返還されないのは，例外にすぎない（12条2項，13条）。

　奪取条約を受けて，実施法は，必要な事項を定めている。すなわち，中央当局を日本においては外務大臣（外務省）と指定し（3条），日本国内へ，あるいは日本国外へ監護する子を連れ去れた者の援助申請（4条1項，11条1項）に対して，援助の決定が行われることになる（6条1項，12条1項）。あわせて，面会交流援助についても規定が設けられている（16条以下）。

　この過程で任意に子が返還されなかった場合，家庭裁判所に返還を求めることができる（26条）。監護権を侵害する形で，日本国内に所在するに至った子が，16歳未満であり，かつ，連れ去り等の際にその常居所地国が条約締約国であった場合には，子の返還が命じられなければならない（27条）。返還拒絶事由は，ごく限られている（28条）。

　この命令（終局決定）に債務者が従わない場合，強制執行が行われる（134条以下）。かつては，この関連で，人身保護請求が問題となることもあったが（最判平30・3・15民集72巻1号17頁他），その後，強制執行に関して，一部法改正が行われている（令和元年法律2号）。

　（3）　統一法とはいえ，奪取条約（及び実施法）の解釈適用（とりわけ，返還拒絶事由についてのそれ）が，締約国で統一されるような制度は存在しない。とはいえ，ハーグ国際私法会議は，奪取条約の適用に関するデータベースをウェブサイト上で提供しており（〈https://www.incadat.com〉（閲覧日：2020年3月4日）），また，外務省のウェブサイトでも，様々な情報が提供されている（〈https://www.mofa.go.jp/mofaj/gaiko/hague/index.html〉（閲覧日：2020年3月4日））。

　この他，年度ごとの，日本の実施状況についての報告が，やはり外務省のウェブサイトにまとめられている（〈https://www.mofa.go.jp/mofaj/ca/ha/page25_000833.html〉（閲覧日：2020年3月4日））。また，アメリカ国務省は，年次報告書において，他国における履行状況に言及することがある。

◆ 第Ⅲ節 ◆ 家族をめぐる手続法上の諸問題

◆ 第 1 項 総 説

⑴ 婚姻及び親子にまつわる諸問題を判断するうえで，裁判所等，公的機関の関与が必要とされることが少なくない（たとえば，離婚，嫡出否認，養子縁組の成立等）。それならば，渉外事件において，その際の手続法上の諸問題は，いかに判断されるべきか。

このような手続法上の諸問題は多岐にわたる。それでも，特に重要なのは，そもそもどこの国の裁判所等に，当該事件を審理し，判断する資格があるかという，国際裁判管轄である。その重要性は，裁判の適正，当事者の公平等の見地から，財産関係事件の国際裁判管轄（第 21 章第Ⅰ節第 1 項）と同様である。また，家事事件等における外国判決の承認等も，財産関係事件のそれ（第 22 章第Ⅰ節）と同様に，重要である。

いったん裁判所に係属した事件の手続については，やはり財産関係事件と同様に，「手続は法廷地法による」の原則にしたがい，法廷地法によることとなる（第 20 章第Ⅱ節）。

⑵ かつては，家事事件等の国際裁判管轄及び外国判決の承認について，統一法は存在せず，また，国内法上も明文の規定は存在していなかった。

離婚については，2 つの最高裁判決（最大判昭 39・3・25 民集 18 巻 3 号 486 頁及び最判昭 39・4・9 家月 16 巻 8378 頁）を基礎として形成された，昭和 39 年ルールと呼ばれる判例法（原則として被告の住所地国に，例外的に原告の住所地国に国際裁判管轄が認められ，例外が認められるのは，被告が原告を悪意で遺棄した場合，被告が行方不明の場合，その他これに準じる場合）が存在していた（この他に，最判平 8・6・24 民集 50 巻 7 号 1451 頁を参照）。また，外国裁判所による確定裁判が，日本において承認されるか否かについては，最近では多くの裁判例でほぼ一致して，民事訴訟法 118 条が適用されてきている。とはいえ，その他の点については，必ずしも明確なルールが存在するとは言えない状態であった。

そうしていたところ，人事訴訟法及び家事事件手続法が改正され（平成 30 年法律 20 号），多くの事項について規定が新設され，これらに基づいて判断されることとなった。もっとも，これらの改正にあたっては，従来の裁判例においてみられる考え方が多くの部分で踏襲されており，規律内容に大きな変更を

加えるものではなく，判断基準の明確化という意味における法的安定性を図るという点に意味があろう。

◆ 第2項　国際裁判管轄

(1)　平成30年の改正に伴い，人事訴訟法に，国際裁判管轄に関する規定が盛り込まれている。すなわち，人事に関する訴え（この点につき，人事訴訟法2条を参照）について，日本の裁判所が管轄権を有する場合を規定し（3条の2），関連請求及び離婚等に伴う子の監護等についての管轄権につき規定するとともに（3条の3及び3条の4），特別の事情がある場合には，訴えの却下が認められるとしている（3条の5）。

また，家事事件手続法にも，国際裁判管轄に関する規定が盛り込まれている。家事調停事件を含めて，日本の裁判所が管轄権を有する場合を規定し（3条の2以下），特別の事情がある場合には，訴えの却下を認め（3条の14），管轄の標準時について定めを置いている（3条の15）。

合意管轄及び応訴管轄については，一般的に規定されていない。これは，個別に規定がある場合を除き，いずれも認められないという趣旨である。

以下，各論の課題ごとに確認していく。

(2)　婚姻に関して言えば，まず，離婚については，人事訴訟法3条の2により判断されることになる（なお，2条1号を参照）。日本に国際裁判管轄が認められるのは，被告の（死亡時の）住所が日本にあるとき（1号，3号），原告被告がともに日本国籍を有するとき（5号），原告の住所が日本にあり，原告及び被告の最後の共通住所が日本にあるとき（6号），原告の住所が日本にあり，被告が行方不明である等，日本に国際裁判管轄が認められるべき特別の事情があるとき（7号），である。

婚姻の無効及び取消，協議離婚の無効及び取消の訴えのうち，第三者が，夫婦双方を被告として訴えを提起する場合，夫婦の一方または双方の（死亡時の）住所が日本にあるとき（2号，4号），夫婦が共に日本国籍を有するとき（5号），日本の裁判所に国際裁判管轄が認められる。

また，財産分与については，離婚後の財産分与と，離婚等の際の財産分与とが区別されている。前者につき，日本に国際裁判管轄が認められるのは，相手方の住所が日本にあるとき（家事事件手続法3条の12第1号），相手方及び申立人がともに日本国籍を有するとき（2号），申立人の住所が日本にあり，申立

人及び相手方の最後の共通住所が日本にあるとき（3号），申立人の住所が日本にあり，相手方が行方不明である等，日本に国際裁判管轄が認められるべき特別の事情があるとき（4号），である。後者につき，日本に国際裁判管轄が認められるのは，離婚等につき，日本に国際裁判管轄が認められる場合において，家事事件手続法3条の12各号のいずれかに該当するときである（人事訴訟法3条の4第2項）。

なお，離婚や財産分与の調停といった，家事調停事件の国際裁判管轄についても規定が設けられており（家事事件手続法3条の13），そこでは，合意管轄が認められている（1項3号）。

(3) 嫡出親子関係に関して言えば，嫡出否認につき，人事訴訟法3条の2により判断される（なお，2条2号参照）。日本に国際裁判管轄が認められるのは，父とされる被告の（死亡時の）住所が日本にあるとき（1号，3号），子と主張する原告及び被告がともに日本国籍を有するとき（5号），原告の住所が日本にあり，原告及び被告の最後の共通住所が日本にあるとき（6号），原告の住所が日本にあり，被告が行方不明である等，日本に国際裁判管轄が認められるべき特別の事情があるとき（7号），である。

これにより，日本の裁判所に管轄が認められる場合，その特別代理人の選任の審判についても，管轄権を有することになる（家事事件手続法3条の4）。

(4) 非嫡出親子関係に関して言えば，認知の訴えの他，認知の無効及び取消の訴え，父を定める訴え，実親子関係存否確認の訴えについては，人事訴訟法3条の2により判断される（なお，2条2号を参照）。したがって，嫡出否認等と同様である。

第三者が，身分関係の当事者に対して訴えを提起する場合（たとえば，認知無効や，父を定める訴え），父及び子の一方または双方の（死亡時の）住所が日本にあるとき（2号，4号），父及び子が共に日本国籍を有するとき（5号），日本の裁判所に国際裁判管轄が認められる。

なお，家事調停事件の国際裁判管轄については，家事事件手続法に規定があるが（3条の13），その適用範囲には注意が必要である（3項）。

(5) 養子縁組に関して言えば，養子縁組の無効及び取消，離縁，協議上の離縁の無効及び取消，そして養親子関係の存否の確認の訴えについて，人事訴訟法3条の2により判断される（なお，2条3号を参照）。したがって，やはり嫡出否認等と同様である。

　また，これに加えて，家事事件手続法上，養子縁組の許可（3条の5），死後離縁の許可（3条の6），特別養子縁組の離縁（3条の7），養子離縁後に未成年後見人となるべき者の選任（3条の9）の審判につき，規定が設けられている。

　(6)　親権について言えば，親権に関する審判等については，基本的に，子の住所が日本にあるとき，日本に国際裁判管轄が認められている（家事事件手続法3条の8）。

　なお，既述のように，人事訴訟法3条の4にも，規定がある。

　(7)　扶養義務について言えば，基本的に，扶養義務者であって申立人ではない者または扶養権利者の住所が日本にある場合，日本に国際裁判管轄が認められている（家事事件手続法3条の10）。

　(8)　相続について言えば，それが財産関係事件として現れる場合，国際裁判管轄は，民事訴訟法において規律されている。すなわち，普通裁判籍として，被告の住所を基本的な基準としつつ（3条の2第1項），特別裁判籍として，相続権もしくは遺留分に関する訴えまたは遺贈その他死亡によって効力を生ずべき行為に関する訴えについては，相続開始の時における被相続人の住所が日本国内にあるとき等の場合に，日本に国際裁判管轄を認め（3条の3第12号），相続債権その他相続財産の負担に関する訴えで前号に掲げる訴えに該当しないものについても，同様に扱うものとされている（3条の3第13号）。

　次に，相続に関する問題が，家事事件として現れる場合，その国際裁判管轄は，現在，家事事件手続法によることとなる。すなわち，相続に関する審判事件については，相続開始の時における被相続人の住所が日本国内にあるとき等の場合に，日本に国際裁判管轄が認められ（3条の11第1項），相続開始の前の，推定相続人の廃除の審判事件，推定相続人の廃除の審判の取消しの審判事件，遺留分の放棄についての許可の審判事件についても，同様に規律されている（3条の11第2項）。

　さらに，相続財産の保存または管理に関する処分の審判事件，限定承認を受理した場合における相続財産の管理人の選任の審判事件，財産分離の請求後の相続財産の管理に関する処分の審判事件及び相続人の不存在の場合における相続財産の管理に関する処分の審判事件につき，相続財産に属する財産が日本国内にあるときは，日本に国際裁判管轄が認められている（3条の11第3項）。また，遺言の確認につき，被相続人の住所が日本国内にあるとき等の場合に，

日本に国際裁判管轄が認められている（3条の11第2項（及び1項））。

　なお，遺産の分割に関する審判事件については，合意管轄が認められており（3条の11第4項），民事訴訟法3条の7第2項ないし第4項が準用されている。

　(9)　国際裁判管轄について明文規定が整備された現在，これにより国際裁判管轄が認められるか否かが判断されるべきことになるのは，当然である。

　とはいえ，「特別の事情」をはじめとして，解釈の余地のある部分も少なからず存在する。各規定の趣旨を踏まえながら，しかるべき解釈がなされるべきである。

　また，日本法の知らない法制度を前提として，裁判所に訴えないし申立がなされる場合も，あり得るであろう。このような場合，直接的に該当する規定がないことを理由に，直ちに訴えを却下するのではなく，類型的に，あるいは個別に，日本に国際裁判管轄を認めるべきか否かを判断すべきであろう。

◆ 第3項　外国判決の承認

　(1)　平成30年の改正に伴い，家事事件手続法に，国際裁判管轄に関する規定が盛り込まれている。すなわち，外国裁判所の家事事件についての確定した裁判等については，その性質に反しない限り，民事訴訟法第118条が準用されるのである（79条の2）。

　したがって，民事訴訟法118条と同様に，判決を下した外国裁判所に，当該事件についての国際裁判管轄が認められること，しかるべき送達等が行われていること，公序に反しないこと，相互保証があることを要件として，外国裁判所の家事事件に関する確定裁判には，日本においても効力が認められることになる。

　(2)　これに対し，人事訴訟法には，特段の規定が盛り込まれていない。これは，外国裁判所の人事訴訟事件についての確定裁判の承認に，民事訴訟法118条が適用されないという趣旨ではなく，この規定が当然に適用されるという趣旨である。

　したがって，外国の離婚判決等は，民事訴訟法118条により，承認されるか否かが判断されることになる。

課題

1 養子縁組の準拠法について，(1)縁組当時の養親の本国法へ連結することは，妥当か。(2)夫婦共同縁組の準拠法は，いかに決定されるべきか。

2 親子間の法律関係は，いかに規律されるべきか。

3 人事訴訟法及び家事事件手続法における国際裁判管轄につき，解釈論的な課題及び立法論的な課題を整理せよ。

〈参考文献〉
池田綾子編著『詳解国際家事事件の裁判管轄』（日本加除出版，2019年）
「特集1　人事訴訟等の国際裁判管轄法制の改正」論究ジュリスト27号（2018年）
　2頁以下

第19章 相続, 遺言, 扶養と氏名

◆ 第I節 ◆ 相 続

◆ 第1項 総 説

(1) 相続とは, 自然人の死亡に伴って生じる, 世代を超えた財産 (及び身分) の承継関係である。換言すれば, 権利主体としての自然人が死亡するに伴い, 当該権利主体が有していた財産は, いかに処理されるかという問題である。この問題は, 無主の財産権の帰趨という, 財産法の側面をもつが, 問題となる財産は, 被相続人と親族関係にある者に移転させられることが少なくないため, 親族法の側面をももつが, ときに, 被相続人の生活保障という, 社会法の側面を併せもつものでもある。

比較実質法上, よく知られているのは, 包括承継主義と, 管理清算主義の存在である。包括承継主義とは, 被相続人から, 相続人に, 相続財産が直接移転するとともに, その身分をも承継させる立場であり, 大陸法系の諸国 (及び日本) 等で採用されている。これに対し, 管理清算主義とは, 被相続人の財産を, 人格代表者に帰属させ, 管理清算を行い, 積極財産のみを相続人に移転させる立場であり, 英米法系の諸国等で採用されている。

こうした立場に, 完全に対応しているわけではないが, 比較国際私法上, 大陸法系の諸国で採用されることの多い相続統一主義と, 英米法系の諸国で採用されることの多い相続分割主義の存在が, よく知られている。相続統一主義とは, 相続を親族関係に基づく財産及び身分の包括的承継関係とみる, 包括相続の観念に依拠するもので, 不動産と動産とを問わず, 相続を一律に被相続人の属人法によらしめるものである。これに対し, 相続分割主義とは, 法則学派に由来するもので, 不動産相続と動産相続とを区別し, 前者を不動産所在地法に, 後者を被相続人の属人法によらしめるものである。

(2) それならば, 相続について, いかなる法源があるか。

ハーグ国際私法会議において, 早くから統一法の成立が目指されていた。そ

の成果として挙げられるのは，「相続及び遺言に関する法律の牴触に関する条約」，「相続並びに遺言に関する法律および裁判管轄の牴触に関する条約」，「相続財産の国際的管理に関する条約」，そして「死亡による財産の相続の準拠法に関する条約」である。もっとも，これらはいずれも未発効である。

　このように，統一法が存在しない状況において，通則法は，「相続は，被相続人の本国法による」（36条）と，相続統一主義を採用している。

　この規定は，実質的に，明治31年に制定された法例以来，まったく変更が加えられないまま，現在に至っている。法改正が必要か否か，必要であるとしていかなる内容の改正がなされるべきかは，検討課題とされなければならないであろう。

◆ 第2項　事項的適用範囲

　(1) 通則法36条が，相続統一主義を採用している趣旨に鑑みれば，「相続」という単位法律関係は，一般論として，広く解釈されるべきことになる。すなわち，ここに相続とは，財産相続も身分相続も，法定相続も遺言相続も包含するものであり，遺産を管理清算して，相続人に分配移転する，全ての過程を含むものである。

　具体的かつ典型的には，相続の開始（いつ相続が始まるか），相続人（誰が相続人となるか），相続財産（何が相続財産となり，相続人へ移転するか），相続分（寄与分や遺留分を含む），遺産分割（遺産分割の時期，方法，基準，効果等），相続の承認及び放棄，相続財産の管理，遺言の執行といった点である。

　(2) もっとも，「相続」の事項的適用範囲の限界として，いくつかの点が挙げられる。

　まず，相続人たる資格の前提となる，身分関係そのものの判断（いわゆる先決問題）である。たとえば，「妻」が相続人となるか否かは，「相続」に該当する事項であるが，相続権を主張する者が，被相続人の妻であるか否かは，通則法24条により判断されることになる。

　次に，いかなる財産が相続財産となるかは「相続」に該当する事項であるが，問題となる財産が相続により移転され得るか否かは，当該財産の準拠法により判断されるという点である。たとえば，被相続人に帰属する著作権が相続財産となるか否かは，「相続」に該当する事項であるが，著作権が相続により移転され得るか否かは，著作権の準拠法により判断されることになる。このとき，

相続準拠法が著作権を相続財産としていても, 著作権の準拠法が著作権の相続による移転を認めていなければ, 後者の判断が優先されることになる。この現象は,「個別準拠法は総括準拠法を破る」という原則から説明されることもあるが, このような原則の存在からして, 見解の分かれるところである。

　これに関連して, 異論はあるが, 相続準拠法上の制限に違反して行われた持分の処分により, 権利移転, すなわち物権変動が生じるか否かについて, これを物権準拠法によるとする裁判例（最判平6・3・8民集48巻3号835頁）がある。この他に, 損害賠償債務の相続に伴う移転につき, 相続の準拠法と不法行為準拠法とを適用した裁判例（大阪地判昭62・2・27判例タ639号232頁, 判時1263号32頁）がある。

　さらに, 相続財産の管理に関しては, 手続にかかる諸問題は, 法廷地法との適応（調整）が必要になることがあろう。それどころか, 相続財産の管理について, 一定の場合には, 財産所在地法（あるいは遺産管理地法）としての日本法を適用するいくつかの裁判例や, これを支持する見解も存在する。遺言の執行についても, 同様のことがあてはまる。これらの見解は, 相続統一主義の趣旨を強調する立場からすれば, 否定的に評価されることになろうが, 実務上の便宜の観点からは, 肯定的に評価されることになろう。

　(3) しかるべき手続を経て, 相続人が存在しないことが確定した場合, 遺産は, いかに処理されるべきか。相続人の不存在と呼ばれる問題がある。

　このような場合, 比較実質法上, 遺産が国庫等に帰属することについては一致があるが, その根拠（ないし法的性質）については相違があり, 国庫等が最終の法定相続人として遺産を取得するとする相続権主義と, 領土権の作用により先占するとする先占権主義とがあることが知られている。これに対応するかのように, 国際私法上, この問題をいかに処理すべきか, 見解の分かれるところである。

　相続準拠法（36条）によらしめるべきか否かで見解が分かれ, これを否定する場合には, さらに, 物権準拠法（13条）によらしめる立場, 明文の規定がなく, 条理により財産所在地法によらしめる立場等がある。この問題の法的性質をいかに理解するか, そして実際上の便宜を（どの程度）考慮するかにより, それぞれの立場に対する評価は異なることになろう。

◆ 第3項 連結と準拠法の適用

(1) 以上のような事項は,「被相続人の本国」に連結され,その本国法が適用される。

ここでは,当事者の本国法によることになるため,反致（通則法41条本文）の成否が問われることになる。それゆえ,当該本国の国際私法（なかんづく,相続法に関する独立牴触規定）を調査し,日本法によるべきときにあたるか否かが検討される必要がある。このとき,本国国際私法がいかなる資格で日本法を指定しているかは問われない（たとえば,韓国国際私法との関係で,日本に常居所を有する韓国人が,日本法を相続準拠法として指定している場合,反致が成立する（韓国国際私法49条2項））。

なお,相続分割主義を採用する国との関係では,不動産（または動産）についてのみ反致が成立する,いわゆる部分反致の成立が問題となることがある。相続統一主義を貫徹しようとするならば,かかる部分反致は,否定されるべきであるという解釈もあり得よう。

(2) 準拠外国法が,日本の相続法と異なる規律をしていても,当然のことながら,直ちに公序違背により,その適用が排除されるわけではない（たとえば,東京地判平28・8・16判時2327号50頁）。

◆ 第Ⅱ節 ◆ 遺 言

◆ 第1項 意 義

(1) 遺言とは,遺言者がその死後に法律効果を発生させることを目的としてなされる,単独の意思表示である。

比較実質法上,遺言そのものは,多くの法秩序において認められているが,いかなる事項を遺言によって処理できるかという点は,国により相違があるし,遺言が有効に成立するための要件も,多くの国で異なるものとなっている。

(2) このような遺言をめぐる統一法として,ハーグ国際私法会議により採択された,1961年の「遺言の方式に関する法律の牴触に関する条約」があり,日本もこれに批准し（昭和39年条約9号）,これを国内法化するため,遺言の方式の準拠法に関する法律（昭和39年法律100号）が制定されている。

これに対し,遺言の成立及び効力（さらには取消）について,通則法37条は,「遺言の成立及び効力は,その成立の当時における遺言者の本国法による」（1

項), 「遺言の取消しは, その当時における遺言者の本国法による」(2項) と
規定する。

◆第2項　遺言の成立及び効力

(1) 通則法37条1項にいう「遺言の成立及び効力」は, 狭く解釈される。

およそある事項が, 遺言により行うことができるか否かは, 当該事項の準拠
法により判断されるべきである (たとえば, 遺言により認知を行うことができる
か否かは, 認知の準拠法によるべきであるし, 遺言により遺産を処分できるか否か,
またその範囲は, 相続準拠法によるべきである)。また, 遺言の検認の要否及び効
果についても, 当該事項の準拠法により判断されるべきである (ただし, 検認
それ自体は, 手続の問題であり, 法廷地法によることになる)。

それゆえ, 遺言そのものの成立及び効力のみを指すものである (方式は, 後
述するように, また別に規律される)。より具体的に言えば, 遺言能力, 意思表
示の瑕疵等, そして遺言の効力の発生時期等である。

また, 同条2項にいう「遺言の取消し」は, 既に適法に成立した遺言の, 任
意の撤回を指すものである。

(2) これらは, それぞれ, 「その成立の当時における遺言者の本国」(1項),
「その当時における遺言者の本国」(2項) に連結される。

◆第3項　遺言の方式

(1) 遺言の方式については, 遺言の方式の準拠法に関する法律により規律さ
れる。

遺言の方式とは, 遺言の形式的成立要件を指し, 意思表示としての遺言が有
効に成立するための外部的な形式をいう。その事項的適用範囲について, 個別
に規定がおかれている事項もある (共同遺言につき4条, 遺言者の資格や証人の
資格につき, 5条)。

(2) 遺言の方式は, 遺言の保護という観点から, 択一連結 (選択的連結) が採
用されている。すなわち, 行為地法 (1号), 遺言者が遺言の成立又は死亡の
当時国籍を有した国の法 (2号), 遺言者が遺言の成立又は死亡の当時住所を
有した地の法 (3号), 遺言者が遺言の成立又は死亡の当時常居所を有した地
の法 (4号), 不動産に関する遺言について, その不動産の所在地法 (5号) で
ある。

　さらに，遺言を取り消す遺言の方式は，従前の遺言を 3 条の規定により有効とする法のいずれかに適合するときも，方式に関し有効とされている（3 条）。

　(3) この法律には，若干の従属牴触規定が含まれている。すなわち，遺言者の国籍国が不統一法国である場合の本国法のいかん（6 条），住所の判断基準と住所が不明である場合の処理（7 条）に加えて，公序違背による外国法の適用排除（8 条）である。

◆ 第Ⅲ節 ◆ 扶 養

◆ 第 1 項 意 義

　(1) 扶養とは，諸々の理由から，自ら労働することが困難であり，しかも資産もないために，独立して生計を立てることのできない者の生活を，他者が援助する制度である。

　かかる扶養は，一般に，公的扶養と私的扶養とに分類されている。前者の公的扶養は，日本で言えば生活保護法等により規律される制度であり，問題となる事案に渉外性があっても，各国で，各国実質法に基づいて処理される（公法の渉外的適用）。後者の私的扶養には，様々な態様があり，その規律も，各国により異なる。このうち，当事者の合意に基づく扶養は，通則法 7 条（ないし 8 条）により規律されることになる。また，不法行為責任の一環として扶養義務が発生するか否かが問題となる場合，それは，通則法 17 条により規律されることになる。こうしたもの以外に，当事者間に親族関係があることから，法律上当然に，扶養の権利と義務とが発生することがある。いかなる者の間に，いかなる期間，いかなる程度の，扶養の権利と義務とが発生するかは，国により相違がある。本節で概観するのは，この，親族関係に基づいて発生する扶養の権利と義務のいかんについてである。

　(2) このような，親族関係に基づいて発生する扶養の権利と義務に関する諸問題は，統一法により規律されている。すなわち，ハーグ国際私法会議において採択された「子に対する扶養義務の準拠法に関する条約」（昭和 52 年条約 8 号）と，同じくハーグ国際私法会議において採択された「扶養義務の準拠法に関する条約」（昭和 61 年条約 3 号）であり，後者の締約国となる際に制定された，「扶養義務の準拠法に関する法律」（昭和 61 年法律 84 号）である。

　この 2 つの条約は，後者が，適用範囲に制限を付しておらず（3 条），前者

に代わるものであることを定めているため（18条1項），前者は，これだけを批准している，オーストリア，ベルギー，リヒテンシュタインとの関係でのみ，適用されることになる（なお，扶養義務の準拠法に関する法律3条2項参照）。以下では，扶養義務の準拠法に関する法律について，概観することとする。

　なお，日本が批准等をしていない統一法として，「子に対する扶養義務に関する決定の承認及び執行に関する条約」（1958年），「扶養義務に関する決定の承認及び執行に関する条約」（1973年），「外国における扶養料の取立てに関する条約」（1956年）がある。

◆ 第2項　扶養義務の準拠法に関する法律の適用

　(1) 扶養義務の準拠法に関する法律は，夫婦，親子その他の親族関係から生じる扶養義務について適用される（1条）。より具体的には，6条に規定されており，扶養権利者のためにその者の扶養を受ける権利を行使することができる者の範囲及びその行使をすることができる期間，そして，扶養義務者に対する公的機関による費用償還請求権（5条）につき，扶養義務者の義務の限度である。

　婚姻費用の分担については，婚姻の効力準拠法（通則法25条），あるいは夫婦財産制の準拠法（通則法26条）によるとする立場もあるが，この法律の適用範囲と理解する立場もあるところである。

　問題となる親族関係の存否が問題となる場合，それは先決問題として，別個に判断されることになる。ただし，扶養権利者が未成年者である場合，当該人に代わり（あるいは当該人とともに）誰が扶養料を請求することができるかという点は，この法律の適用範囲と理解する立場もある。

　(2) 基本的に，扶養義務は，要扶養者保護という観点から，段階的に連結されている。

　第1に，扶養権利者の常居所に連結される（2条1項本文）。基準時は固定されておらず，変更主義が採用されている。第2に，扶養権利者の常居所地法によればその者が扶養義務者から扶養を受けることができない場合には，当事者の共通本国に連結される（2条1項但書）。第3に，これらにより，扶養権利者が扶養義務者から扶養を受けることができない場合には，扶養義務は，日本法によることとなる（2条2項）。

　ただし，傍系親族間又は姻族間の扶養義務については，扶養義務者の保護と

いう観点から，かかる段階的連結が制限されることがある。すなわち，扶養義務者が，当事者の共通本国法によれば扶養権利者に対して扶養をする義務を負わないことを理由として異議を述べたときは，当該共通本国法によるし（3条1項前段），当事者の共通本国法がない場合において，扶養義務者が，扶養権利者の常居所地法によれば扶養をする義務を負わないことを理由として異議を述べたときは，当該常居所地法によるとされている（3条1項後段）。

　また，離婚をした当事者間の扶養義務については，離婚準拠法によるとされており（4条1項），婚姻の無効や取消の場合や，法律上の別居の場合も，当該準拠法による（4条2項）。なお，ここでいう準拠法は，現に離婚等に適用された法をいうとされている。このため，外国で離婚が成立しているときには，通則法により定められる離婚準拠法とは異なることがある。

　(3) 公的機関が，扶養権利者に給付を行った場合，当該機関は，扶養義務者から費用の償還を受ける権利を取得することがある。この点については，当該機関が従う法によるとされている（5条）。ただし，義務の限度については，扶養義務の準拠法により判断されることになる（6条）。

　(4) この法律には，若干の従属牴触規定が含まれている。すなわち，当事者の本国または常居所地国が不統一法国である場合の本国法または常居所地法のいかん（7条），公序違背による外国法の適用排除（8条1項）に加えて，扶養の程度に関する判断基準としての，扶養権利者の需要及び扶養義務者の資力の考慮（8条2項）についてである。

◆ 第Ⅳ節 ◆ 氏　名

◆ 第1項　意　義

　(1) 氏名とは，自然人の消極的識別記号たる呼称である。消極的識別記号であるから，氏名が異なれば，別人であると認識されるが，氏名が一致しても，同一人物であるとは限らない。この点で，記号が一致すれば，同一人物であることが確認できる積極的識別記号（旅券番号等の，いわゆるID）とは異なるものである。

　このような氏名については，比較実質法上，極めて大きな相違がある。そもそも何をもって氏名の構成部分とするか，任意に氏名の変更が認められるか，（いかなる内容の）氏名権が認められるかという点には，国により，相違がある。

また，出生，婚姻等の，身分の取得または変更に伴い，氏が変更されるか否か，変更されるとしてどのように変更されるべきかという点についても，国により，また同一国であっても時代により，大きな相違が存在することもよく知られているところである。

さらに，任意の氏名変更が認められていない国において，公的機関の関与ないし判断に基づいて，氏名の変更が認められるかどうかという点についても，国により相違がある。

(2) かかる氏名の規律につき，統一法上，若干の規定は存在するものの（たとえば，「児童は，出生の時から氏名を有する権利及び国籍を取得する権利を有する」とする，児童の権利に関する条約〔1994 年条約 2 号〕7 条等。この他，日本との関係では効力を有しないものとして，氏名の変更に関するイスタンブール条約等がある），それ以上のものは存在しない。このため，国内法によらざるを得ない。

とはいえ，法例においても，通則法においても，氏名に関する明文の規定は存在しない。とりわけ，通則法の制定にあたっては，立法が自覚的に見送られている。それでも，「人の氏名はその本国法による」という不文の独立牴触規定が存在すると広く承認されている。その根拠としては，人の氏名に関する問題は，氏名権なる一種の人格権に関するものであることが挙げられている。

なお，外国人と婚姻した日本人については，家庭裁判所の許可を得ることなく，配偶者の氏に変更することが認められている（戸籍法 107 条 2 項）。

(3) もっとも，氏名のいかんは，およそ公法上の問題であり，国際私法の適用範囲外であるという見解も存在する。このような見解は，戸籍実務の処理（要するに，日本人が外国人と婚姻しても，その氏が変更されることはない，ということである）と整合的であるし，これを根拠づけるものでもある。

こうした見解をいかに評価するかは，立場により，異なることであろう。

◆ 第 2 項　事項的適用範囲

(1) 不文の独立牴触規定における「人の氏名」には，自然人の氏名に関する諸問題が，広く該当する。典型的には，氏名の構成部分のいかん，氏名権の内容等である。

(2) 身分の取得ないし変更に伴い，氏が変わるか否か，変わるとすればいかなる形に変わるかという点については，この，不文の独立牴触規定により準拠

法を決定すべきか，それとも問題となる身分の効力準拠法（たとえば，婚姻に伴う氏の変更のいかんについては，婚姻の効力準拠法，命名については，親子間の法律関係の準拠法）によるべきかという点については，見解が分かれるところである。

　かかる見解の相違が生じるのは，このような氏の変更の法的性質をいかに理解するかという点に加え，本国と日本とで氏が異なるという不都合や，関係者それぞれに異なる法律が適用されることにより生じる適応問題に対する評価の相違によるものである。

　(3) 公的機関の判断に基づく氏名変更は，公法上の問題であって，国際私法上の問題ではないから，この不文の独立牴触規定により，準拠法のいかんが判断されることはない。公法は，属地的に適用されるため，日本において日本人の氏名の変更が問題となる場合，もっぱら日本法（戸籍法）の規定に基づいて，その変更の可否が判断される。

　これに対し，日本において外国人の氏名が，公的判断に基づいて変更できるか否かは，これまで，国際裁判管轄の問題として論じられてきた。この点について，人事訴訟法及び家事事件手続法の改正にあたり，明文規定を盛り込むか否かが検討されたが，立法は見送られた。裁判例は散見されるところであり，いかなる根拠に基づいて，いかなる処理がなされるべきかは，今後の検討課題であろう。

◆ 第3項　連結と準拠法の適用

　(1) 人の氏名に関する事項は，その者の本国に連結される。

　当事者の本国法によるべき場合にあたるため，反致（通則法41条本文）の成否が問題となり得る。この点，かつてはもっぱら当事者の本国法によるべきであるとする見解もあったが，現在，これを支持するものは見当たらない。

　(2) 任意の氏名変更が（いかなる方法で）認められるかは，当事者の本国法による。このため，任意の氏名変更を認めず，裁判所の判断に基づいて氏名の変更が認められる日本において，外国人が，外国法により，任意の氏名変更が可能となるかどうかが問題となる。

　現在までのところ，このような問題が裁判等で争われた事例はないが，見解は分かれ得るところであろう。

課題

1 相続に関する独立牴触規定は，改正されるべきか。改正されるべきで
　あるとすれば，いかなる規定に改正されるべきか。

2 家事事件手続法において新設された相続，遺言，扶養義務にかかる諸
　規定には，いかなる課題があるか。立法前における諸学説と対比しつ
　つ，検討せよ。

〈参考文献〉
木棚照一『国際相続法の研究』（有斐閣，1995 年）
各国の相続法制に関する調査業務報告書〈http://www.moj.go.jp/content/
　001128517.pdf〉（閲覧日：2020 年 3 月 4 日）

第20章　国際民事手続法 — 総論

◆ 第 I 節 ◆ 　総　説

◆ 第 1 項　国際民事手続法の概念

　商品経済の発展による貿易や海外投資，国家間の経済貿易および人材の交流，労働力の移動，国際結婚など私人関係の緊密化につれ，当該関係をめぐる紛争が増えている。当然ながらこうした紛争には，当事者の国籍，住所や居所，事故の発生地や係争物の所在地等に関して国際的（渉外的）要素がある。

　かかる紛争を一般に国際民商事紛争というが，これを解決する方途として，国際民事手続法が存在する。国際民事手続法が扱う問題は広域に及び，外国人の訴訟法上の地位（当事者能力，訴訟能力など）の認定，国際司法共助，訴訟における外国法の扱い，外国判決の承認・執行，裁判外紛争解決手続としての国際調停，国際商事・投資仲裁等がある。

　国際民事手続法の中で，民商事紛争事件について広く主要な処理機能を担うのが国際民事訴訟法である。国際民事訴訟法は，国際的要素のある紛争を各国の裁判所で行う手続を規律する（もっとも国際民事手続法とか国際民事訴訟法という語について明確な概念規定はない。本章では，便宜上，上記の趣旨で国際民事手続法と国際民事訴訟法を区別することとする）。ただし，その訴訟手続については，国際的要素を考慮する故に，通常の民事訴訟手続とは異なるところがある。何が問題となるのかと言えば，第 1 に，紛争当事者により訴えを提起された国（法廷地国）の裁判所が裁判をすべきであるのか否かという裁判権および裁判管轄の問題があり，第 2 に，権利ないし法律関係の存否の判断基準として適用されるべき実体法（準拠法）は，法廷地国法によるのか外国法によるのかという問題がある。

◆ 第 2 項　法　源

　こうした問題の判断基準となる法源は何か。国際法の法源には，条約と国際

慣習法がある。例えば，日本が締約国となっている条約に「民事訴訟手続に関する条約」（1957 年発効），「民事又は商事に関する裁判上の文書の外国における送達及び告知に関する条約」（1969 年発効）があり，国連のもとでの国際私法統一条約として「外国仲裁判断の承認及び執行に関する条約」（1959 年発効），「外交関係に関するウィーン条約」（1964 年発効。外交官の裁判権免除に関する規定を含む。）などがある。

　日本の国際民事手続法を規律する法には，「民事訴訟法」の中での特則的規定，「民事執行法」，「外国等に対する我が国の民事裁判権に関する法律」，「仲裁法」，「外国倒産処理手続の承認援助に関する法律」などがある。平成 23 年には，国際的な経済活動に伴う民事紛争の適正かつ迅速な解決を図るため，国際的な要素を有する財産権上の訴え及び保全命令事件に関して日本の裁判所が管轄権を有する場合等について定める必要があるとして，「民事訴訟法及び民事保全法の一部を改正する法律」が定められた。また，外国判決の承認・執行のうち，承認については民訴法 118 条に，執行については民事執行法 24 条に規定が置かれている。さらに，不文法としての条理がある（条理を適用した裁判例に後述するマレーシア航空事件（最判昭 56・10・16 民集 35 巻 7 号 1224 頁［百選 88］）がある。）。

　本章では，国際民事手続法の中で特に国際民事訴訟手続に関する原則として，①「手続は法廷地法による」という原則，②裁判権免除，③国際司法共助について概説する。このほかの問題として上述した①国際裁判管轄，②外国判決の承認・執行，③裁判外紛争解決手続については，それぞれ第 21 章，第 22 章，第 23 章で扱う。

◆ 第 II 節 ◆　「手続は法廷地法による」という原則

◆ 第 1 項　概　念

　国際的要素のある民商事紛争が各国の裁判所に提起された場合，裁判所はいかなる民事訴訟手続を進めるのが適当であるか。国際的に認められている原則として，「手続は法廷地法による」という原則がある。これは，裁判上の手続については，準拠法の選択をすることなく，もっぱら訴訟を提起された法廷地の手続法を適用するという原則である。この原則の起源は，ヨーロッパ中世に遡る（第 24 章参照）。

◆ 第2項　諸 学 説

　旧法例13条に「手続は法廷地法による」ことについて明文規定があったが，この原則は「訴訟法は公法にして其手続も他国法に依る能わざるは普く認められたる法理」（穂積陳重）であるところ，通則法において特段に規定する意味は求められないとのことで，通則法においてこの規定は削除された。

　では，「手続は法廷地法による」という原則の根拠は何か。なお議論があるが，主に3つの学説がある。第1に，公序説がある。これは，一国の民事訴訟手続を外国手続法によるのは公序に反するというものである。すなわち，不当判決の回避，裁判所及び当事者の保護，法律回避，内国における手続的な内外人平等という公序に反することになる。しかし，既判力や裁判管轄など手続法の基本原理にかかわる一定の規範については妥当するにしても，すべての外国手続法が公序に該当するとは考えにくく，「場所は行為を支配する」の原則によって，これを理由づけるものもあるが，これも正当ではないとの批判がある。第2に，手続法の公法的・属地的性格，場所は行為を支配するという原則，手続の画一的適用などの実際上の必要説がある。この説は，さらに，①公的性質説と②属地性説に分けられる。前者は，手続法が公法であることをもって，公法の規律対象が国家性をもつゆえに，他国の干渉を排除し，法廷地法の適用を正当化しようという説である。後者は，属地性という牴触法上の原則を根拠とする説である。しかし，前者には，当事者自治の原則が広く認められるところ，手続法は実体法上の権利の実現に極めて密接な関係をもつものであり，手続全般に公的性質が妥当するものではないとの批判がある。後者には，法律行為に関する原則が手続法に妥当するかには疑問があり，法廷地国との密接な関係から法廷地法が全面的に支配するというのも短絡的であり，手続法的な法律関係をすべて実体準拠法から切り離すことは，実体問題について外国法を適用することの意味を失わせることにもなるとの批判がある。

◆ 第3項　論 点

　以上のように「手続は法廷地法による」という原則の正当性を述べる論拠については，いずれも批判があり，必ずしも絶対的なものではない。それでも，この原則は国際的にも承認されている。

　しかしながら，手続法上の事項でも判決の内容を大きく左右するものがある（婚姻関係不存在確認請求事件，横浜地判平元・3・24判時1332号109頁・判タ

703号268頁）。手続は一律に法廷地法によるとすることは，準拠法として外国実体法を選択しても，その意味を失わせることもあり得る（遺産管理人，破産管財人等，並行原則の場合）とすれば，全ての手続を法廷地法によるとすることは必ずしも正当ではない。したがって，明文の規定がない場合でも，一定のものは外国法による必要がある。

　一般的に司法制度と密接に関連する事項や，訴訟手続全体との関係で分離できないような事項，訴訟の画一的な処理に関連する事項などは「手続問題」と解される。したがって，訴えの提起の方式，判決の形式，上訴要件，弁論手続などは，もっぱら法廷地の手続法によることになる。これに対して，消滅時効や挙証責任の分配の問題などは，実体法上の権利との関係が強いことから，実体の準拠法によるとするのが通説・判例である（澤木敬郎「国際私法と国際民事訴訟法」澤木敬郎＝青山善充編『国際民事訴訟法の理論』〔有斐閣，1987年〕1頁以下）。それでも例えば，大陸法系の消滅時効（実体法）は英米法では出訴期限（手続法）である。かかる場合，一概に手続法の問題と処断できるか。本国法を考慮する必要が生じることもある。東京地判平3・8・27（判時1425号100頁・判タ781号225頁）は，美術品の紛失事故に関して保険会社のためにする筆頭保険者の任意的訴訟担当が許容され，買主に英国法（コモンロー）上の受託者として損害賠償責任を認めた。この判決では，日本民訴法上の任意的訴訟担当は一般に当事者適格を欠き許容されないが，合理的な理由がある場合には許容することができるとし，英国法から判断して筆頭保険者に当事者適格を認めた。

　「手続は法廷地法による」という原則は，司法組織に関する手続事項以外に一般的に原則自体を基礎づけるものはなく，個別具体的に実際的便宜などが考慮されている。

◆ 第Ⅲ節 ◆　裁判権免除

◆ 第1項　概　念

　国際民事訴訟において，相手方当事者が外国国家・機関である場合に，裁判権免除（または主権免除）といわれる特殊な問題がある。裁判権免除とは，裁判権の行使が主権の行使の一態様であるところ，原則として，ある国家や国家に準ずる法人・自然人（例えば，地方自治体，外交官，軍人等）に対して，他国

が裁判権を行使することは国際法上認められず，主権国家は他国の裁判権に服することがなく，裁判権が免除されることをいう。

この裁判権免除に対する考え方には，絶対免除主義と制限免除主義がある。

絶対免除主義は，外国国家が自ら進んで法廷地国の民事裁判権に服する場合のほか，法廷地に存在する不動産に関する訴訟などわずかな例外を除いて，ある国家や国家に準ずる法人・自然人に対して他国が裁判権を行使することは認められないというものである。

しかし，今日では，国家の活動範囲が拡大し，ある国の政府系機関が他国に投資し，海外事業展開を行うなどが活発となっており，一方で民間企業が外国に投資し，当該国の政府系機関と商事関係取引をすることも増えているところ，国家の主権的行為とそれ以外の業務管理的行為や私法的行為，商業行為のような非主権的行為を区別し，後者については，裁判権の免除を認めないとする制限免除主義が採用されるのが一般的になってきている。

◆ 第2項　法　源

国際条約に，2004年に採択された「国及びその財産の裁判権からの免除に関する国際連合条約」がある（未発効）。日本は，2007年にこの条約に署名し，同年に国会で同条約を承認し，2010年に受諾書を寄託している。

日本が同条約を承認したのは，この分野における国際的な規則の確立を促進し，及び私人がこの条約の締結国である外国との間で行う取引等の法的な安定性を高めること等に資する上で有意義と考えられたからである。今日，私人が，外国との間で取引等を行う場合において，当該外国及びその財産に関して免除が認められるか否かを予見することができないことによるリスクを負わざるを得なくなるという問題が生じている。この条約により，私人がこの条約の締結国である外国との間で取引等を行う場合において当該外国及びその財産に関して免除が認められる範囲が明確化され，もって当該私人がより安全に取引等を行うことが可能になるほか，日本政府等が外国において取引等の活動を行う場合についても当該外国の裁判所の裁判権からの免除が認められる範囲等が明確化されることにより，より円滑な活動を行うことが可能となる（外務省「国及びその財産の裁判権からの免除に関する国際連合条約の説明書」〈https://www.mofa.go.jp/mofaj/gaiko/treaty/shomei_23.html〉（閲覧日：2020年3月25日））。

日本は，同条約承認を踏まえて，「外国等に対する我が国の民事裁判権に関

229

する法律」（平成21年4月24日制定，平成22年4月1日施行。以下，「対外国民事裁判権法」という。）を整備した。

◆ 第3項　裁判権免除に関する適用範囲

　以下，「対外国民事裁判権法」により認められる①絶対免除の範囲，及び②免除の対象とならない範囲について叙述する。

(1) 原則免除の範囲

　4条は，外国等は，この法律に別段の定めがある場合を除き，わが国の民事裁判権から免除されるものとすると規定している。

　ここで「外国等」とは，①国及びその政府の機関，②連邦国家の州その他これに準ずる国の行政区画であって，主権的な権能を行使する権限を有するもの，③前二号に掲げるもののほか，主権的な権能を行使する権限を付与された団体（当該権能の行使としての行為をする場合に限る。），④前三号に掲げるものの代表者であって，その資格に基づき行動するもののうち，日本国及び日本国に係るものを除くものをいう（2条）。

(2) 免除のない範囲

　免除対象とならない範囲については，以下の通りの規定がある。

　①条約その他の国際約束，書面による契約，当該裁判手続における陳述又は裁判所若しくは相手方に対する書面による通知により，特定の事項又は事件に関して裁判権に服することについての同意を明示的にした場合（5条）。

　②同意の擬制：外国等が，a) 訴えの提起その他の裁判手続の開始の申立て，b) 裁判手続への参加，c) 裁判手続において異議を述べないで本案について弁論又は申述をした場合（6条）。

　③外国等が当該外国等を被告とする訴訟において反訴を提起したとき（7条）。

　その他，④商業的取引（8条），⑤労働契約（9条），⑥人の死傷又は有体物の滅失等（10条），⑦不動産に係る権利利益等（11条），⑧裁判所が関与を行う財産の管理又は処分に係る権利利益（12条），⑨知的財産権（13条），⑩団体の構成員としての資格等（14条），⑪船舶の運航等（15条），⑫仲裁合意（16条）がある。

◆ 第4項　絶対免除主義から制限免除主義へ

　上述の法整備が行われるより前から，日本で制限免除主義を採用する以下の

ような下級審判決が現れていた。

東京地判平 15・7・31 日（判時 1850 号 84 頁）は，ナウル共和国がナウル金融公社円貨債券を発行した保証について民間人と紛争が生じた事件で，ナウル共和国は外国国家の主権免除特権を主張したが，これを認容しなかった。

また，東京地(中間)判平 17・9・29（判時 1907 号 152 頁）は，米国ジョージア州港湾局極東代表部東京事務所(Y)で働く X（期限の定めのない雇用契約）が，Y から緊縮財政を理由に解雇されたところ，この解雇無効，地位確認，解雇後の賃金支払いを求める訴えを提起した事件で「本件事件が前提とする雇用契約は，一般的に，私人もすることができる行為であって，当然に国家本来の主権的な行為としての性質を帯びるものではない。」と判示し，外国国家の主権免除を認容しなかった。この事件では，最高裁も「私法的ないし業務管理的な行為については，わが国による民事裁判権の行使がその主権的な権能を侵害するおそれがあるなど特段の事情がない限り，わが国の民事裁判権から免除されないと解するのが相当であるという最高裁平成 15 年(受)第 1231 号，同 18 年7 月 21 日第二小法廷判決（民集 60 巻 6 号 2542 頁）の法理を適用し，本件雇用契約は Y の公権力的な公務員法制の対象ではなく，私法的な契約関係に当たると認められる。」と判示した（最判平 21・10・16 民集 63 巻 8 号 1799 頁［百選87]）。

上述の最高裁平成 18 年 7 月 21 日第二小法廷判決の法理とは，パキスタン・イスラム共和国貸金請求事件にかかわるものである。これは，次の通りの事件である。パキスタン国防省の関連会社を代理人として，同省に高性能コンピュータ等を売り渡す旨の売買契約を締結した原告が，売買の目的物を引き渡した後，売買代金債務を消費貸借の目的とする準消費貸借契約を締結したと主張して，パキスタンに対して，貸金等の支払いを求める訴えを提起した。この訴えに対し，被告パキスタン国は，主権国家としてわが国の民事裁判権に服することを免除されると主張して，訴えの却下を求めた。原審は制限免除主義にたち訴えを却下したが，最高裁は原告の上告受理申立てを認め，「外国国家は，その私法的ないし業務管理的な行為については，我が国による民事裁判権の行使が当該外国国家の主権を侵害するおそれがあるなど特段の事情がない限り，我が国の民事裁判権から免除されないと解するのが相当である。」とし，国家に対する民事裁判権の免除は，国家がそれぞれ独立した主権を有し，互いに平等であることから，相互に主権を尊重するために認められたものであるところ，

外国国家の私法的ないし業務管理的な行為については，わが国が民事裁判権を行使したとしても，通常，当該外国国家の主権を侵害するおそれはないものと解されるから」であると判示した。ここに絶対的免除主義から制限免除主義への転換が見られる。

その後，前述した通り国連が 2004 年に「国及び国の財産の裁判権免除に関する国際連合条約」を採択したことに伴い，日本は，同条約に署名し，受諾書を寄託するとともに，同条約が発効した場合の実施を担保するため，同条約をほぼ踏襲した「対外国民事裁判権法」を制定し，施行した。これにより，日本の方針として制限免除主義によることが明確に示されることになった。

◆ 第Ⅳ節 ◆　国際司法共助

◆ 第1項　概　念

国際司法共助とは，ある国で行われている民事訴訟行為について，他国の裁判機関が当該国の裁判機関の要請に基づいて，国際的に協力することをいう。私法統一国際協会・アメリカ法律協会は，2004 年に「国際民事訴訟原則」を採択しているが，この原則において，裁判所は，他の国の裁判所に対して，援助（保護的または暫定的な救済の認可，並びに証拠の特定，確保及び提出の援助を含む。）を提供するべきであると定めている。ある国の裁判所において，他国にいる者を被告として訴えが提起された場合，ある国の裁判所は訴状や判決等の裁判文書を他国にいる被告に対して送達する必要が生じる。また，ある国の裁判所が，他国にいる証人に対して尋問する等の証拠調べを行う必要が生じる。これに対応するのが国際司法共助である。

裁判文書の送達や証拠調べといった「裁判上の行為」は，国家機関たる裁判所が行う法的効果を伴う行為（裁判権の行使）なので，例えば，外国の裁判所が日本で自由に行うことはできない。他国が日本において，文書の送達や証拠調べのために裁判権を行使するには，日本の事前の同意が必要となる。

こうした国際司法共助には，狭義の司法共助として，①文書の送達と②証拠の収集，証拠調べを行うことがある。国際司法共助の問題は，広義には国際司法共助を行う段階だけでなく，③外国裁判所の判決や外国仲裁機関の仲裁判断の承認・執行という段階でも問題になってくる。

◆ 第2項 法 源

　国際司法共助に関しては，各国間で条約が締結されている。日本は，ハーグ国際私法会議で作成された，1954年の「民事訴訟手続に関する条約」と1965年の「民事又は商事に関する裁判上及び裁判外の文書の送達及び告知に関する条約」（以下，「送達条約」という。）という2つの多国間条約に加盟している。

　民訴条約及び送達条約は，外国において行う証拠調べ，送達又は告知を行なうべき裁判上及び裁判外の文書をその名宛人が十分な余裕をもって知ることができるよう適当な方法を設けること，そのため，手続の簡素化及び迅速化によって司法共助を改善することを趣旨とするものである。そして，日本は，民事裁判に関する文書の送達及び証拠調べの要請に対し，これらの条約の加盟国に対しては条約の規定に基づき対応することに同意している。

　これらの条約に加盟していない国からの民事裁判に関する文書の送達及び証拠調べの要請に対しては，日本との間で司法共助の取極をしている国についてはこれに基づき，また，上記の条約や二国間共助取極のような包括的合意がない場合も司法共助を必要とする具体的な事件ごとに個別の応諾をして，これに基づき対応している。その際に適用される国内法は，「外国裁判所ノ嘱託ニ因ル共助法」である。また，日本の民事訴訟のための外国における送達，証拠調べについて民訴法108条と184条の規定がある。

　東京地判昭61・6・20判時1196号87頁は，台湾で起こった航空機事故の遺族が日本で航空会社を提訴した事件で，日本と台湾との間には国際司法共助の取極がないゆえに，台湾にある重要な証拠を利用できないことから，日本の国際裁判管轄を否定した。

> **課題**

1　外国人の当事者適格は法廷地法により判断するというのが原則であるが，本国法を考慮することもあるとする合理的理由としてどのようなことが考えられるか（東京地判平3・8・27）。

2　制限免除主義による場合でも活動範囲や目的ないし行為の性質を区別する基準を検討する必要はないか。

3　国際司法共助における送達及び証拠調べに関して，日本の事件のために外国で行う場合と外国の事件のために日本で行う場合の処理手続は，実務的にどのように行われるのか。

〈参考文献〉

石川明＝小島武司編『国際民事訴訟法』（青林書院，1994年）第10章

奥田安弘「渉外判例研究」ジュリスト1020号（1993年）

小林秀之＝村上正子『国際民事訴訟法』（弘文堂，2009年）第6章

櫻田嘉章「『手続は法廷地法による』の意義」国際私法の争点〔新版〕
　（有斐閣，1996年）

佐野寛『国際取引法』（有斐閣，2018年）第2章

第**21**章 国際裁判管轄 —— **財産関係事件**

◆ 第Ⅰ節 ◆ 総 説

◆ 第1項 国際裁判管轄の概念

　国際裁判管轄に関しては，国際民商事事件が生じ，紛争当事者の一方がある国の裁判所に訴えを提起したとき，当該裁判所がこの訴えにつき裁判管轄権を有するか否かが問題となる。

　各国の裁判所は，司法主権を有するため，任意に国際民商事紛争に関する訴えを受理し，裁判をすることを妨げられることはない。しかし，紛争発生の原因や発生地などの要素を考慮することなく，すべての訴えを無条件で受理するということは，裁判所の負担増（費用増加を含む。）をもたらしかねないため，適切とは言えない。国内紛争の場合においては，国内土地管轄により当事者が訴えを提起した裁判所が管轄することが適当でない場合には，適切に管轄権を有する裁判所に事件を移送する制度がある。これにより最も適切な裁判所で訴訟を遂行できる。しかし，国際的に各国の裁判所の間でこのような移送の制度はない。そうであるところ，訴えを提起された裁判所がすべてこれを受理すると裁判の衡平，公正，適性などが図れない可能性が生じる。また，その裁判所が国際民商事事件を受理し，判決を下した場合に，その判決の執行地が法廷地国でない場合には，執行地における外国判決の承認・執行という問題が新たに生じる。このとき，当該国際民商事紛争の管轄権がないと判断される裁判所の判決であると見なされれば，外国判決の承認・執行の訴えを受理した国の裁判所が，承認・執行を拒否することになる。一方で，国際的な管轄裁判所の配分が考慮されないと，ある裁判所は自らに管轄権がないとして，訴えを却下するということもある。このときには上述したこととは逆に，国際裁判管轄の押し付け合いのようなことが生じることになる。

　そこで，かかる問題を回避し，当事者間の衡平，裁判の適正・迅速を旨とする民訴法の基本理念を適用する上でも，国際裁判管轄を決定する基準を設ける

必要がある。

◆ 第 2 項 基本理念と学説

　国際裁判管轄に関する国際条約は EU などを除けば，存在しない。そうであるところ，国際裁判管轄を決定する際の基本理念は何か。

　第 1 に，国家主義的基本観に立つ内国利益保護主義的な考え方である。国際的な裁判管轄の決定は，国際的配慮に煩わされることなく，自国及び自国民の利益に主眼を置いて行われるとするものである。第 2 に，国際主義的基本観に立つものである。国際裁判管轄の問題を国家主権の司法管轄相互間の牴触の問題と捉えて，対人主権及び領土主権という国際法上の原則にしたがって解決しようとするものである。第 3 に，普遍主義的基本観に立つものである。各国の裁判機関が国際的に協力して裁判機能を分配しようとするものである。裁判管轄の場所的な分配であるという点では，国内裁判管轄の決定と本質的には変わらないという主張である。

　この点に関して，日本には以下の学説がある。第 1 に，日本国内の土地管轄の規定から国際裁判管轄を逆に推知し，国内土地管轄があれば国際裁判管轄もあるとする逆推知主義である。しかし，逆推知主義は，実際上において国内管轄権の存在を前提として構成されることになり，過剰管轄を生じ，また，国際裁判管轄を国内法の観点から捉えるのは適当でないとの批判がなされる。第 2 に，適正・衡平・効率的裁判の運営を考慮し，条理により国際裁判管轄を決定するという管轄配分説がある。しかし，これについては確立された原則はほとんどなく，国際的な裁判管轄に関する規律は各国の国内法によって行われるという現実と矛盾する。第 3 に，国内土地管轄を参酌することなく国際民事訴訟法上の条理，利益衡量により国際裁判管轄を決定するという利益衡量説がある（東京地（中間）判昭 54・3・20 判時 925 号 78 頁）。第四に，国際条約等を参酌し国際裁判管轄ルールをつくり，類型的に国内土地管轄規定を修正しようとする新類型説がある。

　国際裁判管轄決定の基準について実務的には，国内土地管轄規定を一応の基準としながらも，国際的に訴訟当事者の利益衡量を図りながら，具体的妥当性に基づき決定することになるものと考えられる（後述する最判昭 56・10・16 民集 35 巻 7 号 1224 頁 [百選 88]，最判平 9・11・11 民集 51 巻 10 号 4055 頁，最判平 13・6・8 民集 55 巻 4 号 727 頁）。

◆ 第3項 法 源

近年まで日本では国際裁判管轄を直接規定する法規はなかったが，社会経済のグローバル化の急速な進展に対応する国際民事訴訟手続の整備の要請が強く求められていた。そこで，国内土地管轄規定を一応の基準として，さらに国際的観点を含めた具体的妥当性の観点からの修正・調整が目指された。具体的妥当性とは，国際裁判管轄の範囲確定につき，特に強調すべき価値として法的安定性，予測可能性，執行可能性及び外国における承認・執行可能性があり，この観点から国際裁判管轄を規律しようとするものである。

この要請に応えて，「民事訴訟法及び民事保全法の一部を改正する法律」（平成24年4月1日施行）により財産的事件の国際裁判管轄に関する規定が，民事訴訟法の中に新設されるに至った。

改正民事訴訟法は，第1編総則第2章裁判所第1節において「日本の裁判所の管轄権（3条の2〜3条の12）」として，国際的土地管轄について，普通裁判籍と特別（個別）裁判籍の定めを置き，さらに，通則的な管轄に関する規定を設けている。

国際条約としては，ハーグ国際私法会議が採択した「国際裁判管轄の合意に関する条約」（2015年10月1日発効）がある。諸外国も各国の国内法により国際裁判管轄について規律している。一方，EUは加盟国間でブラッセル規則があり，EU加盟国と欧州自由貿易連合（ETTA）加盟国間でルガノ条約がある。また，米国は，各州が裁判管轄に関する基準を設けているが，各州ともに事件の自州との実質的関連性の有無を国際裁判管轄の決定基準としている。

以下において，民訴法3条の2以下の「財産関係事件」における裁判管轄に関する規定として普通裁判籍，特別裁判籍，専属管轄と合意管轄，特別の事情による訴えの却下について個別に検討する。

◆ 第Ⅱ節 ◆ 普通裁判籍（一般管轄）

普通裁判籍とは，事件の種類・内容を問わず共通に認められる土地管轄による裁判籍のことである。これは，「原告は被告の法廷地に従う」という原則に従い決定される。以下が普通裁判籍の適用を受けるものである。

(1) **自然人**（3条の2第1項）

裁判所は，人に対する訴えについて，①その住所が日本国内にあるとき，②

住所がない場合又は住所が知れない場合にはその居所が日本国内にあるとき，③居所がない場合又は居所が知れない場合には訴えの提起前に日本国内に住所を有していたとき（日本国内に最後に住所を有していた後に外国に住所を有していたときを除く。）は，管轄権を有する。

　なお，日本に普通裁判籍がない場合でも，不法行為地または債務不履行地などの特別裁判籍が日本にある可能性があることに留意しなければならない（3条の3第8号）。日本に最後の住所すらもないと日本には普通裁判籍がないことになる。当事者の国籍は財産関係については管轄権の基礎とはならない。

(2) 大使，公使その他外国にあってその国の裁判権からの免除を共有する日本人（3条の2第2項）

　裁判所は，大使，公使その他外国に在ってその国の裁判権からの免除を享有する日本人に対する訴えについて，前項の規定にかかわらず，管轄権を有する。これは，外国における裁判権免除特権を有する日本人についての規定である。

(3) 法人その他の社団・財団（3条の2第3項）

　裁判所は，法人その他の社団又は財団に対する訴えについて，その主たる事務所又は営業所が日本国内にあるとき，事務所若しくは営業所がない場合又はその所在地が知れない場合には代表者その他の主たる業務担当者の住所が日本国内にあるときは，管轄権を有する。

　この規定は，法人その他の社団・財団の普通裁判籍についても「原告は被告の法廷地に従う」という原則を適用するものである。この普通裁判籍と特別裁判籍とくに業務関連に基づく管轄原因（3条の3第4号，第5号）とは選択的な関係にあり，優先劣後の関係にはない。なお，法人などの主たる事務所・営業所が日本にある場合とは，①定款上の主たる事務所・本店の所在地，②本拠地（実質的な業務の中心地）のいずれかが日本にある場合を指す。

◆ 第Ⅲ節 ◆ 　特別裁判籍

　人及び企業の活動から派生する法律関係のうち，管轄権の基礎となる単位法律関係（管轄原因）について，それに絞って日本との関連性が認められる場合に，日本に認められる特別裁判籍が定められている（3条の3第1号から第13号）。このうち，1号，3号，4号，5号，8号について若干の解説をする。

(1) 契約債務の履行地（1号）

契約上の債務の履行の請求を目的とする訴え又は契約上の債務に関して行われた事務管理若しくは生じた不当利得に係る請求，契約上の債務の不履行による損害賠償の請求その他契約上の債務に関する請求を目的とする訴えについて，①日本が債務の履行地として契約上定められている場合，または②契約準拠法として当事者が明示的または黙示的に指定した法によると債務の履行地が日本にある場合に，日本の裁判所は国際裁判管轄権を有する。なお，不法行為に基づく損害賠償義務の履行地は本号の管轄原因とはならない。

(2) 請求の目的または被告財産の所在地（3号）

財産権上の訴えについては，日本が財産所在地であることをもって，日本の裁判所に国際裁判管轄が肯定され得る。すなわち，①請求の目的が日本に所在する場合，②金銭の支払いを請求する場合に差し押さえ可能な財産が日本に所在する場合である。ただし，②の場合には，その財産の価値が著しく低くないことが条件となる。

(3) 業務関係管轄（4号，5号）

事務所又は営業所を有する者に対する訴えでその事務所又は営業所における業務に関するものは，当該事務所又は営業所が日本国内にあるとき（4号）。日本において事業を行う者（日本において取引を継続してする外国会社を含む。）に対する訴えは，当該訴えがその者の日本における業務に関するものであるとき（5号）に業務関係管轄の対象となる。この場合，訴えの内容と日本との関連性は問われない。被告の締結した契約だけでなく，業務遂行に関連して発生した不法行為も対象となる。日本における業務とくに継続的な取引活動に訴えが関連する場合，当該取引により利益を得るものに対して日本の裁判所での応訴義務を負わせても不衡平ではないし，被告の予見の範囲内であるとの判断からである。

(4) 不法行為地（8号）

不法行為があった地が日本国内にあるとき（外国で行われた加害行為の結果が日本国内で発生した場合において，日本国内におけるその結果の発生が通常予見することのできないものであったときを除く。）に日本の国際裁判管轄を肯定する。

この号における不法行為地の概念には，被害者の法益を侵害する加害者の行為（作為・不作為）があった地（行為地）と被害者に法益侵害が発生した地（結果発生地）の双方が含まれる。

通常予見とは，これを類型化することは困難であるが（「国際裁判管轄に関する調査報告書」商事法務研究会，平成 20 年 4 月，〈http://www.moji.go.jp/content/000012193.pdf〉（閲覧日：2019 年 6 月 15 日），行為者が行為に着手する前に，自己の行為がどのような結果をもたらすかを推測し，高い確率で，その結果を知り得ることをいう。

不法行為地管轄の範囲には，特許権侵害，生産物責任，不法行為債務不存在確認訴訟が含まれる。管轄原因事実の証明とは，被告が日本においてした行為により原告の法益について損害が生じたとの客観的事実関係の証明がなされれば良いとされる（最判平 13・6・8 民集 55 巻 4 号 727 頁［百選 94］）。

◆ 第IV節 ◆ 　専属管轄と合意管轄

◆ 第1項 　専 属 管 轄

民訴法 3 条の 5 は，次の訴えの国際裁判管轄を日本の裁判所に専属するものと規定している。これには，日本法を設立準拠法とする法人の内部組織に関する訴え，及び日本を発行地とする社債発行会社による弁済の取消しに関する訴え（1 項），日本を登記又は登録地とする登記または登録に関する訴え（2 項），知的財産権のうち設定の登録により発生するものの存否又は効力に関する訴え（3 項），がある。

これらに専属管轄があるとするのは，いずれも日本法の適用を一応の前提とし，日本の実体法との結びつきが強いと認められるからである。

◆ 第2項 　併合請求等（3条の6，145条3項，146条3項）

請求の客観的併合（3 条の 6 本文）は，一の訴えで数個の請求をする場合において，日本の裁判所が一の請求について管轄権を有し，他の請求について管轄権を有しないときは，当該一の請求と他の請求との間に密接な関連があるときに限り，日本の裁判所にその訴えを提起することができるとしている（最判平 13・6・8 民集 55 巻 4 号 727 頁。いわゆるウルトラマン事件）。ただし，数人からの又は数人に対する訴えについては，38 条前段（共同訴訟の要件）に定める場合（請求の主観的併合（3 条の 6 但書））に限る。海外で実行された不法行為を理由とする損害賠償請求において，共同被告（日本の会社）の子会社である外国法人に対する訴えにつき，主観的併合の場合の関連裁判籍の規定（旧）民

訴法21条を準用して国際裁判籍は肯定される（東京地（中間）判昭60・6・1判時1261号105頁）。なお，併合請求をいかに管理するかについては，一般に自己と生活上の関連がなく，また，自己に対する請求自体とも関連を有しない他国での応訴を強いられる当事者の不利益は，一国における場合に比して著しく過大なものとなり，当事者間の衡平を欠くおそれがあるうえ，請求に係る法的紛争とは人的にも物的にも関連性のない他国の裁判所における審理が，裁判の適性・迅速を期するという理念に適合するかも疑問であり，この点を勘案して国際裁判管轄を決定するのが条理にかなう（東京地判平22・11・30判時2104号62頁）。

なお，上述の「密接な関係」という文言は抽象的である。先例（ウルトラマン事件）では，同一著作物の著作権の帰属ないしその独占的利用権の有無をめぐる紛争として，実質的に争点を同じくしているというような状況が「密接」と判断された。

◆ 第3項 合意管轄（3条の7）

当事者は，書面による合意により，いずれの国の裁判所に訴えを提起することができるかについて定めることができる（3条の7第1項）。これが合意管轄といわれるものである。

合意管轄は，法定管轄とは異なる定めをすることであり，当事者による管轄裁判所の特定がなければならない。ただし，管轄の定め方として，①法定管轄の他に管轄裁判所を追加する競合付加的合意（競合的合意）と②特定の裁判所の管轄だけを認めその他の裁判所の管轄を排除する専属的合意とがある。

(1) 国際裁判管轄に関する合意

国際海上物品運送契約において「（船荷証券に）この運送契約による一切の訴えは，アムステルダムにおける裁判所に提起されるべきものとし，運送人においてその他の管轄裁判所に提訴し，あるいは自ら任意にその裁判所の管轄権に服さないならば，その他のいかなる訴えに関しても，他の裁判所は管轄権を持つことができないものとする。」旨の英文管轄約款が存在するところ，紛争当事者の一方が日本の裁判所に訴えを提起し，裁判管轄権の問題が最高裁まで争われた事件がある（最判昭50・11・28民集29巻10号1554頁）。

これについて，最高裁は，「ある訴訟事件についてわが国の裁判権を排除し特定の外国の裁判所を第一審の専属的管轄裁判所と指定する国際的専属的裁

管轄の合意は，当該事件がわが国の裁判権に専属的に服するものではなく，かつ指定された外国の裁判所がその外国法上当該事件につき管轄権を有する場合には，原則として有効であり，その外国法上右合意が有効とされること又は当該外国裁判所の判決につき相互の保証のあることを要しない。……国際海上物品運送契約に基づく荷主の運送人に対する損害賠償請求訴訟につき，国際的海運業者である被告の本店のあるオランダ国の裁判所を第一審の専属的管轄裁判所と指定する国際的専属的裁判管轄の合意は，たとえそれが被告の発行した船荷証券上の管轄約款に基づくものであり，また，右合意に従うとき荷主の負うこととなる費用及び手数が増大するとしても，それだけでは公序違反として無効とはいえない。」と判示して国際裁判管轄の合意を認めた。

　国際裁判管轄の合意をいかに理解するかについては，問題がある。外国判決の承認・執行の場面で，合意の有効性が問われることがある。ハーグ国際私法会議が採択した「国際裁判管轄の合意に関する条約」（日本未批准〈https://www.hcch.net/en/instruments/conventions/status-table/? cid=98〉（閲覧日：2020 年 3 月 25 日））は，専属的管轄合意に関して，有効な合意によって国際裁判管轄を有すること，判決が承認・執行されることを定めている。合意が有効でないと認められた場合には，判決の承認・執行拒否事由となる。また，「国際民事訴訟原則」でも裁判所は，当事者に管轄権を争う公正な機会を与えることなく，合意が推定されることを根拠にして，管轄権を行使してはならないとしている。裁判所は，当事者の合意の有効性についても慎重に判断することが求められる。

(2) 消費者契約に関する紛争についての特則（5 項）

　消費者契約に関する紛争を対象とする合意は，①消費者契約の締結の時において消費者が住所を有していた国の裁判所に訴えを提起することができる旨の合意であるとき（1 号），②消費者が当該合意に基づき合意された国の裁判所に訴えを提起したとき，又は事業者が日本若しくは外国の裁判所に訴えを提起した場合において，消費者が当該合意を援用したとき（2 号）において効力を有する。

(3) 労働関係に関する紛争についての特則（6 項）

　個別労働関係民事紛争を対象とする合意は，①労働契約の終了の時にされた合意であって，その時における労務の提供の地がある国の裁判所に訴えを提起することができる旨を定めたものであるとき（1 号），②労働者が当該合意に

基づき合意された国の裁判所に訴えを提起したとき，又は事業主が日本若しくは外国の裁判所に訴えを提起した場合において，労働者が当該合意を援用したとき（2号）において効力を有する。

◆ 第4項　応訴による管轄権

被告が日本の裁判所が管轄権を有しない旨の抗弁を提出しないで本案について弁論をし，又は弁論準備手続において申述をしたときは，裁判所は，管轄権を有する（3条の8）。大阪地裁判昭61・3・26判タ601号65頁は，国際裁判管轄にも応訴管轄が適用されることを判示した。

◆ 第Ⅴ節 ◆　特別の事情による訴えの却下

平成23年の改正民訴法は，従来の判決で形成されてきた「特別の事情による訴えの却下」について，「裁判所は，訴えについて日本の裁判所が管轄権を有することとなる場合（日本の裁判所にのみ訴えを提起することができる旨の合意に基づき訴えが提起された場合を除く。）においても，事件の性質，応訴による被告の負担の程度，証拠の所在地その他の事情を考慮して，日本の裁判所が審理及び裁判をすることが当事者間の衡平を害し，又は適正かつ迅速な審理の実現を妨げることとなる特別の事情があると認めるときは，その訴えの全部又は一部を却下することができる。」（3条の9）と規定した。

改正民訴法以前には国際裁判管轄に関する規定はなかった。このため，国内裁判管轄と国際裁判管轄との関係の処理について2つの学説があった。1つは，日本の国内土地管轄（普通裁判籍）の規定に該当すれば国際裁判管轄権があるとするもので，国内土地管轄の規定から逆に国際裁判管轄を推知することから逆推知説と言われるものである。もう1つは，当事者の衡平，裁判の適正・迅速を期するという観点から国内土地管轄の規定を修正しつつ，国際裁判管轄の配分を考えるもので，管轄配分説と言われるものである。

こうした学説の議論があるところ，マレーシア航空事件の最高裁判決は，財産関係事件の国際裁判管轄に関するリーディング・ケースとなった（最判昭56・10・16民集35巻7号1224頁［百選88］）。

マレーシア航空事件の事実関係は，以下の通りである。昭和52年にマレーシア航空の国内線航空機が同国で墜落し，多くの死者を出した。この航空機に

搭乗していた日本人 A の妻子（原告：X）が，マレーシア航空（被告：Y）を相手取って名古屋地方裁判所に損害賠償の支払いを求める訴えを提起した。A は，航空券をマレーシア国内で購入し，同国内線に搭乗し，同国で墜落事故に遭い死亡したものであったが，最高裁は，「当事者の公平（原文ママ），裁判の適正・迅速を期するという理念により条理に従って決定するのが相当であり，……民訴法の規定する裁判籍のいずれかが我が国内にあるときには，これらに関する訴訟事件につき，被告をわが国の裁判籍に服させるのが右条理にかなうべきものというべきである。」として，日本の裁判管轄を肯定した。

このマレーシア航空事件は，条理にしたがって国際裁判管轄権を決定しつつ，民訴法に定める土地裁判籍の 1 つが日本にあれば日本の国際裁判管轄を肯定しようとするものである。以後の下級審裁判所は，条理の具体的内容についての最高裁の判示に修正を加え，例外的に日本で裁判を行うことが当事者の衡平，裁判の適正・迅速を期するという理念に反する「特段の事情」があると認められる場合には，国際裁判管轄を否定する余地があるとした。これは，特段の事情説と言われるものとなる。その後，下級審で特段の事情が考慮されることになる。

台湾の航空会社である遠東航空が運航する旅客機が同国内で墜落し，死亡した日本人乗客 18 名の遺族（原告 X）が，当該事故機を製造した米国航空機メーカー（被告 Y₁），同機の米国販売会社（Y₂）及び台湾遠東航空会社（被告 Y₃）を相手取った裁判がある（いわゆる遠東航空機事件）。X は，当初，米国カリフォルニア連邦裁判所に提訴したが，同裁判所は適切な法廷地は台湾であるとしてフォーラム・ノン・コンヴィニエンス（forum non conveniens）の法理により訴えを却下した。そこで，X は東京地裁に訴えを提起したが，東京地裁は，重要な証拠がいずれも台湾に存在すると推認されるところ，日本の裁判所に管轄権を認める特段の事情があるとは認められないとして，訴えを却下した。（東京地判昭 61・6・20 判時 1196 号 87 頁［百選 93］）。

最判平 9・11・11 民集 51 巻 10 号 4055 頁［百選 89］は，ドイツ車買付業務委託に関わる預託金の返還請求事件において上述の考えを肯定した。ドイツ車預託金事件の事実関係は，以下の通りである。

日本法人 X は，昭和 40 年頃からドイツに居住して営業活動を行ってきた Y と，昭和 62 年に，X が Y に欧州各地からの自動車の買い付け等の業務を委託することを内容とする契約を締結した。X は，自動車の買い付け資金として，

900万円余りをYに送金した。しかし，その後，Yによる預託金の管理に不信を募らせ，Xは，預託金の返還を求める訴えを日本で起こした。Xは預託金返還債務の義務履行地がXの本店所在地の日本であるとして，義務履行地に基づく国際裁判管轄があると主張した。

これに対して最高裁は，以下のように判示して，日本の国際裁判管轄を否定した。

「我が国の民訴法の規定する裁判籍のいずれかが我が国内にあるときは，原則として，我が国の裁判所に提起された訴訟事件につき，被告を我が国の裁判権に服させるのが相当であるが，我が国で裁判を行うことが当事者間の公平（原文ママ），裁判の適正・迅速を期するという理念に反する特段の事情があると認められる場合には，我が国の国際裁判管轄を否定すべきである。……本件契約上の債務の履行を求める訴えが我が国の裁判所に提起されることは，被上告人の予測の範囲を超えるものといわざるを得ない。また，被上告人は，20年以上にわたり，ドイツ連邦共和国内に生活上及び営業上の本拠を置いており，被上告人が同国内の業者から自動車を買い付け，その代金を支払った経緯に関する書類など被上告人の防御のための証拠も，同国内に集中している。他方，上告会社は同国から自動車等を輸入していた業者であるから，同国の裁判所に訴訟を提起させることが上告会社に過大な負担を課することになるともいえない。……本件契約の効力についての準拠法が日本法であるか否かにかかわらず，本件については，我が国の国際裁判管轄を否定すべき特段の事情があるということができる。」

本判決の示した特段の事情説は，民訴法の国内管轄規定の類推による管轄権の明確性・安定性を保ちながら，当事者の利益衡量の余地を事件の性質，被告の応訴負担の程度，証拠の所在地という考慮すべき基準として限定的に認めることで，具体的妥当性を図り得るという利点が指摘される。しかし，この特段の事情の適用については，裁判官の裁量の範囲が過大であり，判断基準が恣意的になり，かえって管轄判断の予測可能性を失わせ，法的安定性を損なうことになるとの問題も指摘された（例えば，道垣内正人・ジュリスト1133号213頁，中野俊一郎・法学教室213号124頁）。

そこで，国際裁判管轄ルールを定立する必要性から法制審議会国際裁判管轄法制部会は，以前の判例における特段の事情の判断に含まれていた事情のうち，一般化できる事情を抽出して2010年2月に「国際裁判管轄法制の整備に関する要綱」〈http://www.moj.go.jp/content/000099465.pdf〉（閲覧日：2020年3月25日）を採択し，「民事訴訟法及び民事保全法の一部を改正する法律」が2011

年 5 月に成立した。

　民訴法 3 条の 9 の「特別の事情」は，判例法における「特段の事情」に相当
するものであるとされるものの，判例法の抽象性を適正化するために「考慮す
べき要素」と「避けるべき結果」を書き込んだものである（青山善充「新しい
国際裁判管轄法について」法科大学院論集第 10 号〔2012 年〕）。そうであるとすれ
ば，これは「特段の事情」よりも制限的に解釈されることになるとも考えられ
る。「特別の事情」が問題となった直近の事件に最判平 28・3・10（Westlaw
Japan 文献番号 2016WLJPCA03109002）がある。この事件において最高裁は，
「特別の事情」の要件を個別に考察せずに，これを肯定した。「特別の事情」の
解釈は，なお今後の判例の集積が待たれると言えよう。

◆ 第VI節 ◆　国際訴訟競合

　国際訴訟競合とは，日本と外国に同一の訴えにかかる訴訟が係属している場
合をいう。具体的には，外国の訴訟と同一の訴えが日本で提起された時点で，
⑴先行する外国における訴訟が係属中の場合（外国訴訟先行型），⑵外国で訴訟
が未だ提起されておらず，その後提起された場合があり得る状況（内国訴訟先
行型）をいう。このほか，内外国間の時差の影響により同一日に係属する内外
国訴訟同時型も考え得る。

　東京地判平 1・5・30 判時 1348 号 91 頁は，「国際的な二重起訴の場合にも，
先行する外国訴訟について本案判決がされてそれが確定に至ることが相当の確
実性をもって予測され，かつ，その判決がわが国において承認される可能性が
あるときは，判決の牴触の防止や当事者の公平（原文ママ），裁判の適正・迅
速，更には訴訟経済といった観点から，二重起訴の禁止の法理を類推して，後
訴を規制することが相当とされることもあり得るというべきである。」と判示
した。

　関西鉄工事件は，アメリカでアメリカ丸紅が関西鉄工に対して製造物責任に
よる損害賠償請求の訴訟を提起したのに対して，関西鉄工が日本でアメリカ丸
紅に対する債務不存在の確認を求める訴訟を提起したもので，同一事件をめ
ぐって日米両国で訴訟が同時に進行した事件である（大阪地（中間）判昭 48・10・
9 判時 728 号 76 頁）。大阪地裁は，「日本の裁判所は国際裁判管轄（権）を有す
る。……　Y は，本訴が先に継続していた訴訟との関係でいわゆる二重訴訟

（（旧）民事訴訟法 231 条（現 142 条））にあたるから不適法である旨主張するが，同条にいう『裁判所』はわが国の裁判所を意味するものであって外国の裁判所を含まないと解すべきである。」と判示し，大阪地裁は，1974 年 10 月 14 日に関西鉄工の債務不存在確認請求を認容する判決を下した。

　ところが，アメリカでは，同年 9 月 17 日に関西鉄工に 8 万 6000 ドルの支払いを命ずる Y 勝訴の判決が下され。そこで，Y はアメリカ判決の承認・執行を求めて大阪地裁に訴え，相反する日米両判決が衝突することになった。

　これに対して，大阪地裁は，次のように判示して，Y のアメリカ判決の承認・執行の請求を退けて，関西鉄工勝訴の判決を下し，以下のとおり判示した（大阪地判昭 52・12・22）。

　　「同一司法制度内において相互に矛盾抵触する判決の併存を認めることは法体制全体の秩序を乱すものであるから訴の提起，判決の言渡，確定の前後に関係なく，すでに日本裁判所の確定判決がある場合に，それと同一当事者間で，同一事実について矛盾抵触する外国判決を承認することは，日本裁判法の秩序に反し，（旧）民訴法 200 条 3 号（現 118 条 3 号）の『外国裁判所の判決が日本における公の秩序に反する』ものと解するのが相当である。」

　民訴法改正では，国際訴訟競合の規制について法制審議会国際裁判管轄法制部会において議論された。この議論で，日本の裁判所に国際裁判管轄が認められる管轄原因が存する場合であっても，外国に同一の訴えに係る訴訟が既に係属している場合には，一定の要件の下に，日本の裁判所に係属している訴訟について，訴えの却下をすることができるものとするという案が示されたが，外国で不法行為に基づく損害賠償責任訴訟が起こされた場合の対抗手段として国際裁判管轄を有するようにしておきたいという判断から，同案明文化は見送られた。国際訴訟競合を如何に規律するかについては，なお議論の過程にある。

課題

　「特別の事情」は遠東航空機事件にも同様に考慮されるとすれば，「特別の事情」と「特段の事情」は同義と考えられるか。

〈参考文献〉
神前禎・早川吉尚・元永和彦『国際私法（第 4 版）』（有斐閣，2019 年）第 3 編第 1 章
小林秀之編集代表『国際裁判管轄の理論と実務』（新日本法規出版，2017 年）

櫻田嘉章『国際私法（第6版）』（有斐閣，2012年）第26章

櫻田嘉章・道垣内正人『ロースクール国際私法・国際民事手続法（第3版）』（有斐閣，2012年）第2部

道垣内正人編『ハーグ国際裁判管轄条約』（商事法務研究所，2009年）

横山潤『国際私法』（三省堂，2012年）第2部第2章

實川和子「インターネット上の名誉毀損の国際裁判管轄と民訴法3条の9『特別の事情』について（最高裁平成28年3月10日判決）」法学論集83号〔山梨学院大学〕（2019年）151-175頁

第**22**章　外国判決の承認・執行

◆ 第 I 節 ◆ 総　説

◆ 第 1 項　外国判決の承認・執行の概念

　外国判決の承認・執行とは，当事者間の民事権利・義務に関する紛争に具体的な拘束力をもたらす一国の裁判所の下した判決を当該国以外の国の裁判所が承認し，法的効力を生じさせ，当事者の権利義務を確定する執行をすることをいう。

　この概念において，外国判決とは，当事者間の民事権利・義務に関する紛争に具体的な拘束力をもたらす外国の裁判所の下した判決をいう。ここには，以下の争点がある。第 1 に，「外国」とは広義の概念であり，地理的意義の外国の他に法域（例えば，アメリカ合衆国は州ごとに異なる法体系があり，ニューヨーク州，ワシントン DC，カリフォルニア州など 51 の法域がある。）としての外国も含む。また，国際司法裁判所，欧州司法裁判所などある一国の裁判所に属さないものも，外国の概念に含まれる。第 2 に，「外国裁判所」についても広義に理解する必要があり，これには一国の普通裁判所，行政裁判所，憲法裁判所，特別裁判所やある国が司法権を付与したその他の機関が含まれる。外国裁判所には，未承認国の裁判所も含まれるほか，諸国家の連合体である EU の裁判所も含まれる。しかし，国際司法裁判所や国際海洋法裁判所のような国際裁判所は含まれないとするのが通説である。それは，日本が国際連合に加盟しているため，これらの裁判所と日本の裁判所とが対等の関係に立ち得ないためである。私法上の法律関係につき裁判権の行使ができる外国の機関であれば，行政機関のものであってもよい。第 3 に，「判決」についても広義に理解する必要がある。外国判決には，民事事件の判決，裁定，調停が含まれ，さらに刑事事件に付帯する民事訴訟に関して示された判決及び外国の特定の機関が示した特定の事項に関する民事決定も含まれる（「決定」が準用された例として，東京地判昭 42・11・13 下民 18 巻 11・12 号 1093 頁）。

　一国の裁判所の判決は，それが司法主権の行使に基づくため，当該国内においてのみ法的効力を生じ，当然に外国に効力を生じるものではない。渉外民事事件において，事件がその他の国の人，物及び行為に及ぶとき，裁判所の判決は，関係国の承認を得られる状況下で当事者の権利・義務の実現を図ることができる。外国判決の承認とは，外国裁判所の判決に当事者の権利・義務の確定に本国の裁判所の判決と同等の法的効力を与えることをいう。また，外国判決の執行とは，外国裁判所の判決を承認したことの結果として，外国判決の履行を当事者に強制することをいう。

◆ 第2項　外国判決承認・執行の趣旨と法源

　一国が外国判決を承認・執行する法的根拠は，国際条約と国内法であり，日本の場合，民事訴訟法118条と民事執行法22条6号および24条，さらに118条4号の相互保証を介して，本国法の外国判決の承認・執行に関する規定も参照する必要がある。

　外国判決を承認・執行する趣旨は，第1に，国際的協調という政策的判断からも国際的な司法判断の相互矛盾を回避し，跛行的法律関係（片面的，偏面的，不均衡な法律関係）の発生を予防するという国際私法の目的にもかなうということであり，第2に，国民経済面でも外国判決を承認・執行せずに新たな裁判をすることになれば，時間やコストなど経済面のロスを避けることであり，第3に，法的安定性，予測可能性が損なわれるという点から当事者の権利保護にも欠けることになると考えられることである。

　国際条約に関しては，1971年の「民事及び商事に関する外国判決の承認及び執行に関する条約」（ただし，オランダなど数カ国で効力を有するのみである。）がある。地域的条約では，例えば，EUが1968年及び1988年に制定した「民商事件の管轄権及び判決執行に関する条約」，北欧国家が1979年に締結した「判決の承認及び執行条約」などがある。また，個別主題に関する条約に，1958年に開催されたハーグ国際私法会議で採択された「子に対する扶養義務に関する判決の承認及び執行に関する条約」や1973年に開催された同会議で採択された「扶養義務に関する裁判の承認及び執行に関する条約」がある。

◆ 第3項　実質的再審査禁止の原則（自動承認）

　外国判決を承認するにあたり，外国判決の内容（当該判決における事実認定及

び法の解釈）は，審査されない。かかる審査は，実質的再審査と呼ばれている。比較法上，かかる実質的再審査を行う国も存在するが，わが国ではこれを行っておらず，禁止されていると理解されている。実質的再審査を行うことは，判決国の司法制度に対する不信を示すものと考えられるからである。

　また，外国判決の承認について，裁判所での判決の手続をすることなく，外国判決の既判力を認めることを，自動承認という。自動承認とはいっても，外国判決を無条件で承認することではない。民訴法118条各号の承認要件が満たされていなければ，承認はされない（後述）。

　子の引渡しが争われた事件において，東京高裁は「民訴法200条3号の要件が充足されているか否かを判断するに当たっては，当該外国判決の主文のみならず，それが導かれる基礎となった認定事実をも考慮することができるが，さらに，少なくとも外国においてされた非訟事件の裁判について執行判決をするか否かを判断する場合には，右裁判ののちに生じた事情も考慮することができると解するのが相当である。外国裁判所が公序良俗に反するか否かの調査は，外国裁判所の法的当否を審査するのではなく，これを承認，執行することがわが国で認められるか否かを判断するのであるから，その判断の基準時は，わが国の裁判所が外国裁判の承認，執行について判断するときと解すべきだからである。」と判示した（東京高判平5・11・15高民46巻3号98頁［百選110］）。

　このように自動承認の原則は，外国判決承認要件審査の基準時に問題とされることがある。外国での判決確定時と，日本でその外国判決の承認が求められている時点との間に事情の変化があった場合には，自動承認するか否かの判断が異なり得る。

◆ 第4項　外国判決承認・執行の効果

　外国判決の承認がなされると，当該判決が下された国において判決が有するのと同じの効果を日本において認めることになり，かつ，この判決に執行力があるものであれば，その執行判決を得て日本で強制執行がなされることになる。

　名古屋地判昭62・2・6判タ627号244頁は，西ドイツ・ミュンヘン裁判所の欠席判決及び訴訟費用確定決定について執行判決を求める訴えを認容した。この事件は，スイス法人と日本法人がライセンス契約を締結したが，契約の履行を巡って当事者間で紛争を生じ，スイス法人が専属的合意管轄裁判所である西ドイツ・ミュンヘン裁判所に特許料支払請求訴訟を提起し，同裁判所が共助

法に基づき日本の裁判所を通じて日本法人に訴状及び答弁の催告書を送達したが，日本法人が応訴しないので欠席判決を言い渡し，スイス法人が右判決の執行判決を名古屋地裁に求めたものである。名古屋地裁は，「（この申立ては，）西ドイツにおいては，わが国の財産法上の判決が（旧）民訴法200条各号（現民訴法118条各号）と同様の条件のもとに，その効力が認められるものと判断して差し支えない。」と判示した。

◆ 第Ⅱ節 ◆ 外国判決の承認制度

◆ 第1項 概 説

外国判決の承認とは，上述した通り，外国裁判所の判決に当事者の権利・義務の確定に本国の裁判所の判決と同等の法的効力を与えることを承認することをいう。ただし，外国判決の承認については，その承認要件を満たしていることが求められる。これが，外国判決の承認制度である。

以下，民事訴訟法118条に関して，大きな論点となるところの①承認の適格性，及び具体的な②外国判決承認の要件を検討する。

◆ 第2項 承認・執行の対象と要件

(1) 承認・執行の適格性

外国判決の承認要件の前提として，承認の対象となる判決は何かという承認の適格性の問題がある。外国判決承認・執行の対象となり得るのは，「外国裁判所の確定判決」である（通説）。

外国には，未承認国の判決も含まれる（外国の定義については上述した。）。

確定判決とは何か。一般に，判決国法上，もはや通常の不服申立てができない場合をいう。婚姻関係が破綻している夫婦間で，子を妻の監護に付するイタリアの命令が，暫定的であることを理由に未確定であるとした最高裁判決（最判昭60・2・26家月37巻6号25頁）があるが，暫定的，すなわち将来的に判断が変わり得るからといって，未確定とは言えないのではないかという批判がある。最近では必ずしも確定性を要件とすることなく承認の必要性がある限り終局性で足りるとする見解の主張もある（櫻田「外国判決の承認・執行」）。

外国判決の定義については，インド人兄弟による香港高等法院における保証債務履行訴訟判決の承認・執行事件における最高裁の示した判断基準がある

（最判平 10・4・28 民集 52 巻 3 号 853 頁［百選 108]）。最高裁は，「（外国裁判所の判決とは）外国の裁判所が，その裁判の名称，手続，形式のいかんを問わず，司法上の法律関係について当事者双方の手続保障の元に終局的にした裁判をいうものであり，決定，命令等と称されるものであっても，右の性質を有するものは……"外国裁判所の判決"に当たる。」とした。

なお，ここでいう判決は，「私法上の法律関係」であり，民事判決に限られ，刑事事件で罰金を科すような判決は民訴法 118 条の対象とはならない。

(2) 外国判決承認の要件

外国判決の承認要件は，民訴法 118 条 1 号から 4 号の規定による。すなわち，①間接管轄，②訴訟手続開始文書の送達，③公序，④相互の保証，が論点としてあげられる。

(i) 間接管轄（1 号）

判決を下した裁判所が，当該事件における裁判機関として適格であったことを確保する必要がある（1 号）。

間接管轄を承認の要件とするのは，事案や当事者との関連性が薄いにも関わらず，外国裁判所が管轄を行使した場合，被告の権利保護が不十分となりかねず，かかる被告を救済する必要があるという趣旨からである。したがって，間接管轄の基準については，日本の裁判所が国際的な事件について裁判できる国際裁判管轄を有するか否かという直接的国際裁判管轄と同一の範囲であるとするのが通説である。

その判断基準として，最高裁は「我が国の国際民訴法の原則から見て，当該外国裁判所の属する国（判決国）がその事件につき国際裁判管轄（間接的一般管轄）を有すると積極的に認められること」とし，「基本的に我が国の定める土地管轄に関する規定に準拠しつつ，この事件における具体的事情に即して，当該外国判決を我が国が承認するのが適当であるか否かという観点から，条理に照らして判決国に国際裁判管轄が存在するか否かを判断すべき」と判示した（最判平 10・4・28［百選 108]）。

(ii) 訴訟手続開始文書の送達（2 号）

外国判決承認制度の根拠を考えた際に，敗訴当事者が判決国で十分に争い，防御することができずに敗訴したとすれば，この被告を保護する必要がある。2 号は，訴訟開始時における被告に対する手続保障のための規定である。

この要件が満たされているかの判断基準について，最判平 10・4・28（［百

選108])が，①被告が現実に訴訟手続の開始を了知することができるものであること，②被告の防御権の行使に支障のないものであることを要件とした上で，さらに③送達に関して判決国と日本の間に司法共助に関する条約があれば，条約に定められた方法を遵守しない送達はそれだけで2号の要件を満たさないとする基準を示した。

「国際司法共助」に関しては，各国間で条約が締結されている。日本は，ハーグ国際私法会議で作成された，1954年の「民事訴訟手続に関する条約」と1965年の「民事又は商事に関する裁判上及び裁判外の文書の外国における送達及び告知に関する条約」という2つの多国間条約を締結しているほか，多くの国と二国間で取極を結んでいる。

(iii) **公　序（3号）**

3号は，「判決の内容及び訴訟手続」が日本における公序に反しないことを要求する。外国判決が日本の公序に反するかどうかの判断に際しては，日本の公序との牴触のいかんを問題とするのではなく，あくまで具体的事件について，外国判決の認定事実を前提としつつ，執行される内容及び事件と日本との関連性の双方から見て，外国判決を認めることが日本の公益や道徳観念に反する結果となるか，あるいは社会通念ないし道徳観念上真に忍びない過酷な結果がもたらされることになるかどうかの点を判断すべきである（東京地判平3・2・18判時1376号79頁）。3号の規定において，公序の概念を①手続的公序と②実体的公序に分け，それぞれについて，その判断基準を明らかにする必要がある。

① **手続的公序**

1996年（平成8年）民事訴訟法改正前は，旧民訴法200条3号には手続的公序も含まれているとするのが通説であり，最高裁もコロンビア特別行政区連邦地裁が下した判決の執行請求事件判決において，「(旧)民訴法200条3号の規定は，外国裁判所の判決の内容のほかその成立も日本の公序良俗に反しないことを要するとしたものと解すべきである。」として，この立場を承認した（最判昭58・6・7民集37巻5号611頁［百選113]）。

外国判決の承認は実質的再審査をしないことを前提としているので，原則として，外国判決は一定の手続的な要件の具備のみで承認される。手続的な要件のうちで，よく問題となる間接管轄と訴訟手続開始文書の送達は，それぞれ1号と2号で規定されている。しかし，それ以外にも手続的に問題となる外国判決はあり得る。例えば，裁判官が買収されているなど，1号と2号では承認拒

否事由とならない場合の対応規定が必要であると考えられる。これに応じるのが 3 号の規定の「訴訟手続」が公序に反しないことという規定である。横浜地判平 1・3・24 判時 1332 号 109 頁は，証拠文書を偽造して，これを用いて詐取した外国審判はわが国の公序に反するとしてその効力を認めなかった。

　② 実体的公序

　3 号に含まれる概念に実体的公序がある。実体的公序とは，外国判決を承認することが日本の法秩序とはどうしても相容れない実体的結果が生じる場合をいう。

　実体的公序が問われた事件に萬世工業事件がある。これは，懲罰的損害賠償を認めたアメリカの判決の執行許可性をめぐって争われた事件である。

　東京地判平 3・2・18 判時 1376 号 79 頁は，懲罰的損害賠償を命ずる部分も旧民訴法 200 条（現 118 条）の対象となることを前提としながらも，「薄弱なる根拠に基づき」巨額の懲罰的損害賠償を命ずる外国判決は公序に反するとして，執行を認めなかった。控訴審（東京高判平成 5・6・28 判時 1471 号 89 頁）は，罰金類似の刑事法的性格を有する懲罰的損害賠償が旧民訴法 200 条の対象たる外国裁判所の判決といえるかは疑問であるとし，かりにそうであるとしても，その執行を認めることは公序に反するとした。

　最高裁は，公序要件について，外国裁判所の判決がわが国の採用していない制度に基づく内容を含むという一事をもって直ちに公序違反を認めることはできないが，それがわが国の法秩序の基本原則ないし基本理論と相容れない場合には，当該判決は公序に反するとしたうえで，以下のように判示した（最判平 9・7・11 民集 51 巻 6 号 2573 頁［百選 111]）。

　　「我が国においては，加害者に対して制裁を科し，将来の同様の行為を抑止することは，刑事上又は行政上の制裁に委ねられているのである。そうしてみると，不法行為の当事者間において，被害者が加害者から，実際に生じた損害の賠償に加えて，制裁及び一般予防を目的とする賠償金の支払いを受けるとすることは，右に見た我が国における不法行為に基づく損害賠償制度の基本原則ないし基本理念と相容れないものであると認められる。……したがって，本件外国判決のうち，補償的損害賠償及び訴訟費用に加えて，見せしめと制裁のために Y₁（被告；日本企業）に対し懲罰的損害賠償としての金印の支払いを命じた部分は，我が国の公序に反するから，その効力を有しないものとしなければならない。」

　実体的公序は，かかる特殊の事情が生じた場合に対処する安全弁として存在

する。実体的公序は，準拠法選択における国際私法上の公序（通則法42条）に対応するものである。実体的公序を適用するか否かは，判決内容に基づく承認結果の反公序性と，事件の内国関連性の2つの要件に照らして審査される。なお，反公序性については，国際私法上の公序と同様に日本の強行規定の違反が直ちに反公序性とはならない点には注意が必要である。

③　審査の基準時

公序要件の審査の基準時も問題となる。具体的には，外国判決の確定時以降の事実が考慮されるのかが問題となる。子の引渡しに関してこれが争われた事例がある（東京高判平5・11・5［百選110］）。

この事件で東京高裁は，「子の単独支配保護者を解かれた母親に対して新たに単独支配保護者とされた父親へ子を引き渡すべきことを命じた外国裁判所の判決は，子が母親とともに日本に居住してから4年余を経過し，小学5年生となり，言語の障害もかなり少なくなって明るく通学している一方，父親の母国語である英語での会話や読み書きができず，子をアメリカ合衆国在住の父親に引き渡すことは言葉の通じない父親のもとでの生活を強いることになるなど判示の事情があるときは，子の福祉に反する結果をもたらすもので公序良俗に反する。」と判示した。

なお，前述した通り，外国判決の承認・執行制度は，外国判決の内容の当否を改めて審理しないとする「実質的再審査禁止」の原則に立っている。したがって，外国判決が日本の公序に牴触しないか否かの適用については，慎重に検討する必要がある。日本の公序良俗に反することを理由にその承認・執行することが日本の法秩序にとって非常に耐え難い結果をもたらす場合に限定されるべきである。この意味で，民訴法118条3号の公序良俗の範囲は，国内法しか関係しない民法90条の公序良俗の範囲よりも狭い。この限りにおいて，公序とは，国内の公序ではなく国際的公序をいう。国際的公序には，①国が保護したい正義及び道徳などの基本原則，②国内が維持したい公共政策規則，及び③その他の国又は国際機関が担う国際的義務をいうとするのが適当である。

(iv)　**相互の保証**（4号）

「相互の保証」の要件とは，当該判決をした外国裁判所の属する国（以下「判決国」という。）において，わが国の裁判所がしたこれと同種類の判決が同条各号所定の条件と重要な点で異ならない条件のもとに効力を有する制度が採られていることを，充足すべき要件として問うものである。

最高裁判昭58・6・7日は，相互の保証が問われたものである。事件の概要は，以下の通りである。

X（原告，被控訴人，被上告人）は，Y（被告，控訴人，被上告人）及びYが代表取締役を務める訴外A社ほか1社に対し，昭和45年11月ころ売掛代金請求訴訟を米国コロンビア特別行政区連邦地裁に起こした。Yが出頭命令に反し出頭しなかったため，昭和47年4月27日，同裁判所はXの請求を認め5万4326ドル余の支払等を命じる判決を言い渡し，それはやがて確定した。Xは本件外国判決に基づきYに対し強制執行をすべく日本の裁判所に執行判決を求めた。

最高裁は，以下の通り判示した。

「外国裁判所の判決（以下「外国判決」という。）の承認について，判決国が我が国と全く同一の条件を定めていることは条約の存する場合でもない限り期待することが困難であるところ，渉外生活関係が著しく発展，拡大している今日の国際社会においては，同一当事者間に矛盾する判決が出現するのを防止し，かつ，訴訟経済及び権利の救済を図る必要が増大していることにかんがみると，同条4号の規定は，判決国における外国判決の承認の条件が我が国における右条件と実質的に同等であれば足りるとしたものと解するのが，右の要請を充たすゆえんであるからである。のみならず，同号の規定を判決国が同条の規定と同等又はこれより寛大な条件のもとに我が国の裁判所の判決を承認する場合をいうものと解するときは（大審院昭和8年（オ）第2295号同年12月5日判決・法律新聞3670号16頁），判決国が相互の保証を条件とし，しかも，その国の外国判決の承認の条件が我が国の条件よりも寛大である場合には，その国にとつては我が国の条件がより厳しいものとなるから，我が国の裁判所の判決を承認しえないことに帰し，その結果，我が国にとつても相互の保証を欠くという不合理な結果を招来しかねないからでもある。以上の見解と異なる前記大審院判例は，変更されるべきである。」

「相互の保証」は，主権国家の平等・相互主義という観点から広く一般に認められている。しかし，厳しい基準への批判があり，以下の理由により「相互の保証」要件の緩和が主張されるようになっている。すなわち，①なるべく外国判決の効力を認めることが二重訴訟や相反する判決の出現を防止し訴訟経済に役立つ，②外国の政策によって個人の受ける救済が左右されるのは衡平でない，③厳格な要件を要求しこれを欠く外国判決の承認を拒否することは当該外国からの報復（相互不承認）を招く，④二国間で承認要件が完全一致することはありそうもなく，また，日本と外国の要件の寛厳の判定は容易でない，⑤外

国の基準が日本の基準と同一または寛大であることを要求するのは承認の可能
性を狭める，⑥相互の保証に対する立法論的批判は多く，国際的にも緩やかに
解する傾向にある，⑦司法的判断に馴染むのか疑問である，などがあげられて
いる。さらに，「相互の保証」要件の撤廃論もある（[百選113]）。

　現在，日本との間で相互の保証がしばしば問題となる国に中国がある（奥田
安弘＝宇田川幸則「中国における外国判決承認裁判の新展開」国際商事法務45巻4
号（2017年））。日中間では，中国大連市中級人民法院が1994年11月5日に日
本の横浜地方裁判所小田原支部が下した判決及び熊本地方裁判所玉名支部が下
した債権差押並びに転付命令の承認執行請求を相互の保証がないことを理由に
拒否した判決があり（粟津光世「日本の判決が，中国の人民法院で承認されなかっ
た事件」国際商事法務25巻3号（1997年）275頁），日本においては大阪高判平
15・4・9判時1841号111頁，判タ1141号270頁[百選114]及び東京高判
平27・11・25（平成27(ネ)第2461号執行判決請求控訴事件，LEX/DB25541830)
が中国人民法院の判決について相互の保証要件が満たされていないとして執行
を拒否したものがある。

　日本国と裁判所の判決の承認・執行に関する二国間条約の締結がなく，国際
条約への加盟もなく，相互保証もない国との間では，裁判所の判決の承認・執
行はいつまでたってもなされないのか。必ずしもそうとは言えないだろう。名
古屋地判昭62・2・6判時1236号113頁，判タ627号244頁は，「従前，西
ドイツにおいては，日本との間には相互の保証がないとするのが通説的見解と
されていたことが認められるが，右見解は単にその前例がないことを根拠とす
るのみで，確たる根拠に基づくものではない」として，ドイツとの相互の保証
を肯定した。その後も，東京地平10・2・24判時1657号79頁で「司法手続
も国際化しつつある現在，日本の裁判所の判決を外国判決として承認した先例
がないという理由を主な根拠として，日本の裁判所が，外国判決の執行分野で，
率先して外国の裁判所に対して門戸を閉ざす結果となる解釈を，軽々に採用す
べきものでもない。」として，ドイツ連邦共和国の会社が日本の会社に同国ベ
ルリン地方裁判所の勝訴判決に対する執行判決を求め，これが認容された事件
がある。また，日本の裁判所の事件ではないが，ドイツ・ベルリン上級地方裁
判所が，「ドイツの裁判所が中国判決を承認することによって，ドイツ判決も
中国で承認されるようになる，と予測できるだけで満足しなければならない」
として，中国の判決を承認した事件がある（KG, Beschluss vom 18. 05. 2006,

NJW-RR 2007, 1438. 奥田安弘=宇田川幸則「中国における外国判決承認裁判の新展開」国際商事法務 45 巻 4 号（2017 年））。

◆ 第Ⅲ節 ◆ 外国判決の執行手続

　確定した執行判決のある外国判決を債務名義とする執行の場合にも，債務名義の成立と現実の執行との間に時間的な差があることは他の債務名義の場合と同様であり，執行力の発生・減損を確認するために執行文は必要である。

　執行判決が再審によって取り消され，または執行判決付の外国判決が請求異議の訴えによって執行力を失った場合には，再審判決・請求異議認容判決の正本を執行機関に提出して強制執行の停止・取消しを求めることができる。外国判決に対する再審または請求異議の判決が外国裁判所で下された場合には，その判決について民訴法 118 条の要件を具備しているかどうかを判断する必要があるので，債務者はその事実を主張して執行判決付外国判決に対する内国の請求異議の訴えを提起すべきである。

課題

　相互の保証の要件として，「判決国における外国判決の承認の条件がわが国における条件と実質的に同等」とは具体的にどのような基準で判断されるか。相手国において先に日本の裁判所の判決が承認されることを求める趣旨であるのか，それとも相手国の互恵原則審査要件の具体的内容や審査要件の運用状況を検討することもあるのだろうか。

〈参考文献〉

櫻田嘉章「外国判決の承認・執行」民事訴訟法の争点〔新版〕〔ジュリ増刊〕（1988 年）307 頁

中西康・北澤安紀・横澤大・林貴美『国際私法』（有斐閣，2018 年）第 16 章

中野俊一郎「外国未確定裁判の執行 上」国際商事法務 13 巻 9 号（1985 年）

松岡博『現代国際私法講義』（法律文化社，2008 年）第 25 章

第23章 裁判外紛争解決手続

◆ 第 I 節 ◆ 総 説

　国際商取引において，近年，裁判以外の方法でトラブルの解決を図る方式として，「裁判外紛争解決手続（Alternative Dispute Resolution；ADR)」が注目されている。

　紛争が生じた場合には，一般に当事者間の話し合いで互譲しながら解決を図ることが模索されるが，当事者間の話し合いが調わず，解決できない場合に，当事者以外の中立的な第三者に解決を委ねることが考えられる。この第三者による解決方法に，(1)和解を勧める斡旋，(2)解決案を示す調停，さらに(3)当事者に対して紛争解決に対する拘束力を有する法的紛争解決方法の一つとされる仲裁，(4)外国で作成された公正証書（民事執行法22条7号）がある。

　国際取引契約のほぼ90％に仲裁条項が設けられているとも言われ，最近では調停が利用されるケースも増えている。

　この章では，法的紛争解決法として認められる国際商事仲裁について中心に叙述する。

◆ 第 II 節 ◆ 国際商事仲裁

◆ 第1項 国際商事仲裁の概念

　国際商事仲裁とは，国際取引契約において，契約当事者が自由意思の原則により仲裁条項を設け，または紛争発生後に仲裁合意をすることにより，当事者間で発生する可能性があるか，または発生した契約性または非契約性の商事紛争を常設または臨時の仲裁廷に申し立て，その判断を仰ぎ，この判断に服する法によって認められた制度のことをいう。仲裁機関または臨時仲裁廷が示した仲裁判断は終局的なものであり，当事者に対する法的拘束力を有し，当事者は任意に判断を履行する義務を負う。

◆ 第2項　法　源

　国際商事仲裁の法源には，多国間条約と二国間条約がある。

　多国間条約には，仲裁法の国際的統一ルールとして，国際連盟により採択された 1923 年の仲裁条項に関するジュネーブ議定書，及び 1927 年の仲裁判断の執行に関するジュネーブ議定書がある。さらにその後，1958 年に国際連合により「外国仲裁判断の承認及び執行に関する条約」（以下，「ニューヨーク条約」という。）が採択されている。日本では，1961 年 9 月 18 日にニューヨーク条約が効力を生じている。ジュネーブ議定書のもとでは，外国で行われた仲裁の判断を他国で執行する際に障害が多かったことから，その承認・執行を容易にするための要件緩和がなされた。現在，ニューヨーク条約の加盟国は 140 ヵ国以上にのぼる。日本はニューヨーク条約に加盟しているほか，仲裁に関する条項を含む二国間通商条約の締結もある。

　仲裁に関して，日本には 1890 年（明治 23 年）に制定された「公示催告手続及ビ仲裁手続ニ関スル法律」があった。しかし，この法律は，国際商事仲裁及び外国仲裁判断の承認・執行についての規定はないに等しいものであった。そこで，経済活動のグローバル化や国境を越えた電子商取引の急速な拡大などに伴い，国際的な民商事紛争を迅速に解決することが極めて重要になってきている現状を踏まえて，平成 15 年に仲裁法が制定されている。これは国連国際商取引法委員会（United Nations Commission on International Trade Law；UNCITRAL）が 1985 年に作成した国際商事仲裁モデル法をベースに起草されたものである（ただ，日本の仲裁法は国内仲裁も規律対象となっている。）。

◆ 第3項　国際商事仲裁の特徴

　国際商取引において，紛争発生時に仲裁により解決を図ろうとする取極がなされることが多い理由は，仲裁には裁判と比較して，以下の特徴（メリット）があるからである。

(1) 当事者が選んだ専門家による判断

　裁判では裁判官を選ぶ権利は当事者には認められていないのに対して，仲裁では，原則として当事者が紛争を解決する第三者である仲裁人を自由に選ぶことができるので，紛争の内容に応じた専門家による判断が期待できる。

(2) 非　公　開

　一般に，仲裁での手続は非公開であり，仲裁判断も当事者の合意がない限り

公表されない。したがって，営業上の秘密やプライバシーが守られる。これに対し，裁判は公開が原則である。

(3) 迅速性と経済性

裁判に時間がかかることは周知の通りである。仲裁は裁判と違って上訴がなく，一審終局である。また当事者の合意により仲裁判断をすべき期限を定めることができるので，裁判に比べ紛争が解決されるまでの時間はかからない。紛争解決に要する期間が短い分，コストを抑えることができる。日本商事仲裁協会の仲裁では，申立ての請求金額が2千万円以下の場合に原則として適用される簡易手続による仲裁は，仲裁人が選任された日から原則として3ヵ月以内に仲裁判断を得ることができるとされている。この簡易手続によらない仲裁の場合は，事件の難易度にもよるが，仲裁の申立てから紛争の解決までの期間は約1年半である。

(4) 国 際 性

裁判の場合，判決を外国で執行することは，各国の法制度上必ずしも容易ではない。これに対し仲裁の場合，その判断を外国で執行することは，ニューヨーク条約が存在し，現在では日本を含め140カ国以上もの国が締約国となっているため，外国判決のそれと比べて容易であるといえる。

また，裁判とは異なり，「外国弁護士による法律事務の取り扱いに関する特別措置法」により外国法事務弁護士が国際仲裁事件の手続について代理をすることができるほか，外国で法律事務を行っている外国弁護士も，その国で依頼され，または受任した国際仲裁事件の手続について代理することができる。

◆ 第4項 機関仲裁と臨時仲裁

仲裁の主体には，常設国際仲裁機関と臨時仲裁機関がある。

常設仲裁機関は，それぞれの機関が仲裁規則を定めており，仲裁手続が明確であり，安定的であるという利点があり，その利用件数が多い。広く利用されている仲裁機関に，1882年設立の「ロンドン国際仲裁裁判所（London Court of International Arbitration；LCIA）」，1923年に国際商業会議所（International Chamber of Commerce；ICC）が設立した「ICC国際仲裁裁判所」（本部；パリ），1926年設立の「アメリカ仲裁協会（American Arbitration Association；AAA）」，1954年設立の「中国国際経済貿易仲裁委員会（The China International Economic and Trade Arbitration Commission；CIETAC）」，2015年設立の「シンガポー

ル国際仲裁センター（Singapore International Arbitration Centre；SIAC）」などがある。日本は，1950 年に日本商工会議所内に設置された国際商事仲裁委員会が，1953 年に独立して「国際商事仲裁協会」となり，2003 年 1 月 1 日に「日本商事仲裁協会（The Japan Commercial Arbitration Association；JCAA）」と改称し，国際商事紛争の解決に加え，調停も行う機関となった。ほかに日本海運集会所は，国際海運取引紛争を扱う常設仲裁機関である。

　上述のような常設国際仲裁機関によらずに当事者が臨時的に仲裁手続を取り極める方式の仲裁として臨時（アド・ホック；ad hoc）仲裁がある。実務上，臨時仲裁においては，国際商取引法の調和を図るために条約やモデル法，規則，法的指針を発達させ，それによって世界の取引を円滑にするための組織であるUNCITRAL が 1985 年 6 月 21 日に採択した国際商事仲裁規則（UNCITRAL 国際商事仲裁モデル法（模範法））が多く使われている。UNCITRAL 国際商事仲裁モデル法（以下，「UNCITRAL モデル法」という。）は，各国の仲裁法の不統一または不備を補うものであり，今日では各国仲裁法もこのモデル法を参考にした国内立法がなされている。

◆ 第 5 項　国際商事仲裁の主な論点

(1) 仲 裁 合 意

　仲裁は，既に生じた民事上の紛争又は将来において生ずる一定の法律関係（契約に基づくものであるかどうかを問わない。）に関する民事上の紛争の全部又は一部の解決を 1 人又は 2 人以上の仲裁人にゆだね，かつ，その判断（以下「仲裁判断」という。）に服する旨の合意がなされていることを前提に始まる。この点において裁判と大きく異なる。

　有効な仲裁合意の効力として，仲裁合意の対象である事項について訴えの提起を受けた裁判所は，当事者の一方が本案に関する自己の最初の陳述より前にその旨を申し立てたならば，仲裁に付託すべき旨を当事者に命じなければならない（UNCITRAL モデル法 8 条，仲裁法 14 条）ということがある。

　この場合，仲裁合意はいずれの国や機関の仲裁法（仲裁規則）によるかという準拠法の決定が重要な問題となる。

(2) 準 拠 法

(i) 仲裁合意の準拠法

　仲裁合意の準拠法の選択については，当事者自治が認められ，当事者による

法選択がないときには，最密接関係地国法によるが，仲裁地法によるのが原則である。仲裁契約の存在が妨訴抗弁になるかは，それが訴訟阻害事由を意味するため，「手続は法廷地法による」の原則により，法廷地法によるが，日本においては仲裁法14条により，妨訴抗弁になるとしている（同様の例として，UNCITRAL モデル法8条）。仲裁合意の準拠法は，主契約のそれとは独立に判断される（仲裁合意の独立性：仲裁法13条6項。最判昭50・7・15民集29巻6号1061頁）。

仲裁合意の準拠法の決定について，リングリング・サーカス事件の最高裁判決（最判平9・9・4民集51巻8号3657頁）では，法例7条1項（通則法7条）によるとされた。

この事件で契約当事者間には，紛争処理条項について「契約条項の解釈又は適用を含む紛争が解決できない場合は，その紛争は，当事者の書面による請求に基づき，商事紛争の仲裁に関する国際商業会議所の規則及び手続に従って仲裁に付される。A（訴外，米国法人）の申し立てる全ての仲裁手続は東京で行われ，X（原告・日本法人）の申し立てる全ての仲裁手続はニューヨーク市で行われる。」という合意があった。

Xは，契約に際し，Aの代表者であるY（被告）がキャラクター商品等の販売利益の分配等についてXを欺罔してXに損害を被らせたとして，Yに対する損害賠償を東京地裁に求めた。Yは，XとAとの間の契約における仲裁条項がXとYとの間の訴訟にも及ぶと主張して，東京地裁に訴えの却下を求めた。一審（東京地裁）も二審（東京高裁）もYの主張を認めたので，Xが上告した。これに対して，最高裁は，「当事者間の合意を基礎とする紛争解決手段としての仲裁の本質にかんがみれば，いわゆる国際仲裁における仲裁契約の成立及び効力については，法例7条1項により，第一次的には当事者の意思に従ってその準拠法が定められるべきものと解するのが相当である。そして，仲裁契約中で右準拠法について明示の合意がされていない場合であっても，仲裁地に関する合意の有無やその内容，主たる契約の内容その他諸般の事情に照らして黙示の意見を探求すべきである。」と判示した。

仲裁合意の準拠法の決定方法については，学説の多くは，上述した通り当事者自治の原則を認めるが，その決定方法については，①法例7条説（通則法7条），②条理説，③ニューヨーク条約説，④仲裁地説がある。仲裁法施行後の東京高判平成22・12・21（判時2112号36頁）は，法例7条説に依拠しつつ，

当事者の黙示の合意も認められない場合，7条2項による行為地法ではなく，仲裁法44条1項2号・45条2項2号の規定の趣旨にかんがみ，仲裁地法によるとする。また，東京地判平成23・3・10（判タ1358号236頁［百選119］）では，リングリング・サーカス事件と同じ被申立人の地で仲裁を行うという被告地主義の仲裁条項が契約に規定されていたが，通則法7条により仲裁地法を当事者の黙示の合意と認めた。

(ⅱ) 仲裁手続の準拠法

仲裁地は，当事者が合意により定めるところによるのが原則であり，当事者の合意がないときは，仲裁廷が当事者の利便その他の紛争に関する事情を考慮して，仲裁地を定めることになっている（UNCITRAL モデル法20条，仲裁法28条）。そこで，仲裁地が日本であるときには，仲裁法の公序規定に反しない限り，当事者が合意により仲裁手続の準拠法を定め得るが，合意がないときは仲裁廷が適当と認める方法により実施し得る（仲裁法26条2項）。

(ⅲ) 仲裁判断の準拠法

仲裁法36条により，まず当事者自治により（1項），その法選択がないときには，最密接関係地法による（2項）。UNCITRAL モデル法28条は，当事者自治により（1号），その指定がないときには仲裁地国の法牴触規定により（2号），当事者の授権により善と衡平，または友誼的仲裁人として判断する（3号）としている。

(ⅳ) 仲裁判断の取消し

UNCITRAL モデル法34条および日本の仲裁法44条は，仲裁判断の取消しについて規定している。

仲裁法44条は，仲裁判断の取消事由として，①仲裁合意が当事者能力の制限などで無効であるとき，②仲裁手続が適正に行われなかったとき，③仲裁判断が仲裁合意の範囲を超えるとき，④仲裁廷の構成または仲裁手続が日本の法令に反するとき，⑤仲裁合意が仲裁可能性を超えるとき，⑥仲裁判断の内容が日本の公序に反するとき，をあげている。

仲裁判断は，終局性のものであるが，確定されるには法により認容される必要がある。ところが，仲裁判断に何らかの瑕疵があり，仲裁判断の適法性及び正確性に疑義がある場合には，この過ちを修正しないと，当事者の適法な権利や利益を損なうことがある。仲裁の過程で生じ得る不当な行為や仲裁判断に誤りが存在する場合に，この弊害を除去する制度として，仲裁判断の取消申立て

制度がある。

⑴ 仲裁判断の承認・執行

外国仲裁判断の承認・執行に関するニューヨーク条約により，各締約国は，仲裁判断を拘束力のあるものとして承認し，かつ，その判断が援用される領域の手続規則に従って執行するものとする（条約3条）。「外国仲裁判断執行条約」（ジュネーブ条約）も日本は批准しているが，ニューヨーク条約の締結国との間ではニューヨーク条約が優先して適用されるため，ジュネーブ条約が適用される場合は限定的である。

日本は，ニューヨーク条約1条3項の相互性の留保を行っているので，非締約国の仲裁判断には条約の適用はない。なお，民事執行法22条6の2号は，確定した執行決定のある仲裁判断を債務名義として認めており，仲裁法45条が，仲裁地の内外性を問わず，ニューヨーク条約をも取り入れて，執行決定及び仲裁判断の承認について定めている。

また，ニューヨーク条約5条は，承認・執行拒否の要件について，以下の諸点を規定している。①当事者が無能力者であったこと，②仲裁人の選定もしくは仲裁手続について瑕疵があり，仲裁手続において防禦することが不可能であったこと，③仲裁付託の範囲を超える事項が判断されたこと，④仲裁機関の構成または仲裁手続が，当事者の合意に従っていなかったこと，⑤仲裁判断が取り消されたかもしくは停止されたこと（以上1項），⑥紛争の対象事項がその国の法令により仲裁による解決が不可能であること，⑦判断の承認及び執行がその国の公の秩序に反すること（以上2項）である。

また，仲裁法45条は，仲裁判断の承認拒否事由として，①仲裁合意が，当事者の能力の制限により，その効力を有しないこと，②仲裁合意が，当事者が合意により仲裁合意に適用すべきものとして指定した法令（当該指定がないときは，仲裁地が属する国の法令）によれば，当事者の能力の制限以外の事由により，その効力を有しないこと，③当事者が，仲裁人の選任手続又は仲裁手続において，仲裁地が属する国の法令の規定（その法令の公の秩序に関しない規定に関する事項について当事者間に合意があるときは，当該合意）により必要とされる通知を受けなかったこと，④当事者が，仲裁手続において防御することが不可能であったこと，⑤仲裁判断が，仲裁合意又は仲裁手続における申立ての範囲を超える事項に関する判断を含むものであること，⑥仲裁廷の構成又は仲裁手続が，仲裁地が属する国の法令の規定（その法令の公の秩序に関しない規定に関

する事項について当事者間に合意があるときは，当該合意）に違反するものであったこと，⑦仲裁地が属する国（仲裁手続に適用された法令が仲裁地が属する国以外の国の法令である場合にあっては，当該国）の法令によれば，仲裁判断が確定していないこと，又は仲裁判断がその国の裁判機関により取り消され，若しくは効力を停止されたこと，⑧仲裁手続における申立てが，日本の法令によれば，仲裁合意の対象とすることができない紛争に関するものであること，⑨仲裁判断の内容が，日本における公の秩序又は善良の風俗に反すること，をあげている。

◆ 第Ⅲ節 ◆ その他の手段

◆ 第1項 国際投資仲裁

　国際投資仲裁とは，投資関連協定において規定される手続で，投資家と投資受入国との間で投資紛争が生じた場合，投資家は，投資受入国の司法手続により解決するか，または国連の専門機関である投資紛争解決国際センター（International Centre for Settlement of Investment Disputes；ICSID）に付託するかを選択することができるところ，投資家が当該投資紛争を国際仲裁により解決できるとするものである。ここで，投資関連協定とは，二国間又は多国間の投資協定及び投資章を含む経済連携協定（EPA）または自由貿易協定（FTA）のことをいう。環太平洋パートナーシップ（TPP）協定においても ISDS（Investor-State Dispute Settlement）条項が設けられている。

　実務上，国際投資仲裁は，その多くが ICSID によって処理されている。これは，国家と他の国家の国民との間の投資紛争の解決に関する条約」（ICSID 条約）が締結されているからである。2019 年 5 月現在，ICSID の加盟国は，わが国を含め，147 カ国にのぼっている。ほかに，国家間の投資保護協定（Bilateral Investment Treaty；BIT）により，国際投資仲裁が行われることも少なくない。

　また，BIT では一般に UNCITRAL により設置される臨時仲裁廷及び当事者が合意したその他の仲裁機関において処理される。

　ICSID 仲裁の場合には，ICSID 条約 53 条 1 項で仲裁判断が当事者を拘束すると規定し，54 条 1 項で締約国に仲裁判断の執行義務を課している。BIT などに基づく ICSID 仲裁以外の場合には，ニューヨーク条約 1 条により，仲裁

判断の拘束力を承認し，執行をするよう定めている。今後，ICSID 仲裁を利用した投資紛争解決法が増えることが予想される。

◆ 第2項　商事調停

　調停とは，一般に当事者が単独または複数の第三者（調停人）に対し，契約またはその他の法律関係から生じた紛争またはこれと関連する紛争につき，その友好的な解決の試みに対して援助を求める手続をいい，調停人は，当事者に対し，その紛争の解決を強制する権限を持たないというものである。

　国際商事紛争の解決方法の一つとして，近年，欧米でも調停の利用が多くなっている。日本において調停とは，紛争の当事者間に立って第三者が事件の解決に努力することであり"調停"は，当事者の互譲によって事件の妥当な解決を図ろうとするものである。米国は訴訟社会といわれる。米国における訴訟率が高いのは，代替的紛争解決手段が欠如しているのがその理由である。欧米でも紛争処理意識においても，長期的なビジネス関係を壊さないことが優先される。調停は，紛争当事者が長期間にわたってビジネスを継続してきており，また，今後も継続する意向がある場合には，当事者間の友好関係を損なわないという優位性が指摘されている。また，調停手続の期間が仲裁に比べて著しく短いと言われ，コストも仲裁判断のように法的拘束力がない反面，調停コストは少なくてすむ点から，企業実務家からの注目度が高まっている。

　日本では，京都国際調停センター（JIMC-Kyoto）が，2018 年 11 月 20 日に開設された。同センターは，日本初の国際調停専門機関であり，主に海外取引に関連する紛争について調停による解決を目指す。

　日本商事仲裁協会にも調停制度がある。この調停には，2 つの調停規則がある。1 つは，「商事調停規則」である。この規則は，ADR 法に基づく法務大臣認証を受けた国内商事紛争を対象とした規則であり，時効の中断などの法的効果が認められる。もう 1 つは，国際商事調停規則である。この規則は，主に国際商事紛争を対象とした規則である。ADR 法に基づく法務大臣認証は，国際商事紛争には必ずしも適さないと判断し，国際商事調停規則では，この認証は受けていないので，時効の中断などの法的効果は認められない。

　なお，2002 年に UNCITRAL において国際商事調停モデル法が採択され，2018 年の同法改正を経て，2019 年 8 月 7 日に「シンガポール国際調停条約」（2018 年 12 月に国連総会で採択）が米中など 46 カ国により調印された。日本や

EU は調印をしていないが，2020 年前半には各国が批准をし，発効する見通しである。

課題

  1 国際商事仲裁の場合，仲裁手続に関して，①仲裁人の選定，②仲裁地，③審問手続については，どのようなことが問題になると考えるか。

  2 近年，企業の対外直接投資が増える中で，国際投資仲裁が行われることが多くなっている。また，迅速かつ廉価な紛争解決ならびに長期的ビジネス関係の維持の面から国際商事調停に対する注目が集まっている。いかなる法的問題及び実務上の問題が考えられるか。

〈参考文献〉
一般社団法人日本商事仲裁協会ホームページ〈http://www.jcaa.or.jp〉
京都国際調停センター（JIMIC-Kyoto）ホームページ〈https://www.jimc-kyoto-jpn.jp〉
小寺彰編『国際投資協定 —— 仲裁による法的保護』（三省堂，2010 年）
谷口安平・鈴木五十三編『国際商事仲裁の法と実務』（丸善雄松堂，2016 年）

第**24**章　歴　史

◆ 第Ⅰ節 ◆ はじめに

　(1) 前章までの説明を通して，読者は現行の国際私法体系を一通り理解されたことであろう。実質法と牴触法の両面にわたる国家法秩序間の相違を牴触法的規律により調整するこれまでの手法を今後も維持しようとする態度も，確かに法政策上ひとつの選択肢となる。しかしながら，伝統的な牴触法体系には致命的欠陥のあることが改めて自覚されなければならない。何よりもまず，あるべき統一法の実現に向けた継続的努力を断念し，国家法等を代替法源としたことで，法廷地が変われば準拠実質法の適用結果も異なり得る事態を避けがたい。また，国益を最高善として一国内での法的解決を優先し，関係諸国間での解決策の不一致（裁判の積極的牴触および消極的牴触）を放置した結果，外国裁判承認制度を採用する場合でも，法廷地漁りを除去することができていない。法律回避行為（オアシス会社，便宜置籍船，租税回避等）の現状は，国家法の規律内容や国家裁判所による解釈態度が世界規模の司法サーヴィス商品市場でつねに競争に晒され，劣悪なサーヴィスが幅を利かせるという病理現象が残り続けることを意味しよう。

　渉外事件処理のために構想された牴触法的規律は歴史の一過程に登場した法形相に過ぎず，時代を超えた絶対的存在ではない。あるべき国際私法体系を構想するにあたり，先学の貴重な遺産を無批判に墨守する態度を改めようとすれば，資料の宝庫である「歴史（時間軸における他者）」と「比較（空間軸における他者）」へのまなざしを閉ざすことはできない。ドイツの文豪 Goethe はかつて「外国語の知識を欠く者は母語を知ることがない（Wer fremde Sprachen nicht kennt, weiß nichts von seiner eigenen.)」と記した（Maximen und Reflexionen, Aus Kunst und Altertum, 1821）。自国法の長所や短所を知る上で外国法の知識が不可欠だという意味にこれを捉えれば，この箴言は国際私法分野にもそのまま当てはまる。スイスの国際私法学者 Gutzwiller は，「国際私法におい

ては歴史がすべてである」と述べていた。学説法と呼ばれた国際私法の場合，規律方法等に関する主要範型の史的確認とその批判的検討を通して21世紀国際私法の理想像を豊かに描くことができよう。

　(2) 国際私法という名称は19世紀に初めて登場した（折茂豊『国際私法講話』（有斐閣，1978年）91頁）。とはいえ，この言葉で把握される現象がそれ以前にまったくなかったわけではない。牴触法の成立には，内容を異にする複数の法体系の併存，複数の法体系に関わる渉外的生活関係の存在，これら二点が不可欠である。私人たる地位を外国人に認めないところに渉外的私法関係が成立する余地はない。史的検討の素材は国際私法の定義（第1章参照）に左右されるが，概念の多義性から，国際私法の定義も一様ではない。規律内容の性質上，わが国の国際私法も多くを外国法から学んできた。先行業績では，学者の法的確信に着目した学説史（学宪法，学説法）（江川英文『国際私法（改訂増補）』（有斐閣，1970年），折茂・前掲書，溜池良夫『国際私法講義（第3版）』（有斐閣，2005年）他），実証性に留意した立法史（櫻田嘉章・道垣内正人『注釈国際私法 第1巻』（有斐閣，2011年）他），そして規律対象たる社会現象の変化を反映した社会史（川上太郎「国際私法と私」神戸法学雑誌17巻1・2号（1967年）），これらが国際私法史の対象とされている。古文書等による実証場面が限られている上，資料の読み方に主観が入り込む余地も否定され得ないが，ここでは，豊富な研究実績を有するドイツ語文献に基づき，パラダイムの変遷に関する学説史を概観しておこう。

◆ 第Ⅱ節 ◆ 法則学派以前

◆ 第1項　ギリシャ／ローマの時代

　(1) 渉外的私法関係（国際私法の規律対象）をどのように規律するかという問いに対する解答に応じて，時代区分も変わり得る。以下では，比較の素材をより多く求めるため，最広義の定義に依拠しよう。旧い記録には，地中海沿岸地域で商事慣習法が適用されたという記述がある。またギリシャ国内では各ポリス（都市国家）の私法が空間的牴触法の必要性を意識させないほど類似し，法廷地法の適用のみで足りたという指摘もある。イスラエルやエジプトと同様，ギリシャでも権利の享有が外国人に認められていた。ギリシャでは，「市場法による」旨を定めた国内法や条約により，国内に居住ないし滞在する外国人に

自国法を適用した例がある。古代ギリシャの雄弁家 Isokrates は，遺言の準拠法決定に際して，被相続人の本国法（シフォノス法），原告の本国法（アテネ法）または法廷地法（エギナ法）の選択を認めていた。紀元前100年のギリシャの碑文には，在外ギリシャ人間の紛争解決基準が共通ギリシャ法（χοινοί νόμοι）であること，不法行為については加害者（被告）が属するポリスの裁判所が裁判管轄権を有しかつ同地の法（lex fori）によること等が記されていた。ギリシャ人・非ギリシャ人（βάρβαροι）間の規律の内容はパピルスに記録されている。兄弟姉妹間の婚姻を認めていたエジプト法とこれを禁じたギリシャ法との牴触も知られている。ギリシャ・エジプト間では裁判管轄権に関する条約が締結され，管轄権を有する国の裁判所が自国法（法廷地法）を適用することも認められていた。これらを考慮すると，すでにこの時代に国際私法の萌芽があったとみることも不可能ではない。

(2) ローマ市民相互の関係は市民法（ius civile）により規律されていた。ローマに征服された土地の住民も固有の地域法のもとで生活することを許されていた。この時代，地中海沿岸地域の住民間では広範囲にわたって取引が行われていた。ローマでは，ローマ市民・外人間および外人相互間の紛争を処理するために，紀元前3世紀半頃から，外人間の取引につき無制限に法を策定する権限を有する外人係法務官が置かれた。外人係法務官の判断が積み重ねられたことにより，万民法（ius gentium）（実質法）が形成されてきた。万民法は主に取引法について形成されたものである。身分法の領域では，依然として各地の法が併存する状況にあった。「外国人間の婚姻はその本国法による」（ガイウス提要1-92），「加害者たる外国人は，被害者と同様に，ローマ不法行為法に服する」（ガイウス提要4-37），「外国人はその本国法に従い遺言をすることができる」（ウルピアヌス20-14）等の規則がその典型例である。これら個別的な規則はあったものの，ローマの法律家は法の空間的牴触問題を解決する包括的理論を形成してこなかった。この意味において，ローマ法は後世の国際私法の発展に対して格別の影響を及ぼしてはいない。ローマ帝国内部では，後にユスティニアーヌスの法典編纂により私法が統一され，牴触法の存立基盤が消滅した。

◆ 第2項　属人法主義から属地法主義へ

　(1) 中世初期の民族大移動を経て，旧西ローマ帝国領土内に建設されたゲルマンの各部族王国（ブルグンド，ランゴバルド，バイエルン，ザクセン等）では独自の部族法（種族法）が行われた。ブルグンド，西ゴート等では，人に対して適用される法が住民ごとに異なり，自国民には自己の部族法が，ローマ人にはローマ法が，他の部族民にはそれぞれの部族法が強制的に適用されていた（法の属人性の原則）。その後，フランク王国によりブルグンド，ランゴバルド，バイエルン，ザクセンの諸部族が征服されたが，フランク王国では各部族にそれぞれの部族法の適用が認められていた（「各人はその部族法に従う（ut omnes homines eorum leges habeant）」）。そうした状況を伝える資料として著名なのが，「ザリエルのフランク人と同様に，ローマ人も自己の法を有する。その他の地方から来ている者も，すべての者が出身地の法に従って生活する」(766年の勅令) や，「5人の者が同行し，同席するとき，各自が異なる法に服することはよくある」(Abogardus (817年)) という言葉である。

　(2) 属人法主義の時代が続いた後，8世紀から11世紀にかけて部族民の混淆や部族法の混同がみられるようになると，部族を異にする者同士の法律関係はいずれの法律によるべきかという問題が提起されてきた。ただ，それは，法の空間的牴触の解決というよりも人際法的処理に終始した。「法の属人性」原則のもとで，ある者の部族法が何かは，慣習法上，法律宣言（professio juris）により決められた。子は原則として血統により父の法を受け継ぐが，場合により任意に自己の法を選択できたとも言われている。総じて，①属人法主義を認める範囲および程度が時代や国により異なること，②それでいて，「何人も自己の属する部族法によることなく，権利を失い，義務を負うことはない」とする当初の原則が特に契約，不法行為，訴訟等につき，時代および国の違いを超えて行われていたこと，③相続は被相続人の属する国の法による，不法行為の際に私的復讐を加害者が買い取る手段としての換刑贖罪金の算定は被害者の属する法による等の個別的規則もみられたこと，これらがこの時代の特徴とされている。

　(3) 13世紀に入るまで，フランク人にはサリカ法典（lex salica）が，ランゴバルド人にはロンバルダ（lombarda）と呼ばれる部族法がまだ行われていた。しかし，カロリンガ王朝の，その後フランク王国の権力が増大し，領域内に革新的な勅令が施行されるようになると，諸国の中央集権化が進められた。数世

紀を経て異なる部族民の混淆がさらに進むと，古来の部族法という意識は次第に薄れるようになる。異なる法秩序に服する者同士の紛争を解決する確固たる基準がまだ形成されていなかった北イタリアでは，都市の重要性が高まり，12世紀初頭からは，領域内に在るすべての者に対して属地的に領土法を適用しようとする主張がみられるようになった（法の属地性の原則）。また封建制度の進展に伴い，北フランス，オランダおよびドイツでは，家臣の権利や封地所有権を属人法によらしめる合理的根拠が失われた結果，封建領主による裁判を通じて，属地法を適用する動きが地方慣習法として成立した。けれども，この属地法主義の時代においてもつねに自国法が適用されていたわけではない。というのは，一国の領域内において他国の法の効力をまったく認めなければ，領域間での交通や人的交流が妨げられたからである。排外主義から生じる不便を緩和するため，国内で他国の法を適用する方法如何が探求された。この点において，今日の国際私法の萌芽を中世の属地法主義に求める立場もある。

◆　第Ⅲ節　◆　法 則 学 派

◆第1項　イタリア学派

（1）法の属人性という視点は，主に部族民の親族生活に関して生じた思考である。また法の属地性という観点は，農業経済のうえに築かれた封建制度に依拠した考えであった。法の属人性や属地性を考慮する考え方は都市の商取引に適合していなかった。「法の属地性」原則の不都合が典型的に現れたのは，12, 13世紀のイタリアである。

11世紀以来，北イタリアにジェノヴァ，ミラーノ，ボローニャ，ヴェネツィア，フィレンツェ，モデーナ，ピーサ，ヴェローナ等に自由都市が勃興した。これらの都市では，部族法と並んで固有の慣習法が行われていた。そのため，フィレンツェではランゴバルド法により成年となるが，ボローニャではローマ法により未成年とされるというように，法の空間的牴触がみられた。自由都市は当時すでに一定の政治的独立性を認められていた。広範な自主権のもとに，自由都市では，慣習法の形成，慣習法の法典化（11世紀中頃以降），立法によるその継続的発展（12世紀末以降）という3段階を経て次第にスタテュータ（statuta）と呼ばれる固有の都市法が形成されてきた。スタテュータの発展とともに，都市間での商取引をいかに規律するかという問題が提起され

てきた。都市間の経済的諸関係が次第に活発化し始めていた 12, 13 世紀のイタリアでは商取引が多様化したほかに，婚姻や養子縁組等の親族関係の適用法規如何も検討されるようになり，もっぱら取引関係について形成された万民法だけでは十分な規律を行うことができなくなってきた。固有の国際私法史の起源は多くこの時代に求められている。それは，ローマ法継受の時代であった。

(2) ローマ帝国の崩壊後，休眠状態にあったローマ法は，ユスティニアーヌス帝の法典編纂作業により体系化され，特にイタリアや南フランスでは，部族法に代わり，一般法としての地位を占めるようになっていた。当時の実務を支配したのは法廷地法主義であった。13 世紀初頭に，Azo は法廷地法主義を表明していた。Accursius の註釈でも「訴訟地の法およびスタテュータが遵守されるべきである」(1228 年) とされている。けれども，絶対的法廷地法主義が改められ，ローマ法が適用されるようになってくると，法廷地法は手続に関してのみ用いられ，実体判断の基準ではなくなってきた。Bernardus Compostellanus junior は当時すでに，手続は法廷地法に，契約，不法行為および物はそれぞれ契約締結地法，不法行為地法および物の所在地法によるとする原則が確立されていたと述べている。

この時代の国際私法に関する論述はもっぱらローマ法に対する註釈として行われた。註釈学派による牴触法的論及は，特に次の文言を有する Codex 1.1.1.（勅法類集）について行われた。

"Cunctos populos, quos clementiae nostorae regit imperium, in tali religion volumus versali, quam divinum Petrum apostorum tradidisse Romanis religio ⋯. Declarant（われわれの欲するところは，われわれの善なるものによりて統治される，あまねき民びとが神の使徒ペテロの宗教的言い伝えによってローマびとに伝えられているこの宗教のうちに在る。)."(Kegel, IPR, 6. Aufl. S.104)

上記の法文に関して特に著名なのが，「ボローニャ人がモデーナで訴えられているとき，この者はモデーナのスタテュータに従って裁判されてはならない。けだし，被告は当然にはこのスタテュータに服していないからである。」という Accurusius の註釈である。彼の註釈を契機として lex cunctos populos (Codex 1.1.1.) についての国際私法的論及が盛んに行われるようになり，その結果，当初の絶対的法廷地法主義が改められた。13 世紀初頭のフランスでも，イタリアで勉強した学者の成果が知られている。Glose d'Avranches は，残存夫の権利はパリの慣習法 (coutume) によるかシャルトルのそれによるかとい

う問題を提起した。Revigny と Belleperche は，訴訟法と実体法を区別し，契
約は締結地法による旨を述べていた。また，「フランスの不動産はつねに所在
地の慣習法による」という指摘もある。Belleperche は慣習法を人的なものと
物的なものとに分けていた。14 世紀前半に Cuneo は遺言の方式に関する規定
を考え，Faber は小規模ではあるが国際私法の体系化を試みていた。

　(3) しかしながら，法律牴触問題の本格的な研究は後期註釈学派の登場以降
のことである。後期註釈学派の中で最も著名なのがボローニャの Bartolus
(1314-1357 年) である。彼は，(領域内において) スタテュータに服していない
者に対してもスタテュータを適用できるか，スタテュータの効力は立法者の領
域外にも拡張されるか，これら 2 つの問題を提起した。前者はスタテュータが
国内で他国の者にも適用されるかに関し，後者はスタテュータが外国で発生し
た法律要件事実に対しても適用されるかに関わる。前者は，契約，不法行為，
遺言，物について述べられており，契約の方式および内容は締結地法，事後の
問題や履行遅滞，過失は (合意された) 履行地法，そして補助的に法廷地法に
よるとされている。Cuneo により用意されたこのような規則はその後約 100
年にわたり適用された。後者については，禁止規定と許可規定とが区別されて
いる。「遺産は年長者に帰属する」という物法と「年長者が相続する」という
人法との区別 (法則学派，法規分類学派) も有名である。Baldus (1327-1400 年)
は上の二分説によりつつも，さらに行為という範疇を追加し，三分説を唱えた。
Bartholomaeus a Saliceto は，「動産は所在地法にではなく，所有者・占有者の
法に従う」と述べている。

◆ 第 2 項　フランス学派

　(1) ローマ法研究を通して形成された上の牴触規定の構成にも，やがて限界
が訪れる。というのは，次第に発生してきた国民国家による主権の概念が立法
や司法にも影響を与えるようになったためである。16 世紀における国際私法
研究の中心はフランスに移った。註釈学派 (mos italicus) の研究を継続して発
展させたのが Dumoulin (1500-1566 年) である。彼は，パリの慣習法に註釈を
施し，フランスの諸慣習法を比較研究し，そしてローマ法に代わる共通フラン
ス慣習法を作った。このような成果に基づいて，後にナポレオン法典が生まれ
た。彼は，Ganey 事件の鑑定書 (Concilium 53) において「財産共同体をパリ
に有する者はパリの慣習法に従う」と述べ，夫婦財産制を最初の婚姻住所地法

に連結した。Codex 1.1.1. に対する彼の註釈（これは lctura Tubingensis として知られている）では，行為の方式は締結地法によるとされている。彼は，物，人，可罰的行為，消滅時効，取得時効等にも言及しているが，彼の学説は本質的にイタリア学派のそれと異なるものではない。この時代の共通慣習法は明確な根拠を欠いており，薔薇の花冠のように，繋ぎ合わせただけの寄せ集めに過ぎないという意味で，法的印象主義とも呼ばれている。

（2）属地主義を緩和しようとした Dumoulin の主張に対して，属地主義の適用を維持しようとして，イタリア学派の簡潔な規則をより体系化したのが d'Argentré（1519-1590 年）である。彼は出身地ブルターニュの慣習法のうち贈与に関する部分の註釈で物法，人法，混合法から成る三分説を唱えた。すなわち，不動産，契約，夫婦財産制，相続等の物に関する事項は所在地法（lex rei sitae）に，人の地位・権利，親権，契約外の権利等の人に関する事項は所有者の住所地法に，また外国で行われた準正等の混合的事項は，不動産等に着目して所在地法によるとする立場がそうである。d'Argentré もまた法則学派の伝統に従い，法規の内容を考慮して法規の空間的適用範囲を定めようとしていた。

◆ 第3項　オランダ（北ネーデルラント）学派

（1）その後，法則学派は新たな展開を経験する。d'Argentré による三分説の影響を大きく受けたのは北ベルギーとオランダである。こうして国際私法研究の中心はオランダへ移ることとなる。オランダにおいても，外国法の適用根拠が探求されていた。Paulus Voet（1619-1667 年），Johannes Voet（1647-1713 年），Ulrik Huber（1636-1694 年）らは，主権概念の影響を受けて，外国法適用の義務はないと主張した。それでも，外国法適用の必要性や可能性まで否定されていたわけではない。彼らは外国法の適用根拠を「礼譲（comitas）」に求めた。P. Voet は「物または人に関するいかなるスタテュータも立法者の領域を超えて拡張されることはない」と述べつつも，「国民が礼譲に基づいて隣国の風俗を遵守しようとするときは，……スタテュータは立法者の領域を超えて適用される」旨を付記している。

（2）12 世紀から約 700 年間続いた法則学派は，当初イタリア諸都市のスタテュータの牴触を，後にはフランスの地方慣習法の牴触を取り扱っていた。それに対して，オランダ学派で検討されていたのは 7 つの自治共和国間での国家

法の牴触である。Huber の礼譲理論では，「①各王国の法律は当該王国領域内で効力を有し，そのすべての臣民を拘束し，それ以上には及ばない。②王国の領域内に滞在する者は皆，王国の臣民とみなされ，恒常的に滞在しているか一時的にとどまっているかは考慮されない。③王国の統率者は，礼譲に基づき，領域内で適用される各民族の法が普遍的にその効力を有することを承認する。但し，その主権またはその他の支配者およびその臣民の権利が侵害されているときは，この限りではない。」，これらが三大公理として挙げられている。このように，Voet 父子も Huber も d'Argentré の影響を大きく受けていた。そこでは，法律行為の方式が締結地法によるとされ，また所在地法や行為者の住所地法上の方式も考慮されていた（オランダ学派については，山内惟介訳「国際私法における『オランダ学派』について」法学新報 93 巻 3・4・5 合併号（1986 年）139 頁以下参照）。

◆ 第IV節 ◆　法則学派以降

◆ 第1項　法則学派の克服

（1）法則学派の影響は啓蒙主義時代の法典編纂作業にも見出される。マクシミリアン皇帝のバヴァリア民法典（1756 年）は，諸国の法，スタテュータ，慣習が異なる場合，裁判所は，訴訟の形式には自国法を，違反に対する処罰には不法行為地法を，人には住所地法を，物や混合関係には，動産・不動産を問わず，所在地法を適用する旨，定めていた。プロイセン一般ラント法（1794 年）でも，人の権利義務・動産には住所地法を，不動産には所在地法（補助的に出身地法）を，法律行為の方式には締結地法を準拠法と定めていた。ナポレオン民法典（1804 年）第 3 条は「①治安および安寧に関する法は，領域内に居住するすべての者を拘束する。②不動産は，それが外国人に属するときといえども，フランス法により規律される。③人の身分および能力に関する法律は，フランス人が外国に居住するときといえども，当該フランス人について適用される。」と定めていた。住所に代えてフランス国籍に連結した第 3 項が著名である。同条も法則学派の理論を採用するが，人法と物法との限界はなお不明確なままである。オーストリア一般民法典（1811 年）は，オーストリア人および外国人の双方につき国籍に連結する（第 4 条）が，外国人の法律行為能力については住所地法を，補充的に出生地法を適用する（第 34 条）。このほか，不動産には所

在地法，動産には所有者の一身に関する法が，法律行為には締結地法がそれぞれ適用される旨，規定されていた。

(2) 19世紀初頭になると，主要な規則については諸国法の間に一致がみられるようになる。上述の諸法典が示すように，人法，物法，混合法という分類が大雑把に過ぎるうえ，区別の基準自体も曖昧で，夫婦財産制や相続のような限界問題については十分な解決策がみられなかった。そうした状況下で，特にドイツにおいて法則学派の全体を総括し，これに否定的な評価を与えたのが von Wächter（1797-1880年）である。彼も，裁判官は自国法を適用しなければならないという点から出発した。①裁判官は制定法・慣習法のいずれに依拠するかを問わず，自国国際私法の規定に従わなければならない。②裁判官は補助的にその国で通用している制定法で，当該法律関係を対象とするものの意味および精神に沿って裁判しなければならない（Bartolus は，実質法から牴触法を読み取ろうとする態度を「quaestio anglica への依拠」と呼んでいた。）。③裁判官は自国法の適用について確信を持たなくても，自国の実質規定に従うことができる（法廷地法）。これらは von Wächter の三原則と呼ばれている。彼は法則学派の呪縛を打破し，Story（1779-1845年）と同様，J. Voet に倣い，国際私法を実質法的に細分化した。

(3) 近代国際私法の創始者とされるのが von Savigny（1779-1861年）である。彼は著名な『現代ローマ法体系』第8巻（1849年）において国際私法に触れている。彼は，Huber, J. Voet, Story に言及しつつ，外国法適用の根拠を主権国家の comitas に求め，自国法および外国法の適用範囲を確定する基準を，法律関係がその固有の性質に従って属している本拠（Sitz）がどこかという点に求めた。この立場は法律関係本拠説と呼ばれる（「本拠（Sitz）」という「開かれた概念」が多様な解釈の余地を残している点は，von Gierke の「重心（Schwerpunkt）」や von Bar の「事物の性質（Natur der Sache）」にも共通する。）。彼は，法規から出発する法則学派と袂を分かち，国家主権を体現した制定法から離れ，法律関係がどのようなものであるかに応じて，眼差しを向ける方向を変えなければならないと述べ，法律要件事実から出発し，この法律要件事実がいかなる法規に服するかを問題とした（天動説から地動説への歴史的転換になぞらえて「コペルニクス的転回」と呼ばれる）。von Savigny は，法規に代えて法律関係から出発することで，法則学派が持つ三分説という思考の強制から自由になるという意味において，このような思考の転換に心理的な意味を見出していた。彼

は，この方法によってこそ常に公平にかつ法政策的に正しい結果が得られると
述べ，その具体的適用にあたっては，各法律家が信頼しており，しかも便宜で
あると思う実質私法に従うことができるとした。von Savigny の影響は内外国
に及んでいる。特にドイツでは，動産の準拠法としてそれまで行われていた所
有者の住所地法に代えて動産所在地法が適用され，また相続についても相続人
の住所地法が適用されるようになった。

◆ 第2項 1850年までの英米

(1) 中世後期の法則学派の影響はイングランドにはみられない。国内に王室
裁判所（Curia Regis）が設けられ，しかも統一法として Common Law があっ
たためである。外国と関連性を有する事件は Jurisdiction を欠くとして取り上
げられず，内国と関連性を有する事件についてのみ Jurisdiction が肯定され，
常にイングランド法が適用された（法廷地法主義）。14世紀中頃以降，Court of
Admiralty が創設されたが，Law Merchant や Maritime Law 等，ヨーロッパ
に共通する取引法が適用され，法選択の問題はまだ提起されていなかった。

(2) 16世紀に入ると，外国で締結された契約に関する紛争についても国内で
の訴え提起が認められるようになる。17世紀以降，裁判管轄権だけでなく，
外国判決の承認という問題も登場する。その結果，法廷地法が全面的に貫徹さ
れることはなくなり，契約は締結地法によるとする立場もみられるようになっ
た。18世紀中葉，多くのスコットランド人がライデンで勉強したことにより，
オランダ学派の成果がスコットランドを経てイングランドにも導入されるよう
になった。Sir Mansfield は Huber の主張を採用し，契約は常に締結地法によ
るわけではなく，当事者双方が合意した国の法（当事者自治の原則）も適用さ
れる旨，判示した（Robinson v. Bland, 1760）。イングランドにおける法廷地法
主義の克服に最も寄与したのは comitas 理論であった。この立場は，Story に
より，アメリカにも導入された。彼は，著書（Commentaries on the Conflict of
Laws, 1834）の中で，オランダ学派，特に Huber の考え方に依拠しているこ
とを述べ，Bartolus から Boullenois までのヨーロッパの文献と比較しつつ，
英米の裁判例を取り扱っている。

◆ 第3項 近代以降

(1) しかしながら，このような von Savigny の普遍主義的考えは，ようやく

始まろうとする 19 世紀の厳しいナショナリズムの中ですぐに衰えてしまった。イタリアの Mancini（1817-1888 年）は von Savigny の構想を本格的に検討した最初の学者である。彼は，トリノ大学での著名な講演「国際法の基礎としての国民性について」（1851 年）（桑田三郎著『国際私法と国際法の交錯』（文久書林，1966 年）3 頁以下）において，「国際法の基礎は国家にではなく，国民にある。民族は現実に生き続けている統一体である。国際法を最もよく担保するものは，各民族の存在を認め，その独自性を承認することのうちにある。」と述べていた。この主張は新イタリア学派とも言われている。注目されるのは，住所に代えて，国籍への連結が表明されている点である。この主張は，イタリアの Fiore，フランスの Weiss，ベルギーの Laurent らに受け継がれた。Pillet も新イタリア学派の影響を受けており，Mancini の主張を受け継いだ Niboyet は，法廷地法の適用範囲を広く拡張しようとした。

このように，国際私法の国家性を強調する立場が von Savigny の普遍主義的考えにとって代わり，やがて諸国の法典化作業の中で具体化されることとなる。フランスやオーストリアでの初期の立法例は規律の対象も規律の形態もごく萌芽的なものにとどまっていたが，オランダ（1829 年）やチューリヒ（1853 年），ギリシャ（1856 年），イタリア（1865 年），スペイン（1889 年），ドイツ（1896 年）等で制定された民法典や民法典施行法は次第に体系的で包括的なものとなってきた。

(2) Mancini により強調された国民国家の思想は，それ以前の属地主義と属人主義とを国籍を媒介として統合するものであった。互いに調和する内容を国際法に基づいて基礎付けようとした Mancini の主張はあまり成功しなかったが，それでも，ヨーロッパおよびアジアの多くの国では本国法主義が採用されている。また，彼の提言は国際法条約により諸国の国際私法をふたたび部分的にでも統一しようとする努力を生み出した。それは，「国有化された」国際私法を各国で法典化する場合でも，そこに国際的寛容性という精神が生きていたことを示している。1873 年に発足した国際法学会（Institut de Droit International），1893 年から始まったハーグ国際私法会議，そしていくつかの専門雑誌を舞台として行われた国際的協力，これらを支えたものとして，比較法学を忘れることはできない。今日の諸国の国内牴触法を対比してみると，類似性がみられる個所とそうでない個所とが併存する。国家や人々の生活を取り巻く社会環境は広い範囲にわたって共通する。「諸国民間での人の交流と物の交換によっ

て，相互主義のゆえに，自国のそれと他国のそれとを同一に取り扱うことが必要とされる」という von Savigny の予言が今日の社会でも全世界的に有用であることはすでに実証されている。彼がヨーロッパ大陸に残した遺産は国際的裁判調和を求める努力の必要性であった。こうした努力は，どこでも個別的事案での行動指針として採用されている。

　(3) その後の展開を特徴付けているのは，「利益」という観点である。ドイツとアメリカでは 20 世紀前半からふたたび連結点をめぐり，さまざまな議論が行われてきた。ドイツでは，実質法において発展してきた利益法学をモデルに，牴触法的利益が探求された。この利益は，一方では実質法的利益と混合され (Wengler, Beitzke)，他方では，実質法から切断されている (Kegel)。アメリカでは Huber に従った Story の後，Dicey の影響を受けた Beale が，管轄権を有する法秩序により創設された権利（既得権）を承認する立場から，第一次リスティトメントをまとめ上げた（1934 年）。これは，形式的にみるとヨーロッパ大陸の制定法に類似したものであったが，この法典化の動きは，大きな反対を呼び起こした。20 世紀後半のアメリカでは，Beale が前提とした普遍的管轄権を Cook や Lorenzen が拒否し，Currie は，「統治利益（governmental interest)」という鍵概念（key word）を用いて，自州民をまず保護しようとした。さらに，Ehrenzweig は法廷地法を基本原則とし，駆逐された法廷地法の解釈が許容する場合に限り，他国の法が登場するに過ぎないとした。単位法律関係ごとに連結点を決め，準拠法を一律に定める伝統的な牴触法的規律に代えて，個々の事案の具体的諸事情を当該事案と関連する複数の実質法の規律目的・政策との関連において考慮するこのような考え方はヨーロッパ大陸法の側からは「アメリカ牴触法革命（American Conflicts Revolution）」と呼ばれ，伝統的牴触法学説にとっての「国際私法の危機」とみなされた。アメリカでは，その後，準拠法選択に影響を及ぼす 5 つの要素（choice-influencing considerations：①結果の予見可能性，②州際・国際的秩序の維持，③裁判官の職務の容易性，④法廷地の国益（governmental interests）促進，⑤より良い実質規定の適用）を示して伝統的牴触規定の再検討を試みた Leflar，損害賠償を全額認める法と認めない法がある場合に賠償額を半額とするなど，事案に関連する諸国の実質規定間での調整を試みた von Mehren，抽象的ルールの採用による法的不安定性や準拠法決定の困難性を除去すべく，適用範囲の狭いルール（more restricted scope-rule）の採用を提唱した Reese らの主張が知られている。アメリカ牴触

法革命をどのように受け止めるかを模索したドイツには，公法と私法の区別が政策的に行われる現状に着目し，国際私法の非政治化・価値中立性という命題からの離脱を求める動き（政治化（Politisierung）），牴触法的規律による準拠法決定に先立って選択可能な各実質法の内容を考慮するよう求める動き（実質法化（Materialisierung）），外国法調査の困難性・調査費用の高騰等，外国法の適用を躊躇する場合に国際私法の適用を拒否する動き（否定（Negierung），部分的否定としての任意的牴触法）等の傾向もみられた。法の解釈が先験的に決定された抽象概念を論理的に接合する思弁的作業ではなく，社会の在り方や人間の生き方に関する解釈者の世界観・人間観を背景として言葉に生命を吹き込む創造的な作業であることに鑑みると，準拠実質規定の根底にある立法政策に目が向けられることも十分に了解されよう。このように，伝統的国際私法理論の限界（問題性）は概ね自覚（意識）されているものの，多義的文言の解釈基準をどこまで明確化できるか，実質規定と牴触規定との関係をどのように調整できるかといった諸点についてはいまだ明確な解答が得られていない。

　(4) 1970年代後半から，ヨーロッパは第二の国際私法法典化のうねりを経験してきた。オーストリアの1976年法では「最も強固な関係（die stärkste Beziehung）」が一般条項として掲げられ，また回避条項も部分的に導入されていた。その後も多くの国で法典化や改正法が成立し，施行されている（近時の立法例として，ドイツの国際私法・国際民事手続法改正法（Gesetz zur Änderung von Vorschriften im Bereich des Internationalen Privat- und Zivilverfahrensrechts vom 11. Juni 2017）の他，『戸籍時報』誌等参照）。わが国でも法例改正（1990年1月）後，法の適用に関する通則法（2006年6月公布）が2007年1月1日に施行された（2019年4月1日施行の人事訴訟法等の一部を改正する法律，商法及び国際海上物品運送法の一部を改正する法律他参照）。これらの改正は，両性平等の実現や，難民，外国人労働者の保護等，時代の要請に対応したものである。この意味において，われわれは常に最新の国際私法を求め続けなければならないであろう。

◆ 第Ⅴ節 ◆ 課題と展望

　(1) 歴史研究は過去の事象の回顧録ではない。どの制度も歴史の流れの一コマという宿命を有し，将来への橋渡しの役割を演じている。実際には，自国の勢力範囲が自主的解決の限界とならざるを得ないであろうが，歴史を顧みると，

社会環境の変化に応じて，渉外事件の規律方法に変遷のあったことが分かる。世界の学説史が示すように，個別法域内での渉外紛争解決を目論み，法廷地実質法による解決を優先する範型（domestic, local or national solution）もあれば，国家間での調和を達成するべく，渉外私法関係を牴触法により規律しながら，内外裁判所間での準拠法の一致や外国裁判の承認を考慮する範型（international or transnational solution）（渉外実質法や公法による規律の部分的併用を含む）もある。また，より広範囲での紛争解決を目指し，特定の国家機関に代えて地球規模での包括的な司法制度を構想する範型（supranational or global solution）もあり得る。第1の範型は，概して国内的解決を優先し，他国の諸事情を考慮しない点において，「木を見て森を見ない」という弱点を有する。第2の範型は，関係他国の態度にも同時に配慮することから，法的安定性に欠ける点がある。第3の範型は，夢物語として一蹴されているが，そのことが将来の方向性如何を左右するわけではない。

　(2)　現行の牴触法的規律は，渉外私法事件の解決という究極目標の前ではひとつの解決法にとどまる。どの国でも，法的素材（裁判例，学説等）は時の経過とともに膨れ上がり，裁判例の累積や実社会の変化を反映した法改正の動きにも終わりがない。歴史は日々作られるものであるが，それは決して受け身のものではない。「歴史は繰り返す」としても，まったく同じ構成が反覆されることはなく，多少とも人間の経験値が付加されている。立法への参画可能性や裁判結果へのしかるべき影響力を考慮すれば，国際私法の歴史に接する場合にも，われわれは法の動きを受け止めるだけの消極的存在ではなく，むしろ，立法や裁判の内容に影響を及ぼす積極的存在ともなり得ることが知られよう。歴史の担い手が積極的にいかなる問題意識を持つかに応じて，部分的にせよ，歴史の流れに影響を与えることは不可能ではない。

　(3)　自国第一主義や国民国家の右傾化といった「現実主義」は「自分さえ良ければ」という孤立路線に帰着するのであって，法による世界平和を希求する法律学が掲げる共生の思想に馴染まない。読者が牴触法的規律の細分化に努め，解釈論の精選に勤しみ，牴触法の世界に閉じ籠る道を選ぶならば，諸国法の対立を解消することはできず，国際私法の未来は暗いままである。牴触法的規律の限界を自覚する者にとっては，一方で，現行法制の理解を深めるように努めつつ，他方では，これに代わるべき新たな規律方法をつねに探求し続けなければならない。病気治療から病気予防へと重点を移した医学や，一国内の地域

的事象の分析から地球規模の関連性の研究へと大きく舵を切った自然科学，経済学等の動向を考慮すると，法律学のみがひとり国家制の枠内にとどまり，地球社会に共通する課題を解決する取組みに背を向けることの愚かさが一層明らかになろう。法律学もまた世界共通基盤の形成と展開に向けて世界各地で同時に立ち上がらなければならないし，法文化を異にする者の間での利益調整に腐心してきた国際私法こそ，その先鞭をつけるにふさわしい分野である。国家法体系を基盤とする牴触法的規律に代えて，地球社会全体として統一的な法体系を形成することが次の課題とされなければならない（そこでは，概ね，総則規定は無用のものとなるはずである。）。かくて，21世紀の国際私法は，国家法の枠を超えて地球社会共通の解決策の探求に邁進する分野として再生されなければならない（山内惟介『地球社会法学への誘い』（信山社，2018年））。あるべき国際私法を探求する旅路に終わりはなく，この意味で，歴史は絶えず書き改められなければならない。

課題

1 歴史を学修することにどのような意義があるか。

2 牴触法的規律の存在意義とその限界について述べなさい。

3 21世紀地球社会に適した国際私法の在り方について自由に論じなさい。

〈参考文献〉
川上太郎「国際私法の歴史」国際法学会編『国際私法講座 第1巻』（有斐閣，1953年）
川上太郎『日本国における国際私法の生成発展』（有斐閣，1967年）
折茂豊『国際私法講話』（有斐閣，1978年）91-105頁
溜池良夫『国際私法講義（第3版）』（有斐閣，2005年）41-73頁

索 引

〈編 者〉

山 内 惟 介 （やまうち・これすけ）
　　中央大学名誉教授

佐 藤 文 彦 （さとう・ふみひこ）
　　中央大学法学部教授

〈標準〉国際私法

2020（令和2）年4月30日　第1版第1刷発行

編 者　　山 内 惟 介
　　　　　佐 藤 文 彦
発行者　　今 井　　貴
発行所　　株式会社 信山社

〒113-0033 東京都文京区本郷6-2-9-102
Tel 03-3818-1019　Fax 03-3818-0344
info@shinzansha.co.jp
出版契約№ 2020-1896-1-01010　Printed in Japan

現代選書シリーズ

未来へ向けた、学際的な議論のために、
その土台となる共通知識を学ぶ

信山社

信山社

地球社会法学への誘い／山内惟介

国際私法の深化と発展／山内惟介

21世紀国際私法の課題／山内惟介

国際債権契約と回避条項／寺井里沙

国際私法年報／国際私法学会 編

仲裁・ADR フォーラム／日本仲裁人協会 編

トピック労働法／山田省三・石井保雄 編著

トピック社会保障法／本澤巳代子・新田秀樹 編著

〈プロセス講義〉民法 I 〜Ⅵ
　／後藤巻則・滝沢昌彦・片山直也 編

国際法研究／岩沢雄司・中谷和弘 責任編集

コンパクト学習条約集／芹田健太郎 編集代表

法学六法／池田真朗・宮島司・安冨潔・三上威彦・
　三木浩一・小山剛・北澤安紀 編集代表

信山社